2025

GSAT

삼성직무적성검사

5급 고졸 500제

삼성적성검사연구소

2025

GSAT 삼성직무적성검사
5급 고졸 500제

인쇄일 2025년 1월 1일 5판 1쇄 인쇄	**발행처** 시스컴 출판사
발행일 2025년 1월 5일 5판 1쇄 발행	**발행인** 송인식
등 록 제17-269호	**지은이** 삼성적성검사연구소
판 권 시스컴2025	

ISBN 979-11-6941-593-4 13320
정 가 16,000원

주소 서울시 금천구 가산디지털1로 225, 514호(가산포휴) | **홈페이지** www.nadoogong.com
E-mail siscombooks@naver.com | **전화** 02)866-9311 | **Fax** 02)866-9312

INTRO

삼성직무적성검사(Global Samsung Aptitude Test)란 삼성에서 실시하는 직무적성 검사로, 단편적인 지식보다는 주어진 상황을 유연하게 대처하고 해결할 수 있는 종합적인 능력을 평가하는 검사입니다. GSAT는 3·4·5급으로 나뉘며 3급은 대졸, 4급은 전문대졸, 5급은 고졸을 대상으로 합니다. 각 급수마다 출제유형이 다르기 때문에 급수에 맞는 맞춤대비가 필요합니다. 시스컴의 삼성 GSAT 500제는 3·4·5급이 시리즈로 출간되어 본인의 급수에 맞는 책으로 맞춤학습을 할 수 있습니다.

본 교재는 문제 출제 비중과 난이도를 고려하여 수리는 응용수리 90문제, 자료해석 90문제로 총 180문제를 수록하였으며, 추리는 언어추리 150문제, 단어유추 50문제, 수·문자추리 20문제, 과학추리 20문제로 총 240문제를 수록하였으며, 지각은 단순지각 20문제, 블록세기 20문제, 그림찾기 20문제, 그림조각 배열 20문제로 총 80문제를 수록, 도합 500문제로 수록하였습니다. 수리와 추리, 지각에 대한 다양한 유형의 문제를 실어 GSAT 시험대비에 부족함이 없도록 구성하였습니다.

수험생들이 이 책으로 충분히 시험을 대비하고 마음을 다잡아 어려운 시기를 극복하고 취업에 한 발짝 내딛을 수 있기를 진심으로 희망합니다.

삼성적성검사연구소

01 경영철학과 목표

1. 인재와 기술을 바탕으로

- 인재육성과 기술우위 확보를 경영의 원칙으로 삼는다.
- 인재와 기술의 조화를 통하여 경영전반의 시너지 효과를 증대한다.

2. 최고의 제품과 서비스를 창출하여

- 고객에게 최고의 만족을 줄 수 있는 제품과 서비스를 창출한다.
- 동종업계에서 세계 1군의 위치를 확보한다.

3. 인류사회에 공헌

- 인류의 공동이익과 풍요로운 삶을 위해 기여한다.
- 인류공동체 일원으로서의 사명을 다한다.

02 핵심가치

1. 인재제일

'기업은 사람이다'라는 신념을 바탕으로 인재를 소중히 여기고 마음껏 능력을 발휘할 수 있는 기회의 장을 만들어 간다.

2. 최고지향

끊임없는 열정과 도전정신으로 모든 면에서 세계 최고가 되기 위해 최선을 다한다.

3. 변화선도

변화하지 않으면 살아남을 수 없다는 위기의식을 가지고 신속하고 주도적으로 변화와 혁신을 실행한다.

4. 정도경영

곧은 마음과 진실되고 바른 행동으로 명예와 품위를 지키며 모든 일에 있어서 항상 정도를 추구한다.

5. 상생추구

우리는 사회의 일원으로서 더불어 살아간다는 마음을 가지고 지역사회, 국가, 인류의 공동 번영을 위해 노력한다.

03 채용프로세스

삼성전자는 '함께 가는 열린 채용'을 통해 학력, 연령, 성별 구분 없이 우수한 인재를 선발하고 있다.

1. 채용안내

(1) 모집시기

신입사원 공개채용은 매년 상반기, 하반기로 연 2회로 나누어 진행되며, 계열사에 따라 시기가 며칠씩 차이나기도 한다.

(2) 지원자격

3급 : 4년제 정규대학 기졸업자 또는 졸업예정자

지원하는 회사의 모집 직군별로 전공, 영어회화 최소등급 등의 자격조건을 충족해야 함

병역필 또는 면제자로 해외여행에 결격사유가 없는 자

4급 : 전문대 기졸업자 또는 졸업예정자

병역필 또는 면제자로 해외여행에 결격사유가 없는 자

5급 : 고등학교 기졸업자 또는 졸업예정자

병역필 또는 면제자로 해외여행에 결격사유가 없는 자

2. 채용전형절차

지원서 접수 ▶ 직무적합성 평가 ▶ GSAT ▶ 면접 ▶ 채용 건강검진

(1) 지원서 접수

기본 인적사항, 학업 이수내용, 경험/자격, 자기소개서 작성 후 제출

※ 삼성 채용 홈페이지(http://www.samsungcareers.com)를 통해 접수

(2) 직무적합성 평가

지원서 제출 정보를 바탕으로 직군별 직무수행역량을 평가

※ 직무적합성평가 합격자에 한해 직무적성검사 응시 가능

(3) 직무적성검사

GSAT(Global Samsung Aptitude Test)

대상 : 연구개발, 기술/설비, 영업마케팅, 경영지원 지원자

※ 영문GSAT 응시자격은 공고 모집 시 확인

(4) 면접 유형

구분	임원 면접	직무역량 면접	창의성 면접
평가 항목	개인 품성, 조직 적합성 등	전공 역량, 직무 동기	독창적인 아이디어와 논리 전개과정을 평가
면접 방식	1(면접자) : 多(면접위원), 개인별 면접방식		
면접 운영	질의/응답	전공별 문제 풀이 후 프리젠테이션 및 질의/응답	문제풀이 후 프리젠테이션 및 질의/응답

(5) 채용 건강검진

건강검진 합격자에 한해 최종 합격 및 입사 가능

3. 5급신입채용

전자계열	• 삼성전자 • 삼성디스플레이 • 삼성SDI • 삼성전기 • 삼성SDS
중공업 · 건설	• 삼성중공업 • 삼성엔지니어링 • 삼성물산(건설)
금융계열	• 삼성생명 • 삼성화재 • 삼성카드 • 삼성증권 • 삼성벤처투자
서비스계열	• 삼성물산(상사) • 삼성물산(패션) • 삼성물산(리조트) • 호텔신라 • 제일기획 • 에스원 • 삼성바이오로직스 • 삼성서울병원 • 삼성웰스토리 • 삼성전자판매 • 삼성경제연구소

※ 채용 정보는 추후 변경 가능성이 있으므로, 반드시 채용 기관의 홈페이지를 참고하시기 바랍니다.

GSAT(Global Samsung Aptitude Test)

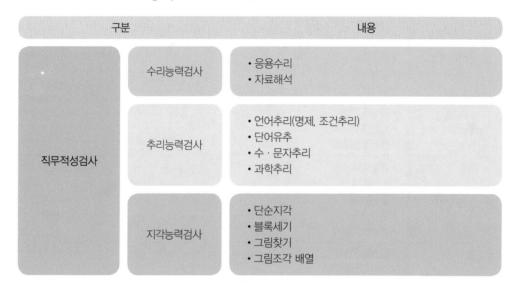

구분		내용
직무적성검사	수리능력검사	• 응용수리 • 자료해석
	추리능력검사	• 언어추리(명제, 조건추리) • 단어유추 • 수 · 문자추리 • 과학추리
	지각능력검사	• 단순지각 • 블록세기 • 그림찾기 • 그림조각 배열

1. 수리능력검사

기초 수준의 수리 능력을 평가하는 영역으로 비교적 간단한 수식을 세워 해결할 수 있다. 소금물의 농도, 속도, 일률 등의 응용수리와 자료해석으로 구성되어 있다.

2. 추리능력검사

사물을 신속하고 정확하게 식별할 수 있는 능력을 평가한다. 명제와 조건추리로 이루어진 언어추리와 단어유추, 수 · 문자추리, 과학추리 등으로 구성되어 있다.

3. 지각능력검사

공간감각능력과 도형 및 그림을 직관적으로 판단할 수 있는 능력을 평가한다. 단순지각, 블록세기, 그림찾기, 그림조각 배열 등으로 구성되어 있다.

※ 본서에 수록된 GSAT 영역과 문제들은 2021년 채용을 기준으로 하였으므로 추후 변경 가능성이 있습니다.

1. 문제유형

GSAT가 아닌 다른 채용시험은 매번 문제 유형이 변화하기 때문에 맞춤형 대비가 쉽지 않다. 그러나 GSAT는 타 채용시험과 다르게 출제 유형이 정해져 있으며 이 기출 유형이 반복적으로 출제되고 있다.

2. 시험 난이도

평균적인 시험의 난이도는 대체로 평이한 수준이며 매번 세부적인 난이도는 조금씩 다르다. 간혹 있는 고난이도 문제로 인해 만점을 받기가 다소 어려우나, 고난이도 문제를 집중적으로 공부한다면 높은 점수를 받을 수 있을 것이다.

3. 영역별 과락

정확한 과락 점수는 공개되지 않았으므로, 특정 영역의 점수가 점수 기준에 미달되지 않도록 어느 한 영역에 치중하여 학습하기보다 골고루 학습하여야 한다.

4. 감점

GSAT는 오답 감점 제도가 있기 때문에 모르는 문제는 차라리 풀지 않고 다른 문항으로 넘어가는 것이 좋다.

※ GSAT 시험 규정은 시험 전에 반드시 채용 기관의 홈페이지 내용을 참고하시기 바랍니다.

01 자기소개서

다음의 자기소개서는 예시이며, 직군별 모집전공은 회사별로 다를 수 있으므로 삼성 채용 홈페이지를 참고하여 각 지원 분야에 맞는 양식을 확인하고 작성하여야 한다.

자기소개서 4문항

1. 자기소개를 작성해주세요.(400자 이내 작성)
2. 장점을 작성해주세요.(200자 이내 작성)
3. 보완점을 작성해주세요.(200자 이내 작성)
4. 지원동기 및 포부를 작성해주세요.(500자 이내 작성)

02 삼성 GSAT 면접

삼성 면접은 많게는 3가지 유형으로 이루어지며, 임원 면접과 직무역량 면접, 창의성 면접으로 이루어진다. 면접 순서는 조에 따라 다르다. 어떤 면접을 보는지는 급수별, 직무별로 조금씩 상이하므로 삼성 채용 홈페이지에서 자신에게 맞는 급수와 직무 유형의 채용공고를 참고하여야 한다.

면접을 보기 전날에는 컨디션 관리를 철저히 하여 면접을 볼 때 집중력을 발휘하여 면접에 임하도록 한다. 면접 분위기는 대체로 우호적이기 때문에 지나치게 긴장하거나 긴장이 풀어진 모습이 보이지 않도록 한다. 면접 경험이 거의 없는 경우 면접을 보기 전 면접노트를 만들어 예상 질문과 답변을 적고 숙지하도록 한다. 또한 면접관을 대면하는 방식이 익숙해질 수 있도록 실제 면접 환경과 같은 모의면접 환경에서의 반복적인 연습이 필요하다.

1. 임원(인성) 면접

임원 면접은 평가 비중이 가장 높으며, 가치관과 직무 적합성을 평가한다. 임원 면접을 볼 때에는 말하고자 하는 핵심을 앞에 언급하고 그에 맞는 이유와 근거를 든 후에 마무리하는 방식의 두괄식 화법을 사용하는 것이 좋으며 간결한 답변을 하는 것이 좋다. 또한 상대방에게 다른 의견을 제시할 때에는 먼저 상대방의 의견에 동의하고 인정하는 자세가 필요하다. 인정하는 자세가 보이지 않는다면 변명을 하는 것처럼 보일 수 있으며, 편협한 생각을 가진 사람이라는 이미지로 비춰질 수 있기 때문이다. 그리고 답변을 할 때 첫째, 둘째, 셋째로 정리하여 말한다면 면접관에게 좋은 인상을 줄 수 있다. 직관적인 답변은 바로 대답하는 것이 좋으며 그 외의 답변은 2~3초 텀을 두고 대답하는 것이 좋다. 외운 내용이라도 읽는 듯한 딱딱한 말투를 쓰기보다는 자연스러운 답변이 나올 수 있도록 충분히 연습하는 것이 좋다. 임원 면접은 본인의 자기소개서를 토대로 나올 수 있는 예상 질문을 만들어 자신만의 면접노트에 답변을 정리하고 반복적으로 연습하여야 한다.

2. PT면접(직무역량 면접)

직무역량 면접은 PT면접으로 이루어지며 직무에 대한 전문성과 발표력을 평가한다. PT면접은 기본적으로 전공에 대한 지식이 필요하며, 꾸준한 학습이 기반이 되어야 한다. 또한 업계별 트렌드에 대한 정보가 필요하다. 전공은 단순히 개념을 정리하는 것뿐만 아니라, 현장에서 발생할 수 있는 문제점과 개선방안에 대해 연구하여 준비하여야 한다. 그래서 주어진 주제에 대한 문제점과 해결방안을 도출해낼 수 있도록 한다. PT의 내용과 형식 모두 중요하지만, 차별화를 원한다면 형식부분에서 차별화를 주는 것이 좋다. PT면접은 시간 내에 자신의 역량과 발표력을 충분히 어필할 수 있도록 하는 것이 중요하다. 면접의 난이도가 점점 높아지는 추세이므로 철저한 준비가 필요하다.

3. 창의성 면접

창의성 면접은 문제해결능력을 평가하며, 획일적인 정답을 찾기보다는 다양한 방식으로 실현가능한 문제해결방안을 생각하여 제시하여야 하며, 문제를 구체적으로 어떻게 해결할 수 있는지 설명하여야 한다. 브리핑 후 면접관과의 토론을 통해 최선의 결론을 도출해가는 방식으로 이루어진다. 무조건적으로 자신의 의견을 주장하는 것이 아닌 토론의 과정을 통하여 부족한 부분을 점점 더 보완해나가야 한다. 자신의 생각을 설득력 있게 전달할 수 있는 능력과 자신감이 필요하다. 전공과 무관한 주제가 자주 출제되므로 미리 최근의 이슈를 찾아보고 평소에 자신의 생각을 정리하는 연습이 필요하다. 지원자들이 가장 어려워하지만 가장 무난하게 느끼는 면접 유형이다.

지원 시 우대되는 자격증

구분		자격증
중국어자격 보유	필기	• BCT(620점 이상) • FLEX 중국어(620점 이상) • 新 HSK(新 5級 195점 이상)
	회화	• TSC(Level 4 이상) • OPIc 중국어(IM1 이상)
공인한자능력자격 보유		• 한국어문회(3급 이상) • 한자교육진흥회(3급 이상) • 한국외국어평가원(3급 이상) • 대한검정회(2급 이상)
한국공학교육인증원		공학교육 프로그램 이수자

BCT

BCT는 Business Chinese Test의 줄임말로, '실용중국어시험'이라고 할 수 있다. 중국어를 모국어로 사용하지 않는 사람을 대상으로 하며, 비즈니스 활동에 종사하는 데 있어 갖추어야 할 중국어 실력을 측정하는 표준화된 시험이다. 그러나 비즈니스 활동뿐 아니라 일상생활이나 사회활동 중 요구되는 중국어를 활용한 교제 능력을 전반적으로 측정할 수 있기 때문에, 비즈니스 전문 지식시험이 아닌 중국어 활용 능력 시험에 가깝다고 할 수 있다. 매년 정기적으로 중국과 한국 및 그 외 국가에서 널리 시행되고 있다.

新BCT 시험은 초급 학습자를 대상으로 한 新BCT(A)[듣기, 읽기, 쓰기], 중·고급 학습자를 대상으로 한 新BCT(B)[듣기, 읽기, 쓰기], 그리고 新BCT(Speaking) 세 가지가 있다.

FLEX

FLEX(Foreign Language Examination)는 한국외국어대학교가 수년간의 개발을 거쳐 1999년 개발을 완료한 현재 시행하고 있는 전문적인 외국어 능력시험이다. 외국어 사용에 대한 전반적인 능력을 공정하고 균형 있게 평가할 수 있는 표준화된 도구이다. 정기 시험은 연 4회에 걸쳐 전국적으로 시행되고 있다.

HSK

HSK는 제1언어가 중국어가 아닌 사람의 중국어능력을 평가하기 위해 만들어진 중국정부 유일의 국제 중국어능력 표준화 고시로 생활·학습·업무 등 실생활에서의 중국어 운용능력을 중점적으로 평가하며, 현재 세계 112개 국가, 860개 지역에서 시행되고 있다. HSK는 듣기·독해·쓰기 능력평가 시험으로 1급~6급으로 나뉘며, 급수별로 각각 실시된다.

TSC

TSC(Test of Spoken Chinese)는 국내 최초의 CBT 방식의 중국어 Speaking Test로 중국어 학습자의 말하기 능력을 직접적으로 평가할 수 있는 실용적인 시험이다.

OPIc

OPIc은 면대면 인터뷰인 OPI를 최대한 실제 인터뷰와 가깝게 만든 IBT 기반의 응시자 친화형 외국어 말하기 평가로, 단순히 문법이나 어휘 등을 얼마나 많이 알고 있는가를 측정하는 시험이 아니라 실제 생활에서 얼마나 효과적이고 적절하게 언어를 사용할 수 있는가를 측정하는 객관적인 언어 평가도구이다.

과목설명

각 직무적성검사에 대한 간략한 설명을 첨부하여 GSAT 문제 유형을 쉽게 파악할 수 있도록 구성하였습니다.

유형별 문제

각 과목의 출제비중을 고려하여 문제를 구성하였으며, 유형별 문제에 대비할 수 있도록 하였습니다.

정답해설

문제의 요지에 초점을 맞추어 해당 선택지가 문제의 정답이 되는 이유를 명확하게 설명하였고, 필요한 경우에는 설명을 덧붙여 이해하기 쉽도록 하였습니다.

핵심정리

문제와 관련 있는 공식 및 개념 등을 제시하여 주요 개념을 익히고 문제를 깊이 있게 학습할 수 있도록 하였습니다.

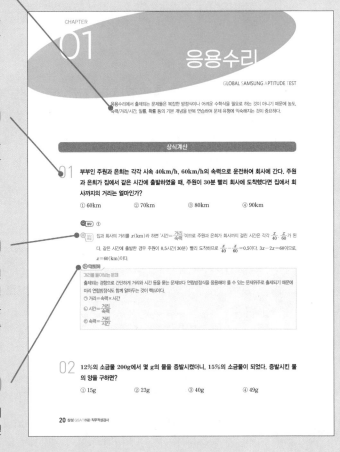

핵심 노트

삼성직무적성검사 정복을 위해 각 영역에서 빈출되는 유형의 문제를 분석하고 핵심만을 정리하여 전략적인 학습을 할 수 있도록 하였습니다.

핵심정리

응용수리 영역에서는 문제풀이에 필요한 공식과 자료를 유형별로 보기 쉽게 정리하였으며, 추리와 지각 영역에서는 각 유형의 개념과 정의, 문제풀이 방법 등을 간략히 수록하였습니다.

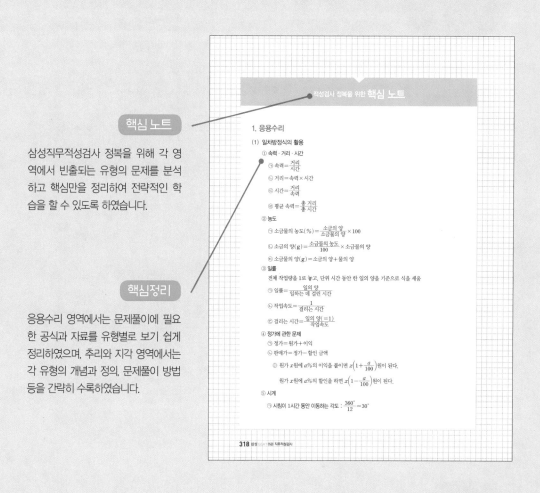

SAMSUNG 목차

수리

01

응용수리

GLOBAL SAMSUNG APTITUDE TEST

응용수리에서 출제되는 문제들은 복잡한 방정식이나 어려운 수학식을 필요로 하는 것이 아니기 때문에 농도, 속력/거리/시간, 일률, 확률 등의 기본 개념을 반복 연습하여 문제 유형에 익숙해지는 것이 중요하다.

상식계산

01
부부인 주원과 은희는 각각 시속 40km/h, 60km/h의 속력으로 운전하여 회사에 간다. 주원과 은희가 집에서 같은 시간에 출발하였을 때, 주원이 30분 빨리 회사에 도착했다면 집에서 회사까지의 거리는 얼마인가?

① 60km ② 70km ③ 80km ④ 90km

정답 ①

정답해설 집과 회사의 거리를 $x(\text{km})$라 하면 '시간$=\dfrac{\text{거리}}{\text{속력}}$'이므로 주원과 은희가 회사까지 걸린 시간은 각각 $\dfrac{x}{40}$, $\dfrac{x}{60}$가 된다. 같은 시간에 출발한 경우 주원이 0.5시간(30분) 빨리 도착하므로 $\dfrac{x}{40}-\dfrac{x}{60}=0.5$이다. $3x-2x=60$이므로, $x=60(\text{km})$이다.

▶ **핵심정리**

거리를 물어보는 문제
출제되는 경향으로 간단하게 거리와 시간 등을 묻는 문제나 연립방정식을 응용해야 풀 수 있는 문제위주로 출제되기 때문에 미리 연립방정식도 함께 알아두는 것이 핵심이다.
㉠ 거리＝속력×시간
㉡ 시간＝$\dfrac{\text{거리}}{\text{속력}}$
㉢ 속력＝$\dfrac{\text{거리}}{\text{시간}}$

02
12%의 소금물 200g에서 몇 g의 물을 증발시켰더니, 15%의 소금물이 되었다. 증발시킨 물의 양을 구하면?

① 15g ② 23g ③ 40g ④ 49g

정답 ③

정답
해설 증발시킨 물의 양을 x라 하면

12%의 소금물에서 소금의 양은 $\dfrac{12}{100} \times 200 = 24(\text{g})$,

15%의 소금물에서 소금의 양은 $\dfrac{15}{100} \times (200 - x)(\text{g})$이 된다.

단, 소금의 양은 변하지 않으므로 $24 = \dfrac{15}{100} \times (200 - x)$

$\therefore x = 40(\text{g})$

핵심정리

농도에 대한 공식

㉠ 농도(%) $= \dfrac{\text{소금의 양}}{\text{소금물의 양}} \times 100$

㉡ 식염의 양(g) $= \dfrac{\text{소금물의 농도(\%)}}{100} \times \text{소금물의 양}$

㉢ 식염수의 양(g) = 소금의 양 + 물의 양

03

A는 10일, B는 20일 걸리는 일이 있다. 둘은 공동 작업으로 일을 시작했으나, 도중에 A가 쉬었기 때문에 끝마치는데 16일이 걸렸다. A가 쉰 기간은 며칠인가?

① 11일 　　　　　② 12일 　　　　　③ 13일 　　　　　④ 14일

정답 ④

정답
해설 전체 일의 양은 1일 때, A의 1일 일량은 $\dfrac{1}{10}$, B의 1일 일량은 $\dfrac{1}{20}$이다.

B가 일한 날 수는 16일이 되고, B의 총 일량은 $\dfrac{1}{20} \times 16 = \dfrac{4}{5}$가 된다.

A의 총 일량은 $1 - \dfrac{4}{5} = \dfrac{1}{5}$이고, 일한 날의 수는 $\dfrac{1}{5} \div \dfrac{1}{10} = 2$(일)이 된다.

따라서 A가 쉰 날의 수는 $16 - 2 = 14$(일)이다.

핵심정리

일의 양을 물어보는 문제

전체 일의 양을 1이라고 하면 다음 공식으로 나타낼 수 있다.

㉠ 작업속도 $= \dfrac{1}{\text{걸리는 시간}}$

㉡ 걸리는 시간 $= \dfrac{\text{일의 양}(=1)}{\text{작업속도}}$

04

정육점을 하는 주원은 정가에서 10% 할인하여 팔아도 원가에 대해서는 8%의 이익을 남기고 싶어 한다. 주원은 처음 원가에서 몇$\%$의 이익을 붙여서 정가를 매겨야 하는가?

① 5% ② 10% ③ 15% ④ 20%

정답 ④

정답해설 원가 x원에 $y\%$의 이익을 붙여서 정가를 정한다고 하면, 정가는 $x(1+0.01y)$이다.
할인가격 − 원가 = 원가의 8%이므로, $x(1+0.01y)(1-0.1)-x=0.08x$, $0.9x(1+0.01y)=1.08x$
$\therefore y=20(\%)$

핵심정리

정가 또는 이익을 물어보는 문제
㉠ 정가 = 원가 + 이익
㉡ 판매가 = 정가 − 할인 금액
㉢ 이익률 = $\dfrac{\text{이익}}{\text{원가}}$
㉣ 할인율 = $\dfrac{\text{할인 금액}}{\text{원가}}$

05

어른 3명, 아이 5명이 원탁에 앉을 때, 어른과 어른 사이에 적어도 한 명의 아이가 들어가는 경우의 수는?

① 1,210가지   ② 1,320가지   ③ 1,440가지   ④ 1,510가

정답 ③

정답해설 아이 5명이 원탁에 앉는 방법은 $(5-1)!=4!$(가지)이고, 아이와 아이 사이의 5곳 중 3곳에 어른이 앉는 방법의 수는 ${}_5\mathrm{P}_3$가지이다. $\therefore 4! \times {}_5\mathrm{P}_3 = (4\times3\times2\times1)\times(5\times4\times3)=1,440$(가지)

06

둘레의 길이가 $54\mathrm{m}$이고, 가로의 길이가 세로의 길이의 2배보다 $6\mathrm{m}$ 더 긴 직사각형 모양의 수영장이 있다. 이 수영장의 넓이는?

① $110\mathrm{m}^2$ ② $140\mathrm{m}^2$ ③ $160\mathrm{m}^2$ ④ $210\mathrm{m}^2$

정답 ②

정답해설 세로의 길이를 x라 하고, 가로의 길이를 $2x+6$이라 한다면 둘레의 길이는
$(2x+6+x)\times2=54$이다.
세로의 길이 $=7\mathrm{m}$, 가로의 길이 $=20\mathrm{m}$로 수영장의 넓이는 $20\times7=140(\mathrm{m}^2)$가 된다.

07 졸업식에서 7명의 학생이 단체사진을 찍을 때, 앞줄에 3명 뒷줄에 4명이 서는 방법의 수는?

① 5,010가지　　　② 5,020가지　　　③ 5,030가지　　　④ 5,040가지

정답 ④

정답해설 7명 중에 앞줄에 3명을 뽑아 세우는 방법은

$$_7\mathrm{P}_3 \times {_4}\mathrm{P}_4 = \frac{7!}{(7-3)!} \times \frac{4!}{(4-4)!} = \frac{7!}{4!} \times \frac{4!}{1} = 7! = 5,040(가지)$$

▶ 핵심정리

순열

서로 다른 n개에서 $r(r \leq n)$개를 택하여 일렬로 나열하는 것을 순열이라 하고, 순열의 수를 기호로 $_n\mathrm{P}_r$과 같이 나타낸다.

$$_n\mathrm{P}_r = \underbrace{n(n-1)(n-2)\cdots(n-r+1)}_{r개} \ (단, 0 < r \leq n)$$

08 오렌지사탕 2개, 민트초코사탕 2개가 들어 있는 상자에서 주원이 임의로 1개 꺼낸 뒤 은희가 남은 3개의 사탕 중에서 임의로 1개를 꺼냈다. 은희가 꺼낸 사탕이 민트초코사탕일 때, 주원이 꺼낸 사탕도 민트초코사탕일 확률은?

① $\frac{1}{4}$　　　② $\frac{3}{2}$　　　③ $\frac{1}{2}$　　　④ $\frac{1}{3}$

정답 ④

 은희가 민트초코사탕을 꺼낼 확률은 주원이 민트초코사탕을 꺼낸 후 은희가 민트초코사탕을 꺼낼 확률과 주원이 오렌지 사탕을 꺼낸 후 은희가 민트초코사탕을 꺼내는 확률의 합이므로

$$\left(\frac{2}{4} \times \frac{1}{3}\right) + \left(\frac{2}{4} \times \frac{2}{3}\right) = \frac{6}{12}$$

$$\therefore \frac{\left(\frac{2}{4} \times \frac{1}{3}\right)}{\frac{6}{12}} = \frac{2}{6} = \frac{1}{3}$$

▶ 핵심정리

임의의 조합을 물어볼 때

㉠ 순열과 다르게 순서를 고려하지 않고 무작위로 선택하는 것을 조합이라 하며 기호로 $_n\mathrm{C}_r$로 나타낸다.

㉡ 조합의 수를 물어보는 문제 같은 경우에는 다음과 같은 공식으로 나타낼 수 있다.

$$_n\mathrm{C}_r = \frac{_n\mathrm{P}_r}{r!} = \frac{n!}{r!(n-r)!}$$

09 상반기 생산 공정을 진행 하는데 주원은 20시간, 은희는 30시간이 걸린다고 한다. 주원과 은희가 함께 공정을 진행 하면 각자 능력의 20%를 분업효과로 얻을 수 있다고 한다. 주원과 은희가 함께 작업을 한다면 몇 시간이 걸리는가?

① 10시간　　　　② 20시간　　　　③ 25시간　　　　④ 30시간

정답 ①

정답
해설 전체 작업량을 1이라 한다면 주원의 1시간 작업량은 $\frac{1}{20}$, 은희의 작업량은 $\frac{1}{30}$이 된다. 주원과 은희가 함께한 1시간 작업량은 $\left(\frac{1}{20}+\frac{1}{30}\right)\times1.2=\frac{1}{10}$

따라서 전체 일을 하는 데 걸리는 시간은 $1\div\frac{1}{10}=10$(시간)이 된다.

10 A디스플레이사는 20분에 3명의 사원이 디스플레이를 생산 할 수 있도록 공정 계획을 진행하고 있다. 2팀에 있는 5명의 사원이 3주 동안 하루만 지원 근무를 한다고 했을 때, 가능한 경우의 수는 몇 가지인가?

① 10가지　　　　② 20가지　　　　③ 40가지　　　　④ 60가지

정답 ②

정답
해설 2팀의 5명을 3명씩 3조로 만들 수 있는 경우의 수는

$_5C_3\times2\times\frac{1}{3!}=10\times2\times\frac{1}{6}=\frac{10}{3}$(가지)가 된다. 3개 조를 1조, 2조 3조로 가정했을 때, 3주 동안 지원 근무를 할 경우의 수는 1조, 2조, 3조를 일렬로 배열하는 것이므로 6가지가 되며 $\frac{10}{3}\times6=20$(가지)가 된다.

11 부피가 320cm³인 정육면체 모양의 상자에 한 변의 길이가 2cm로, 정육면체 모양인 초콜릿 과자를 가득 채우려고 할 때, 필요한 초콜릿 과자의 개수는?

① 37개　　　　② 38개　　　　③ 39개　　　　④ 40개

정답 ④

정답
해설 한 변의 길이가 2cm인 초콜릿 과자의 부피는 $2\times2\times2=8(\text{cm}^3)$이고, 부피가 320$(\text{cm}^3)$인 정육면체 상자에 초콜릿 과자를 가득 채워야 하므로 $\frac{320}{8}=40$(개)가 된다.

12

원가가 20만원인 블루투스 이어폰의 원가대비수익률은 10%이다. 이 제품을 팔아서 남긴 원가대비수익이 70만원일 때, 몇 개의 제품을 팔았겠는가?

① 20개　　　　　② 25개　　　　　③ 30개　　　　　④ 35개

정답 ④

정답 해설 블루투스 이어폰 하나를 팔 때마다 남는 원가대비수익은 $200,000 \times 0.1 = 20,000$(원)이 된다.

따라서 $700,000 \div 20,000 = 35$(개)

핵심정리

원가, 정가, 할인율을 적용한 가격

㉠ 정가＝원가＋이익

㉡ 이익＝정가－원가

㉢ x원에서 $y\%$ 할인한 가격 $= x \times \left(1 - \dfrac{y}{100}\right)$

13

주원은 집 근처 카페에서 여자 친구를 만나기로 했다. 처음에는 2km/h의 속도로 걷다가 약속 시간에 도착하지 못할 것 같아 12km/h의 속도로 뛰어 15분 만에 도착할 수 있었다. 집에서 카페까지의 거리가 1.5km일 때, 주원이 뛴 거리는?

① 1km　　　　　② 1.1km　　　　　③ 1.2km　　　　　④ 1.3km

정답 ③

정답 해설 걸어갔던 시간과 뛰어간 시간을 각각 미지수 x, y로 정한다. 집에서 카페까지의 거리는 1.5km이므로 걸어간 시간과 뛰어간 시간을 더하면 집에서 카페까지의 거리가 된다.

$x + y = 1.5(\text{km}) \cdots$ ⓐ

주원이 집에서 카페까지 가는데 15분이 걸렸으므로 걸어간 시간 $\left(\dfrac{x}{2}\text{시간}\right)$과 뛰어간 시간 $\left(\dfrac{y}{12}\text{시간}\right)$을 합치면 15분이 된다. 속력은 시간이기 때문에 분으로 바꿔 계산한다.

$\dfrac{x}{2} \times 60 + \dfrac{y}{12} \times 60 = 15$, $30x + 5y = 15$, $6x + y = 3 \cdots$ ⓑ

ⓐ와 ⓑ를 연립하면 $x = 0.3$, $y = 1.2$

따라서 주원이 뛴 거리는 1.2(km)가 된다.

14 종이상자에 A부터 F까지 쓰인 과자 6개가 들어있다. 종이상자에서 과자를 두 번 뽑는다고 할 때, A, B, C가 쓰인 과자 중 하나 이상을 뽑을 확률은?

① $\dfrac{14}{20}$　　　　② $\dfrac{16}{20}$　　　　③ $\dfrac{17}{20}$　　　　④ $\dfrac{4}{5}$

정답 ④

정답해설 A, B, C가 쓰인 과자 중 하나 이상을 뽑을 확률은 1−(두 번 모두 D, E, F가 쓰인 과자를 뽑을 확률)과 같다.

두 번 모두 D~F가 쓰인 과자를 뽑을 확률은 $\dfrac{3}{6}\times\dfrac{2}{5}=\dfrac{1}{5}$이 된다.

∴ A, B, C가 쓰인 과자를 뽑을 확률은 $1-\dfrac{1}{5}=\dfrac{4}{5}$

▶ **핵심정리**

확률의 곱셈

한 사건이 일어나는 확률은 사건이 일어나는 경우의 수와 모든 경우의 수를 나눈 값이며 확률의 곱셈은 임의의 사건 A, 사건 B가 있다면 A, B가 동시에 일어날 확률을 가리키며 공식화하면 다음과 같다.

$$\dfrac{\text{사건 A가 일어나는 경우의 수}}{\text{모든 경우의 수}}\times\dfrac{\text{사건 B가 일어나는 경우의 수}}{\text{모든 경우의 수}}$$

15 10%의 소금물에 소금 80g을 넣었더니 50%의 소금물이 되었다. 처음 10% 소금물의 양은?

① 100g　　　　② 110g　　　　③ 120g　　　　④ 130g

정답 ①

정답해설 처음 10%의 소금물의 양을 $x(\text{g})$이라 하면,

$\dfrac{\dfrac{10}{100}\times x+80}{x+80}\times100=50$, $10x+8{,}000=50x+4{,}000$, $40x=4{,}000$

$x=100(\text{g})$

16 1~7까지 수가 적힌 막대기를 주원과 은희가 한 장씩 뽑았을 때, 은희가 주원보다 큰 수가 적힌 막대기를 뽑는 경우의 수는?

① 20가지　　　　② 21가지　　　　③ 22가지　　　　④ 23가지

정답 ②

정답해설 주원이 1번 막대기를 뽑고 은희가 주원보다 큰 수가 적힌 막대기를 뽑으려면 2~7번 막대기를 뽑아야 한다.

주원이 2번 막대기를 뽑고 은희가 주원보다 큰 수가 적힌 막대기를 뽑으려면 3~7번 막대기를 뽑아야 한다.

⋮

주원이 6번 막대기를 뽑고 은희가 주원보다 큰 수가 적힌 막대기를 뽑으려면 7번 막대기를 뽑아야 한다.

∴ 은희가 주원보다 큰 수를 뽑는 모든 경우의 수는 $\frac{6 \times 7}{2} = 21$(가지)이다.

 핵심정리

경우의 수를 구하는 문제

두 사건 A, B와 사건의 결과인 m, n 있을 때, 일어나는 과정을 나타낸 경우의 가짓수를 말하며 합의 법칙과 곱의 법칙 두 가지로 나뉜다.

㉠ 합의 법칙 : 두 사건 A, B가 일어나는 경우의 수가 각각 $n(A) = m$, $n(B) = n$이고 두 사건 A, B가 동시에 일어나지 않을 때, 사건 A 또는 사건 B가 일어나는 경우의 수는 $m + n$이다.

㉡ 곱의 법칙 : 사건 A가 일어나는 경우의 수 $n(A) = m$이고 그 각각의 경우에 대하여 사건 B가 일어나는 경우의 수가 $n(B) = n$일 때, 두 사건 A, B가 동시에(잇달아) 일어나는 경우의 수는 $m \times n$이다.

17 C회사의 작년 사원수는 총 40명이었다. 작년 하반기에 경력직으로 입사한 사원은 20%, 올해 상반기에 경력직으로 60%가 입사하여 총 62명이 되었다. 작년 하반기부터 올해 상반기까지 퇴사한 사원이 없다고 하면 신입으로 들어 온 사원의 수는?

① 3명 　　　　　 ② 4명 　　　　　 ③ 5명 　　　　　 ④ 6명

 ③

 작년 하반기부터 올해 상반기까지 입사한 사원 중 신입 사원은 x명, 경력직 사원은 y명이라고 하면 $x + y = 62$이며 $y = 62 - x$가 된다. 올해는 작년 대비 $62 - 40 = 22$명이 증가했기 때문에 다음의 식을 세울 수 있다.

$x \times 0.2 + (40 - x) \times 0.6 = 22$

$0.2x + 24 - 0.6x = 22$

∴ $x = 5$(명)

18 남자 7명과 여자 5명 중 3명을 고르려고 한다. 3명 모두 남자인 경우는?

① 25가지 　　　　　 ② 30가지 　　　　　 ③ 35가지 　　　　　 ④ 40가지

 ③

 남자 7명 중 3명을 고르는 조합의 수는 다음과 같다.

∴ $_7C_3 = \frac{7 \times 6 \times 5}{3 \times 2 \times 1} = 35$(가지)

19

A과장이 세미나를 진행하려하는데 대리 5명과 사원 3명으로 구성해 의자에 앉혔을 때, 대리 사이에 적어도 사원 한 명이 들어있는 경우의 수는?

① 1,440가지 ② 1,430가지 ③ 1,420가지 ④ 1,410가지

 정답 ①

대리 5명이 의자에 앉는 방법은 $(5-1)!=4!$(가지)이고, 이 각각에 대하여 사원과 사원 사이의 5곳 중 3곳에 대리가 앉는 방법의 수는 $_5P_3$(가지)이다.

$\therefore 4! \times _5P_3 = 4 \cdot 3 \cdot 2 \times 5 \cdot 4 \cdot 3 = 1,440$(가지)

20

은희가 가지고 있는 돈으로 가격이 같은 마카롱을 8개 사면 600원이 남고, 10개 사면 1,000원이 모자란다. 마카롱을 9개 사면 모자란 액수는?

① 100원이 모자란다. ② 150원이 모자란다. ③ 180원이 모자란다. ④ 200원이 모자란다.

  정답 ④

마카롱 한 개의 가격을 x(원)이라 하면 $8x+600=10x-1,000$

$\therefore x=800$(원)

따라서 은희가 가지고 있는 돈은 7,000원이고 마카롱을 9개 사려면 7,200원이 필요하므로 200원이 모자란다.

21

주원은 회사 제품인 50만원 스마트폰 하나와 1만 원짜리 스마트폰 케이스 2개를 구입했다. 임직원 혜택을 받아 상품 한 개당 20%를 할인받을 수 있고, 연휴 기념으로 받은 10만 포인트 중 5만 포인트를 사용해 물건을 구입하려 한다. 주원이 할인받은 금액은 얼마인가? (포인트는 1만 포인트 당 현금 1만원과 동등한 가치이며 할인받고 난 뒤의 결제금액에서 차감한다.)

① 356,000원 ② 366,000원 ③ 376,000원 ④ 386,000원

  정답 ②

할인이 없는 상태로 물건을 구입한다면, 가격은 $500,000+10,000 \times 2=520,000$(원)이다. 임직원 혜택을 받아 적용한 금액은 $500,000 \times 0.8+10,000 \times 2 \times 0.8=416,000$(원)이다. 여기서 50,000 포인트를 사용하면 $416,000-50,000=366,000$(원)이 된다.

22

커피우유의 원가에 5할의 이익을 붙인 다음 200원을 할인해서 팔았더니 원가에 대하여 **40%**의 이익을 얻었다. 커피우유의 원가는?

① 1,000원　　　② 1,500원　　　③ 2,000원　　　④ 2,500원

 정답 ③

정답해설 커피우유의 원가를 x라 하면, $x(1+0.5)-200=x(1+0.4)$

$0.1x=200$

$\therefore x=2,000$(원)

23

적색 LED 2개, 청색 LED 2개, 녹색 LED 3개를 배열하여 조명을 꾸미려 한다. 꾸밀 수 있는 조명의 종류는?

① 190종류　　　② 200종류　　　③ 210종류　　　④ 230종류

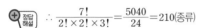 **정답** ③

정답해설 $\therefore \dfrac{7!}{2! \times 2! \times 3!} = \dfrac{5040}{24} = 210$(종류)

24

어느 공장에서 생산하는 제품 10개 중에는 3개의 불량품이 들어 있다. 제품은 무작위로 1개씩 검사하며 4개 제품을 검사했을 때 불량품 2개를 발견할 확률은?

① $\dfrac{1}{2}$　　　② $\dfrac{2}{5}$　　　③ $\dfrac{3}{10}$　　　④ $\dfrac{10}{21}$

 정답 ④

정답해설 10개의 제품 중 4개 제품을 검사했을 때, 불량품이 2개일 확률을 구하는 것과 같다.

$\therefore \dfrac{{}_4C_2 \times {}_6C_4}{{}_{10}C_4} = \dfrac{10}{21}$

25

10%의 소금물 300g과 16%의 소금물을 섞었더니 14%의 소금물이 되었다. 이때 섞은 16%의 소금물의 양을 구하면 얼마이겠는가?

① 580g ② 600g ③ 640g ④ 690g

 ②

 16% 소금물의 양을 $x(g)$라 하면 $300 \times \dfrac{10}{100} + x \times \dfrac{16}{100} = (300+x) \times \dfrac{14}{100}$가 성립한다.

$3,000 + 16x = 4,200 + 14x$

$\therefore 2x = 1,200,\ x = 600(g)$이다.

26

S사 사원은 고장 난 제품을 수리해야 하며 A, B, C제품 중에서 고르지 않은 제품은 수리하지 않아도 된다. A, B, C제품 중 A는 대리만 수리가 가능하고, B는 사원만, C는 어느 직급이든 관계없이 수리가 가능하다. 대리 2명, 사원 1명이 제품을 골라 수리하는 경우의 수는?

① 6 가지 ② 7 가지 ③ 8 가지 ④ 9 가지

 ③

 대리는 A, C 제품을 골라 수리할 수 있고, 사원은 B, C 제품을 골라 수리할 수 있다. 대리와 사원은 한 사람 당 2가지 경우를 고를 수 있다.

$\therefore (2 \times 2) \times 2 = 2^3 = 8(가지)$이다.

27

S사의 현재 매출액은 저번 달보다 5% 상승했고, 다음 달은 현재보다 4% 더 올려 일억 원의 매출을 올릴 예정이다. S사의 저번 달 매출과 다음 달 매출액의 차이는 얼마인가?

① 2,000 원 ② 2,500 원 ③ 3,000 원 ④ 3,500 원

 ②

 저번 달 매출액=현재 매출액×$(1+0.05)$, 다음 달 매출액=현재 매출액×$(1+0.04)$

=현재 매출액+100,000,000이 되며 현재 매출액을 x라 한다면 $1.04x = x + 100,000,000$,

$0.04x = 100,000,000,\ 4x = 1,000,000,\ x = 250,000(원)$이 된다.

따라서 저번 달 매출액과 다음 달 매출액의 차이는 $1.05x - 1.04x = 0.01x$가 되므로

$\therefore 0.01 \times 250,000 = 2,500(원)$

28

사내 회식으로 예약 예정인 음식점까지의 거리는 **1.2km**이다. 신입 사원인 주원은 퇴근하는 길에 걸어서 음식점에 가기로 했다. 전체 거리의 **65%**정도를 **6km/h**로 걷다가 서둘러 집에 가고 싶어 **18km/h**의 속도로 달려가 음식점에 도착했다. 도착하는데 까지 걸린 시간은 얼마인가?

① 9분 10초   ② 8분 32초   ③ 8분 48초   ④ 9분 12초

  정답 ④

주원이 걸어간 거리는 $1.2 \times 0.65 = 0.78$km이며 달려간 거리는 $1.2 \times 0.35 = 0.42$km이다. 6km/h와 18km/h를 분단위로 환산하면 각각 0.1km/분, 0.3km/분이 된다. 이에 따라 도착한 시간을 계산하면 걸어 간 시간은 $\frac{0.78}{0.1}$ $= 7.8$(분), $\frac{0.42}{0.3} = 1.4$(분)가 된다. 따라서 도착하는데 걸린 시간은 $7.8 + 1.4 = 9.2$(분)이 되며 0.2(분)을 초로 환산해서 $0.2 \times 60 = 12$(초)가 된다. 주원이 음식점까지 도착한 시간은 9분 12초가 된다.

29

A사는 수제 헤드폰을 생산하고 있다. 전년도에 생산한 헤드폰의 불량률은 **10%**였고, 헤드폰 한 기당 **86만원**에 판매하였다. 금년도에도 전년도와 동일한 생산량에 불량률은 **14%**로 올랐다고 한다. 지난달보다 매출액이 감소하지 않게 하려면 헤드폰 한 기당 가격은 얼마가 적당하겠는가? (불량품은 매출액에 포함하지 않는다.)

① 84 만원   ② 86 만원   ③ 88 만원   ④ 90 만원

 정답 ④

헤드폰의 가격을 x라 하면 전년도 불량률과 금년도 불량률을 감안한 매출액이 비슷해야 하기 때문에 다음과 같다.
$x \times 0.86 \times$ (헤드폰 생산량) $= 86$(만원) $\times 0.09 \times$ (헤드폰 생산량)
$$\therefore x = \frac{86 \times 0.9}{0.86} = 90(만원)$$

30

길이가 **208m**인 도로에 **2m**길이의 도로 포장 기계가 지나가는데 걸린 시간은 **315초**였다. 도로 포장 기계의 속력은 몇 **km/h**이겠는가?

① 2.1 km/h   ② 2.2 km/h   ③ 2.3 km/h   ④ 2.4 km/h

 정답 ④

도로포장기계는 도로를 지나가는데 도로의 길이인 208m에 도로 포장 기계의 길이 2m를 더한 210m(0.21km)를 315초(0.0875시간)동안 지나갔으므로 이와 같다.
$$\therefore \frac{0.21}{0.0875} = 2.4km/h$$

핵심정리

평균 속력을 물어보는 문제

㉠ 평균 속력은 물체 등이 지나간 총 거리에 총 시간을 나눈 값을 의미하며 공식으로 나타내면 다음과 같다.

$$평균 속력 = \frac{총 거리}{총 시간}$$

㉡ 해설에서는 초를 시간으로 변환했는데 초를 시간으로 변환하는 공식은 60을 두 번에 걸쳐 나눈 값이다.

31

6명의 학생 주원, 은희, 주미, 민지, 수아, 정원을 임의로 2명씩 짝을 지어 3개의 조로 편성하려고 한다. 주원과 주미는 같은 조에 편성되고 수아, 정원은 서로 다른 조에 편성될 확률은?

① $\frac{2}{3}$ ② $\frac{8}{15}$ ③ $\frac{2}{5}$ ④ $\frac{2}{15}$

정답 ④

정답해설 6명을 2명씩 3개조로 편성할 수 있는 경우의 수는 다음과 같다.

$${}_6C_2 \times {}_4C_2 \times {}_2C_2 \times \frac{1}{3!} = 15$$

주원과 주미가 같은 조에 편성되고, 수아와 정원이 각자 다른 조에 편성되려면

(주원, 주미), (은희, 수아), (민지, 정원) 또는 (주원, 주미), (은희, 정원), (민지, 수아)가 된다.

따라서 구하는 확률은 $\frac{2}{15}$이다.

32

10%의 소금물 400g에 물을 추가하여 농도가 8%의 소금물을 만들려고 한다. 추가하여야 하는 물의 양은 얼마인가?

① 70g ② 85g ③ 100g ④ 102g

정답 ③

정답해설 10%의 소금물 400g에 들어있는 소금의 양을 구하면 $400 \times \frac{10}{100} = 40(g)$이 된다. 농도가 8%인 소금물을 만들기 위해 추가해야 하는 물의 양을 $x(g)$이라 하면, $8 = \frac{40}{400+x} \times 100$이 된다. 이를 정리하면 $8(400+x) = 4,000$이 되므로 $x = 100(g)$이 된다.

33

어떤 가게에서 1,000원에 판매하던 아이스크림의 가격을 $a\%$ 할인하다가 이를 다시 $a\%$ 인상하였더니 처음 판매하던 가격보다 9% 저렴해졌다. 이때 a에 해당하는 숫자는?

① 20% ② 23% ③ 28% ④ 30%

정답 ④

정답해설 원가 x(원)에서 $a\%$ 인상하면 $x\left(1+\dfrac{a}{100}\right)$이 되며, 원가 x(원)에서 $a\%$ 할인을 하면 $x\left(1-\dfrac{a}{100}\right)$원이다. 1,000원이었던 아이스크림 가격을 $a\%$ 할인한 가격은 $1000\times\left(1-\dfrac{a}{100}\right)$이며, 이를 다시 $a\%$ 인상한 가격은 $1,000\times\left(1-\dfrac{a}{100}\right)\times\left(1+\dfrac{a}{100}\right)$가 된다. 할인하다가 인상한 가격이 원가보다 9%저렴해졌다고 하므로 $1,000\times\left(1-\dfrac{a}{100}\right)\times\left(1+\dfrac{a}{100}\right)=1,000\times\dfrac{90}{100}$가 성립된다.

$\therefore 1-\dfrac{a^2}{10,000}=\dfrac{90}{100}$, $a^2=900$, $a=30(\%)$가 된다.

34 100원, 50원, 10원짜리 동전이 각각 5개씩 있다. 600원짜리 샤프심을 하나 살 경우 지불할 수 있는 경우의 수는 모두 몇 가지인가?

① 5가지 ② 6가지 ③ 7가지 ④ 8가지

 정답 ①

정답해설 가지고 있는 동전으로 600원을 만들 수 있는 경우의 수는 다음과 같다.
100원짜리 5개＋50원짜리 2개
100원짜리 5개＋50원짜리 1개＋10원짜리 5개
100원짜리 4개＋50원짜리 4개
100원짜리 4개＋50원짜리 3개＋10원짜리 5개
100원짜리 3개＋50원짜리 5개＋10원짜리 5개로
600원을 지불할 수 있는 경우의 수는 모두 5가지이다.

35 갈매기가 어판장에 버린 물고기를 먹을 확률은 A이다. 하지만 고양이가 오면 확률은 B가 되고 청소부가 오면 확률은 C가 된다. 어느 날 갈매기가 어판장에 버린 물고기를 먹는데 고양이와 청소부가 모두 왔다면 갈매기가 물고기를 먹을 수 있는 확률은 얼마인가?

① BC ② AC ③ $\dfrac{\text{BC}}{\text{A}}$ ④ ABC

정답 ④

정답해설 세 가지 확률을 모두 곱해야 한다.
$\therefore$ 갈매기가 물고기를 먹을 수 있는 확률＝ABC

36

총을 쏴서 일정 점수가 되면 단계가 올라가는 게임이 있다. 1단계를 통과하려면 점수가 300점이 되어야 하고 2단계를 통과하려면 400점, 8단계를 통과하려면 1,000점이 되어야 한다. 16단계를 통과하려면 몇 점이 되어야 하는가?

① 1,500점　　　　② 1,600점　　　　③ 1,700점　　　　④ 1,800점

  ④

1단계를 통과하는데 필요한 점수는 300점이며, 5단계 마다 100점씩 늘어나므로 등차수열 공식은 다음과 같다.
$$a_n = 300 + (n-1)100 = 100n + 200$$
$$\therefore a_{16} = 100 \times 16 + 200 = 1,800$$

37

주원은 4km/h로 걷는다. 주원이 80분 동안 걷는 거리를 은희는 100분 동안 걷는다. 은희가 걷는 속력은?

① 3.2km/h　　　　② 3.4km/h　　　　③ 3.8km/h　　　　④ 4km/h

  ①

주원이 80분 동안 걷는 거리 = $4\text{km/h} \times \dfrac{80}{60}h = \dfrac{16}{3}(\text{km})$

따라서 은희의 속력은 $\dfrac{16}{3}\text{km} \div \dfrac{100}{60}h = 3.2\text{km/h}$

38

어떤 모임에서 구성원의 나이 평균이 25세였다. 새로운 구성원의 나이가 20세이고, 이 구성원으로 인해 전체 모임의 평균 나이가 1만큼 줄었다면, 최초 모임의 구성원 수는?

① 1명　　　　② 2명　　　　③ 3명　　　　④ 4명

  ④

최초 모임의 구성원 수를 x라고 했을 때,
$$(25x + 20) \div (x+1) = 24$$
$$25x + 20 = 24(x+1)$$
$$25x + 20 = 24x + 24$$
$$\therefore x = 4(\text{명})$$

39 은희는 집에서 학교까지 2km/h로 등교를 하고, 방과 후 학교에서 다시 그보다 5km가면 학원을 3km/h로 걸어 총 5시간을 걸었다. 집·학교·학원이 일직선상에 있다고 할 때, 집에서 학원까지의 거리는?

① 8km　　　　② 9km　　　　③ 11km　　　　④ 13km

 ④

 집에서 학교까지의 거리 : x
학교에서 학원까지의 거리 : $x+5$

$$\frac{x}{2}+\frac{x+5}{3}=5$$

$$\frac{3x+2x+10}{6}=5$$

$$5x+10=30$$

$$x=4(\text{km})$$

∴ 집에서 학원까지의 거리 : $x+x+5=2x+5=13$

40 62%의 황산수용액 100g과 26%의 황산수용액 50g을 섞었을 때 이 용액의 농도는? (단, 용액의 농도는 질량 %이다.)

① 40%　　　　② 45%　　　　③ 50%　　　　④ 55%

 ③

 용액의 농도 = $\dfrac{\text{용질의 양}}{\text{용액의 양}} \times 100$

∴ $\dfrac{100 \times 0.62 + 50 \times 0.26}{150} \times 100 = \dfrac{62+13}{150} \times 100 = 50(\%)$

41 공 A는 떨어뜨린 높이의 $\dfrac{3}{5}$만큼 튀어 오르고, 공 B는 떨어뜨린 높이의 $\dfrac{7}{10}$만큼 튀어 오른다고 한다. 공 A와 B를 같은 높이에서 떨어뜨렸더니 세 번째로 튀어 오른 공의 높이의 차가 76.2cm였다. 처음 공을 떨어뜨린 높이는?

① 360cm　　　　② 420cm　　　　③ 520cm　　　　④ 600cm

 ④

 공을 떨어뜨린 높이를 x라 할 때, 세 번째로 튀어 오른 높이는, 공 A는 $\left(\dfrac{3}{5}\right)^3 x$, 공 B는 $\left(\dfrac{7}{10}\right)^3 x$와 같다.

$$\text{B}-\text{A} = \frac{343-216}{1{,}000}x = \frac{127}{1{,}000}x = 76.2$$

∴ $x = 600(\text{cm})$

42 주미, 민지, 수아는 삼성에 지원하였다. 주미가 합격할 확률은 $\frac{1}{2}$, 민지가 합격할 확률은 $\frac{2}{3}$, 수아가 합격할 확률은 $\frac{2}{5}$라고 할 때 주미만 합격할 확률은?

① $\frac{1}{10}$ ② $\frac{3}{10}$ ③ $\frac{1}{15}$ ④ $\frac{4}{10}$

정답 ①

정답해설 불합격할 확률 : (1−합격할 확률)
주미만 합격할 확률 : 주미가 합격할 확률×민지가 불합격할 확률×수아가 불합격할 확률
주미만 합격할 확률 : $\frac{1}{2} \times \left(1-\frac{2}{3}\right) \times \left(1-\frac{2}{5}\right) = \frac{1}{10}$

43 청바지의 원가에 4할의 이익을 붙인 다음 500원을 할인해서 팔았더니 원가에 대하여 30%의 이익을 얻었다. 청바지의 원가는?

① 2,000원   ② 5,000원   ③ 7,000원   ④ 9,000원

정답 ②

정답해설 청바지의 원가를 x원이라고 하면
$x(1+0.4)-500=x(1+0.3)$
∴ $0.1x=500,\ x=5,000$(원)

44 어느 지역의 택시 요금이 2km이하의 거리까지는 2,400원이고 2km를 초과하는 순간 100원이 추가되며, 그 이후에는 150m씩 갈 때마다 100원씩 요금이 올라간다. 택시를 타고 집에서 회사까지 3,000원의 택시 요금이 나왔고, 집에서 백화점까지는 4,500원의 요금이 나왔다. 회사에서 백화점까지의 거리는? (단, 거리는 자연수로 나타낸다.)

① 2,900m   ② 5,019m   ③ 5,153m   ④ 8,548m

정답 ④

정답해설 택시 요금이 2km를 초과하는 순간 100원이 추가되므로 2km면 2,500원이다.
택시를 타고 집에서 회사까지의 요금이 3,000원이므로 $2,000+(150 \times 5)=2,750$(m)
이때, 2,750m를 초과하되 2,900m를 넘지 않으면 요금은 동일하므로
집에서 회사까지의 거리 : 2,750m 이상 2,900m 미만

같은 방법으로 집에서 백화점까지의 거리를 구하면

집에서 백화점까지의 거리 : $2,500+(150 \times 20)=5,500(\mathrm{m})$

$5,500\mathrm{m}$ 이상 $5,650\mathrm{m}$ 미만

이때 회사에서 백화점까지의 거리가 최대가 되려면 회사-집-백화점 순으로 위치할 때이며, 집-회사의 최대 거리는 $2,899\mathrm{m}$, 집-백화점까지의 최대 거리는 $5,649\mathrm{m}$이므로

∴ 회사에서 백화점까지의 최대 거리 : $2,899+5,649=8,548(\mathrm{m})$

45 미국, 일본, 프랑스 세 나라가 참가한 국제회의에 참석한 인원은 26명이다. 미국은 일본보다 2명 많고, 일본은 프랑스보다 3명 적다. 프랑스는 몇 명 참석하였는가?

① 7명 　　　　 ② 8명 　　　　 ③ 9명 　　　　 ④ 10명

 ④

 프랑스 참석자 수를 x명이라고 하면, 일본은 $(x-3)$명, 미국은 $(x-1)$명이다.

$x+(x-3)+(x-1)=26(명)$

∴ $x=10(명)$

실무계산

01 S회사 전체 사원의 혈액형을 조사하였더니 A형은 112명, B형은 60명, O형은 114명, AB형은 74명이었다. 이 회사의 사원 중 임의로 한 명을 선택하였을 때, 그 사람의 혈액형이 A형 또는 O형일 확률이 $\dfrac{n}{m}$이었다. m+n의 값은? (단, m과 n은 서로소이다.)

① 169 　　　　 ② 189 　　　　 ③ 274 　　　　 ④ 293

 ④

 S회사의 전체 사원 수는 $112+60+114+74=360(명)$

혈액형이 A형일 확률은 $\dfrac{112}{360}$이고, O형일 확률은 $\dfrac{114}{360}$

이 두 사건은 동시에 일어나지 않으므로 $\dfrac{112}{360}+\dfrac{114}{360}=\dfrac{226}{360}=\dfrac{113}{180}$

∴ $113+180=293$

02

A 전자에서 생산하는 냉장고와 세탁기의 수가 240대인데 냉장고와 세탁기를 비롯한 현장에 있는 전자제품의 대수는 620대였다. 현장에 있는 전자제품의 대수가 A 전자에서 생산하는 냉장고 대수의 2배, 세탁기 대수의 4배의 합과 같다면 냉장고는 모두 몇 대인가?

① 160대   ② 170대   ③ 180대   ④ 190대

정답 ②

정답해설 냉장고의 수를 x라고 하고 세탁기의 수를 y라고 하면 $x+y=240$, $2x+4y=620$이 되고, 두 식을 연립하면 $x=170$(대), $y=70$(대)

03

빌딩을 지으면서 가로 폭이 20m인 빌딩 외벽에 가로 25cm, 세로 10cm의 유리를 같은 간격으로 23장 끼우려고 한다. 빌딩 외벽 양 끝에는 유리와 유리 간격의 1.5배인 공간을 만들고자 한다면 유리와 유리의 간격은 몇 cm인가?

① 47cm   ② 57cm   ③ 67cm   ④ 77cm

정답 ②

정답해설 유리 사이의 간격을 x라 하면, 유리 사이의 간격 수는 $(23-1)=22$(개)
빌딩 외벽 양 끝에는 유리 사이의 간격이 1.5배의 공간이 있으므로 $1.5 \times x \times 2$
유리가 차지하는 길이는 25(cm) $\times 23$(장)이 된다. 따라서 $25 \times 23 + 22x + (1.5x \times 2) = 2,000$(cm)
∴ $25x = 1,425$, $x = 57$(cm)

04

S사의 승진평가 시험은 정답과 정답에 대한 서술 내용을 모두 평가하는 방식으로 이루어진다. 다음 두 가지 방법으로 점수를 계산한다고 할 때, 사원 A가 이 시험을 보고 나서 두 가지 방법대로 채점을 하였더니 모두 81점이 나왔다. 시험의 총 문항 수는?

> ㉠ 기본 점수는 없으며, 답과 서술 내용이 모두 맞으면 3점, 서술 내용과 정답 중 하나만 맞으면 2점, 서술 내용과 답이 모두 틀리면 점수가 없다.
> ㉡ 기본 점수는 30점이며, 답과 서술 내용 모두가 맞으면 2점, 답과 서술 내용 중 하나라도 틀리면 기본 점수에서 1점 감점한다.

① 10문항   ② 15문항   ③ 25문항   ④ 30문항

정답 ④

정답해설 사원 A가 맞힌 문항 수를 a, 답이나 서술 내용만 맞은 문항 수를 b, 답과 서술 내용 모두 틀린 문항 수를 c라 하고, ㉠와 ㉡의 방법으로 채점한 식을 세우면 다음과 같다.

㉠ $3a + 3b = 81$, ㉡ $30 + 2a - (b + c) = 81$

㉠에서 $a \leq 27$이어야 식이 성립하므로 만족하는 값을 구하면

$a = 27$, $b = 0$, $c = 3$

∴ 시험의 총 문항 수 : 30문항

---

05 주원 혼자서 5일, 은희 혼자서 10일, 민지 혼자서 30일 걸리는 일이 있다. 이 일을 3일간 주원과 은희가 하고 남은 부분을 민지 혼자서 할 때, 이 일을 시작하여 끝내기까지 걸린 시간은?

① 5일 ② 6일 ③ 7일 ④ 8일

 정답 ②

정답해설 주원와 은희 두 명이 3일간 한 일의 양 : $\left(\dfrac{1}{5} + \dfrac{1}{10} \right) \times 3 = \dfrac{3}{10} \times 3 = \dfrac{9}{10}$

나머지를 민지 혼자서 했을 때의 일의 양 : $\left(1 - \dfrac{9}{10} \right) \div \dfrac{1}{30} = \dfrac{1}{10} \div \dfrac{1}{30} = 3$

∴ 일을 마치는데 걸리는 일수 : $3 + 3 = 6$(일)

---

06 320L짜리 물통에 A 빨대를 이용하여 물을 채우는데 12분 후 물통의 60%가 찼다면 A 빨대가 1분간 채울 수 있는 물의 양은?

① 12L ② 13L ③ 14L ④ 16L

 정답 ④

 정답해설 빨대가 1분간 채울 수 있는 물의 양을 x라 하면,

$x \times 12 = 320 \times \dfrac{60}{100}$, $12x = 192$

∴ $16(\text{L})$

07 새마을호가 출발하고 나서 1시간 후 KTX가 300km/h로 출발하여 1시간 뒤 새마을호를 따라잡았다. 서울과 부산의 거리가 400km라면 부산에서 출발한 새마을호가 서울까지 가는 데 걸리는 시간은? (단, 소수점 둘째자리에서 반올림한다.)

① 약 1.7시간　　　② 약 2.2시간　　　③ 약 2.7시간　　　④ 약 3.2시간

 ③

 같은 거리를 이동할 때 새마을호는 2시간, KTX는 1시간이 걸리므로 KTX의 속력은 새마을호의 2배이다.

$$300\text{km/h} \times \frac{1}{2} = 150(\text{km/h}), \frac{400\text{km}}{150\text{km/h}} ≒ 2.7(\text{시간})$$

08 A지점에서 120km 떨어진 B지점까지 평균 시속 80km로 왕복하였다. 갈 때는 시속 90km로 운전하였다면 올 때의 시속은 몇 km인가?

① 70km　　　② 72km　　　③ 74km　　　④ 75km

 ②

 올 때의 시속을 $x(\text{km})$라 하면

시간 = $\dfrac{거리}{속력}$이므로

$$\frac{120}{90} + \frac{120}{x} = \frac{240}{80}, \frac{4}{3} + \frac{120}{x} = 3$$

$$\frac{4x+360}{3x} = 3, 5x = 360$$

∴ 시속 72km

09 회사에서 전철역까지 15km/h로 자전거를 타고 가면 왕복 1시간이 걸린다. 이때 회사에서 전철역까지의 거리는?

① 7.5km　　　② 15km　　　③ 20km　　　④ 25km

 ①

 거리 = 속력 × 시간

왕복거리 = 15km/h × 1h = 15km

∴ 회사에서 거리는 7.5km

10 길이가 30m인 배가 150m 길이의 터널을 완전히 통과하는 데 30초 걸렸다. 이 배의 초속은?

① 4m/s ② 5m/s ③ 6m/s ④ 7m/s

정답 ③

정답
해설 속력 = $\dfrac{거리}{속력}$

$\therefore \dfrac{(150+30)\text{m}}{30\text{s}} = 6(\text{m/s})$

11 A는 4km/h로 걷는다. A가 80분 동안 걷는 거리를 B는 100분 동안 걷는다. B의 속력은?

① 3.2km/h ② 3.4km/h ③ 3.8km/h ④ 4km/h

정답 ①

정답
해설 A가 80분 동안 걷는 거리 = 4km/h × $\dfrac{80}{60}$h = $\dfrac{16}{3}$(km)

따라서, B의 속력은 $\dfrac{16}{3}$km ÷ $\dfrac{100}{60}$h = 3.2km/h

12 어떤 회사의 신입사원 채용시험 응시자가 400명이었다. 시험점수의 전체평균은 50점, 합격자의 평균은 80점, 불합격자의 평균은 40점이었다. 합격한 사람들은 몇 명인가?

① 80명 ② 85명 ③ 90명 ④ 100명

정답 ④

정답
해설 합격한 사람을 x명, 불합격한 사람을 y명이라 하면

$x+y=400$ … ㉠

$80x+40y=50×400$

$2x+y=500$ … ㉡

㉠, ㉡을 연립하면

$x=100, y=300$

따라서 합격한 사람은 100명이다.

13 물 Ag에 식염 Bg을 녹였을 때 이 식염수의 농도를 구하면?

① $\dfrac{100B}{A+B}$ ② $\dfrac{100B}{AB}$ ③ $\dfrac{100A}{AB}$ ④ $\dfrac{100A}{A+B}$

 정답 ①

정답 해설 식염수의 농도는 $\dfrac{B}{A+B} \times 100 = \dfrac{100B}{A+B}$ 이다.

14 12% 농도인 소금물에 소금 10g을 넣었더니 22% 농도의 소금물이 되었다. 12%였을 때의 소금물의 양은?

① 38g   ② 48g   ③ 58g   ④ 78g

 정답 ④

정답 해설 12%였을 때의 소금물의 양을 $x(g)$이라 하면,

$$\dfrac{\frac{12}{100}x+10}{x+10} \times 100 = 22$$

$$12x+1000 = 22x+220$$

$$x = 78(g)$$

15 어떤 일을 하는 데 A는 60시간, B는 90시간이 걸린다고 한다. A와 B가 함께 일을 하면 각자 능력의 50%를 분업 효과로 얻을 수 있다고 한다. A와 B가 함께 일을 한다면 몇 시간이 걸리겠는가?

① 5시간   ② 10시간   ③ 15시간   ④ 24시간

정답 ④

정답 해설 전체 작업량을 1이라 하면, A의 1시간 작업량 : $\dfrac{1}{60}$, B의 1시간 작업량 : $\dfrac{1}{90}$

A와 B가 함께한 1시간 작업량 : $\left(\dfrac{1}{60}+\dfrac{1}{90}\right) \times 1.5 = \dfrac{1}{24}$

∴ 전체 일을 하는 데 걸리는 시간 : 24(시간)

16 어떤 일을 할 때 A는 6일, B는 12일 걸린다. 그 일을 둘이서 함께 시작했지만 B가 휴가를 얻어 쉬었기 때문에 일을 끝마치는 데 C일이 걸렸다. B의 휴가는 며칠인가?

① $3C-12$　　　　② $4C-12$　　　　③ $5C-12$　　　　④ $6C-12$

🔍 정답 ①

➕ 정답해설　A의 1일 일량은 $\frac{1}{6}$, B의 1일 일량은 $\frac{1}{12}$이므로 B의 휴가 일수를 x라 하면 $\frac{C}{6}+\frac{C-x}{12}=1$

$2C+C-x=12$ ∴ $x=3C-12$

17 어떤 일을 A와 B가 할 때, A는 C시간이 걸리고 B는 D시간이 걸린다고 한다. 두 사람이 그 일을 같이 한다면 일을 끝마치는 데 걸리는 시간은 얼마인가?

① $\dfrac{C-D}{CD}$　　　　② $\dfrac{CD}{C-D}$　　　　③ $\dfrac{C+D}{CD}$　　　　④ $\dfrac{CD}{C+D}$

🔍 정답 ④

➕ 정답해설　전체 일의 양이 1일 때, A의 시간당 일의 양은 $\frac{1}{C}$이고, B의 시간당 일의 양은 $\frac{1}{D}$이므로

A와 B가 함께 일할 때 두 사람의 시간당 일의 양은 $\frac{1}{C}+\frac{1}{D}=\frac{C+D}{CD}$이다.

두 사람이 함께 일할 때 걸리는 시간은 $\dfrac{\text{작업량}}{\text{두 사람의 시간당 일의 양}}$이므로 $\dfrac{1}{\frac{C+D}{CD}}=\dfrac{CD}{C+D}$이다.

18 커피우유의 원가에 5할의 이익을 붙인 다음 200원을 할인해서 팔았더니 원가에 대하여 40% 의 이익을 얻었다. 커피우유의 원가는?

① 1,000원　　　　② 1,500원　　　　③ 2,000원　　　　④ 2,500원

🔍 정답 ③

➕ 정답해설　커피우유의 원가를 x로 하면, $x(1+0.5)-200=x(1+0.4)$

$0.1x=200$, ∴ $x=2,000$(원)

19 장난감 매장에서 원가 2만 원짜리 장난감에, 이윤을 20% 추가하여 정가로 하였다가 오랫동안 팔리지 않아 정가의 30%를 깎아 팔았다. 이 장난감의 가격은?

① 13,200 　　　　② 14,700 　　　　③ 16,800 　　　　④ 18,000

 정답 ③

 정답 해설　정가 : $20,000 \times (1+0.2) = 24,000$
따라서 24,000(원)의 30%를 깎았으므로
$\therefore 24,000 \times (1-0.3) = 16,800$(원)

20 은희는 주원이 가지고 있는 돈의 3배를 은행에 예금했다. 얼마 후 은희는 10,000원을 찾아 썼고 주원은 6,000원을 더 예금했더니 둘의 예금은 같게 되었다. 은희가 처음에 예금한 액수는 얼마인가?

① 14,000원 　　　　② 18,000원 　　　　③ 24,000원 　　　　④ 30,000원

 정답 ③

 정답 해설　처음에 주원이 가지고 있는 돈을 x라 하면 $3x-10,000 = x+6,000$ $\therefore x=8,000$(원)
$\therefore$ 은희의 첫 예금액은 $3 \times 8,000 = 24,000$(원)이다.

21 어떤 옷가게에서 원가 20만 원짜리 정장에 이윤을 30% 추가하여 정가로 하였다가 오랫동안 팔리지 않아 정가의 20%를 깎아 팔았다. 이 옷의 가격은 얼마인가?

① 180,000원 　　　　② 198,000원 　　　　③ 208,000원 　　　　④ 218,000원

 정답 ③

 정답 해설　$200,000 \times 1.3 = 260,000$(원)
$260,000 \times 0.8 = 208,000$(원)

22 세 자리의 양의 정수 중에 7의 배수가 아닌 수의 개수는?

① 760개　　　　② 772개　　　　③ 784개　　　　④ 796개

 정답 ②

정답해설
- 1에서 999까지의 정수 중 7의 배수 : 142개
- 1에서 99까지의 정수 중 7의 배수 : 14개
- 100에서 999까지의 7의 배수 : 142－14＝128(개)

따라서 900개의 세 자리 수 중 7의 배수가 아닌 수의 개수는 900－128＝772(개)

23 연속하는 두 정수가 있는데, 큰 수의 제곱에서 작은 수의 제곱을 뺀 값이 101이라면, 두 수는?

① 10, 11　　　　② 20, 21　　　　③ 50, 51　　　　④ 70, 71

 정답 ③

정답해설
연속하는 두 정수를 n, $n+1$이라 하면
$(n+1)^2-n^2=101$
$(n+1)^2-n^2=n^2+2n+1-n^2=2n+1=101$, $2n=100$
$\therefore n=50$, $n+1=51$

24 어떤 수에 8을 곱해야할 것을 실수로 8로 나누고, 다시 20을 더해야할 것을 실수로 20을 뺐더니 22가 되었다. 바르게 계산할 경우 결과로 옳은 것은?

① 1,000보다 작은 수　　　　② 1,000과 1,500 사이의 수

③ 1,500과 2,000 사이의 수　　　　④ 2,000과 3,000 사이의 수

 정답 ④

정답해설
어떤 수를 x라 하면, $\dfrac{x}{8}-20=22$
$\therefore x=336$
$\therefore$ 바르게 계산하면 $336\times8+20=2,708$

25

같은 종류의 주스 4병, 같은 종류의 생수 2병, 우유 1병을 3명에게 남김없이 나누어 주는 경우의 수는? (단, 1병도 받지 못하는 사람이 있을 수 있다.)

① 270 　　　② 260 　　　③ 250 　　　④ 240

 정답 ①

 정답해설
- 주스 4병을 3명에게 남김없이 나누어 주는 경우의 수는
$$_{4+3-1}C_4 = {_6}C_2 = \frac{6 \times 5}{2} = 15$$
- 생수 2병을 3명에게 남김없이 나누어 주는 경우의 수는
$$_{2+3-1}C_2 = {_4}C_2 = \frac{4 \times 3}{2} = 6$$
- 우유 1병을 3명에게 남김없이 나누어 주는 경우의 수는 3

따라서 구하는 경우의 수는 $15 \times 6 \times 3 = 270$

26

공기 중에서 소리의 속력은 기온이 $x°C$일 때, 매초 약 $(0.6x+331)$m/s이다. 기온 $25°C$에서 번개가 보이고 10초 후 천둥소리를 들었다면, 번개가 발생한 지점까지의 거리는?

① 3,100m 　　　② 3,265m 　　　③ 3,460m 　　　④ 3,680m

 정답 ③

 정답해설
기온이 $25°C$일 때 소리의 속력은 $0.6 \times 25 + 331 = 346$(m/s)이다.
따라서 번개가 발생한 지점까지의 거리는 $346m/s \times 10s = 3,460$(m)이다.

27

가로 35cm, 세로 20cm인 직사각형 모양의 타일 90개를 겹치지 않고 덮을 수 있는 면의 최소 넓이는 얼마인가?

① $3.8m^2$ 　　　② $4.2m^2$ 　　　③ $5.8m^2$ 　　　④ $6.3m^2$

 정답 ④

정답해설 타일 90개를 직사각형 모양으로 겹치지 않고 덮을 경우 면의 넓이는, $0.35 \times 0.2 \times 90 = 6.3(m^2)$

28 둘레가 Am인 원형 공원 주위에 Bm 간격으로 나무를 심으려고 할 때 몇 그루의 나무가 필요한가?

① $\dfrac{B}{A}$ 　　　　② $\dfrac{A}{B}+1$ 　　　　③ $\dfrac{A}{B}$ 　　　　④ $\dfrac{A}{B}-1$

정답 ③

정답해설 원형으로 연결되어 있을 때의 간격 수＝나무의 그루 수이다.

∴ 필요한 나무의 그루 수＝$\dfrac{A}{B}$

29 A% 농도의 식염수 Bg에 C% 농도의 식염수 Dg을 넣으면 농도 몇 %의 식염수가 만들어지는가?

① $\dfrac{A+C}{B+D}$ 　　　② $\dfrac{AB+CD}{B+D}$ 　　　③ $\dfrac{A+D}{AB+CD}$ 　　　④ $\dfrac{AC}{AB+CD}$

정답 ②

정답해설 식염의 양＝$\dfrac{농도}{100}×$식염수의 양이므로

A% 농도의 식염수 Bg의 식염 양은 $\dfrac{A}{100}×B=\dfrac{AB}{100}$이고, C% 농도의 식염수 Dg의 식염 양은 $\dfrac{C}{100}×D=\dfrac{CD}{100}$이다.

∴ 둘을 합한 식염수의 농도는 $\dfrac{\dfrac{AB}{100}+\dfrac{CD}{100}}{B+D}×100=\dfrac{AB+CD}{B+D}$이다.

30 주원이 혼자 작업하면 12일, 은희가 혼자 작업하면 16일이 걸리는 일이 있다. 이 일을 두 명이 같이 하게 될 때 걸리는 작업 시간은?

① 약 6일 　　　　② 약 7일 　　　　③ 약 8일 　　　　④ 약 9일

정답 ②

정답해설 전체 작업량을 1이라고 할 때

주원의 1일 작업량 : $\dfrac{1}{12}$

은희의 1일 작업량 : $\dfrac{1}{16}$

두 명이 같이 일할 때 작업량 : $\dfrac{1}{12}+\dfrac{1}{16}$

일을 모두 마치는 데 걸리는 시간 : $1÷\left(\dfrac{1}{12}+\dfrac{1}{16}\right)≒6.85\cdots$

∴ 약 7(일)이 걸린다.

31

원가가 a원인 운동화를 30%의 이익을 붙여 팔다가 다시 20%의 특별할인을 하여 팔았다. 이때, 운동화를 하나 팔 때 남는 이익은 얼마인가?

① 0.02a ② 0.04a ③ 0.05a ④ 0.06a

 정답 ②

정답해설 운동화의 원가는 a, 정가는 $a \times (1+0.3) \times (1-0.2) = a \times 1.3 \times 0.8 = 1.04a$
이때, 이익=정가-원가이므로
∴ $1.04a - a = 0.04a$

32

원가가 400원인 공책이 있다. 이 공책을 정가의 20%를 할인해서 팔아도 8%의 이익을 남게 하기 위해서는 원가의 몇 %의 이익을 붙여 정가를 정해야 하는가?

① 35%   ② 37%   ③ 42%   ④ 44%

 정답 ①

정답해설 원가에 x% 이익을 붙여 정가를 정하면
정가 : $400(1+x)$
$400(1+x)(1-0.2) = 400(1+0.08)$
$320 + 320x = 432$
$320x = 112$
$x = 0.35$
따라서 원가에 35%의 이익을 붙여서 정가를 정해야 한다.

33

주원은 문구점에서 샤프와 샤프심을 사서 10,000원을 냈더니 1,900원을 거슬러 받았다. 샤프의 가격은 1,200원, 샤프심의 가격은 300원이고 구입한 샤프와 샤프심의 개수가 12개였다면, 샤프를 산 개수는?

① 5권   ② 6권   ③ 7권   ④ 8권

정답 ①

정답해설 샤프의 개수 : x, 샤프심의 개수 : y
$\begin{cases} x+y=12 \\ 1,200x+300y=8,100 \end{cases}$
∴ $x=5$(권), $y=7$(개)

34 두 자연수의 합은 43이고 큰 수를 작은 수로 나누면 몫은 2이고 나머지가 7일 때, 큰 수의 값은?

① 30　　　　　　② 31　　　　　　③ 32　　　　　　④ 33

 정답 ②

정답해설 두 자연수 중 큰 수를 x, 작은 수를 y라 하면
$x+y=43$
$x=2y+7$
즉 $(2y+7)+y=43$, $3y=36$
$y=12$이므로 $x=31$
∴ 큰 수 $=31$

35 자판기에서 수금한 동전의 총 개수가 257개이다. 50원짜리 동전은 10원짜리 동전보다 15개가 적고, 100원짜리 동전은 10원짜리 동전보다 22개가 많으며, 500원짜리 동전의 합계금액은 12,500원이다. 50원짜리 동전의 합계 금액은?

① 1,000원　　　② 2,000원　　　③ 3,000원　　　④ 4,000원

 정답 ③

정답해설 10원짜리 동전의 개수 : x
50원짜리 동전의 개수 : $x-15$
100원짜리 동전의 개수 : $x+22$
500원짜리 동전의 개수 : $12,500÷500=25$
$x+x-15+x+22+25=257$, $3x=225$, $x=75$(개)
∴ 50원짜리 동전의 합계 금액 : $50×(75-15)=3,000$(원)

36 A와 B 두 회사의 작년 자동차 판매량의 합은 300대이다. 금년에는 작년보다 A회사는 판매량이 20% 증가했고, B회사는 10% 감소하여 두 회사의 자동차 판매량의 합은 작년보다 10% 증가하였다. 금년 A회사의 자동차 판매량은?

① 90대　　　　　② 100대　　　　③ 170대　　　　④ 240대

 정답 ④

정답해설 A회사에서 작년에 판매한 자동차 대수 : x대
B회사에서 작년에 판매한 자동차 대수 : y대
$\begin{cases} x+y=300 \\ 1.2x+0.9y=300×1.1 \end{cases}$
∴ $x=200$, $y=100$
따라서 금년 A회사의 자동차 판매량은 20% 증가했으므로 $200×1.2=240$(대)가 된다.

37

청기 3개, 백기 2개, 적기 1개를 모두 한 줄로 배열하여 신호를 만들려고 한다. 만들 수 있는 신호의 개수는?

① 60개   ② 70개   ③ 77개   ④ 90개

 정답 ①

 정답
해설
a, a, a, b, b, c의 순열의 수와 같다.

$$\therefore \frac{6!}{3! \times 2!} = \frac{6 \cdot 5 \cdot 4 \cdot 3 \cdot 2 \cdot 1}{3 \cdot 2 \cdot 1 \times 2 \cdot 1} = 60(\text{개})$$

38

A는 10일, B는 20일 걸리는 일이 있다. 둘은 공동 작업으로 일을 시작했으나, 도중에 A가 쉬었기 때문에 끝마치는 데 16일 걸렸다. A가 쉰 기간은?

① 9일   ② 10일   ③ 12일   ④ 14일

정답 ④

 정답
해설
전체 일의 양이 1일 때,

A의 1일 일량 : $\frac{1}{10}$, B의 1일 일량 : $\frac{1}{20}$

B가 일한 날 수 : 16일, B의 총 일량 : $\frac{1}{20} \times 16 = \frac{4}{5}$

A의 총 일량 : $1 - \frac{4}{5} = \frac{1}{5}$

A의 일한 날 수 : $\frac{1}{5} \div \frac{1}{10} = 2(\text{일})$

$\therefore$ A가 쉰 날 수 : $16 - 2 = 14(\text{일})$

39

주원과 은희가 함께 일을 하면 8일 걸리는 일을 은희가 4일 동안 일한 후, 그 나머지는 주원이 10일 걸려서 완성하였다. 이 일을 주원 혼자서 하는데 걸리는 날짜는?

① 8일   ② 9일   ③ 10일   ④ 12일

정답 ④

 정답
해설
전체 일의 양이 1일 때
주원이 하루에 일하는 양을 x, 은희가 하루에 일하는 양을 y라 하면

$$\begin{cases} 8(x+y) = 1 \\ 10x + 4y = 1 \end{cases}$$

$$\therefore x = \frac{1}{12}, y = \frac{1}{24}$$

주원은 하루에 $\frac{1}{12}$씩 일을 하므로 혼자서 일을 완성하려면 12일이 걸린다.

40

62% 황산수용액 100g과 26% 황산수용액 50g을 섞었을 때 이 용액의 농도는?

① 40%　　　　　② 45%　　　　　③ 50%　　　　　④ 55%

 정답 ③

정답해설　$\dfrac{(100 \times 0.62) + (50 \times 0.26)}{150} \times 100 = \dfrac{62 + 13}{150} \times 100 = 50(\%)$

41

직장인 A는 매일 출근 1시간 15분 전에 일어나 10분간 신문을 보고, 15분간 세수를 하며, 20분간 식사를 한 후 출근을 위해 집에서 나선다. 회사의 출근 시간이 오전 10시라면 집에서 출발한 시간의 시침과 분침의 각도는?

① 105°　　　　　② 115°　　　　　③ 125°　　　　　④ 135°

 정답 ①

 정답해설　집에서 출발한 시간 : 10시−1시간 15분+10분+15분+20분=9시 30분

각 시간의 각도 : 360÷12=30(°)

시침은 9시와 10시의 중간에 있고 분침은 30분, 즉 6시에 있으므로

시침과 분침의 간격은 3시간 30분

∴ 시침과 분침의 각도 : $3 \times 30 + \dfrac{1}{2} \times 30 = 90 + 15 = 105(°)$

42

1에서 20까지의 자연수 중 임의로 하나의 수를 선택할 때, 2 또는 5의 배수일 확률은?

① 0.5　　　　　② 0.6　　　　　③ 0.7　　　　　④ 0.8

 정답 ②

 정답해설　2의 배수 : 10(개), 5의 배수 : 4(개), 10의 배수 : 2(개)

10+4−2=12(개)

∴ $\dfrac{12}{20} = \dfrac{3}{5} = 0.6$

43

8개의 막대기 중 3개의 당첨 막대기와 5개의 비당첨 막대기가 있다. 이 중 2개를 뽑을 때, 적어도 1개가 당첨 막대기일 확률은?

① $\frac{3}{14}$　　　② $\frac{5}{14}$　　　③ $\frac{9}{14}$　　　④ $\frac{5}{7}$

 정답 ③

 정답해설

위의 조건에서 막대기 2개를 뽑을 때 나올 수 있는 경우의 수는 '당첨＋비당첨', '비당첨＋당첨', '당첨＋당첨', '비당첨＋비당첨' 등 4가지이다.

따라서 적어도 한 개 이상 당첨 막대기를 뽑을 확률은 전체 확률에서 두 개 모두 비당첨 막대기를 뽑을 확률을 빼면 된다.

이를 식으로 나타내면 $1-\left(\frac{5}{8}\times\frac{4}{7}\right)$이며, 그 확률을 구하면 $\frac{9}{14}$이다.

44

(1, 1, 1, 1, 2, 3)의 6개의 숫자를 모두 사용하여 만들 수 있는 6자리 정수의 개수는?

① 20개　　　② 25개　　　③ 30개　　　④ 35개

 정답 ③

 정답해설

6개의 숫자를 일렬로 배열하는 경우의 수이고, 여기서 1이 4개이므로

$\frac{6!}{4!}=\frac{6\times5\times4\times3\times2\times1}{4\times3\times2\times1}=30$(개)

45

주원의 가게에서는 원가가 3,000원인 물품에 5할의 이익을 덧붙여 정가로 팔았지만 경기가 좋지 않아 결국 정가의 3할을 할인하여 팔았다. 이때의 이익 또는 손실은?

① 100원 이익　　　② 150원 손실　　　③ 150원 이익　　　④ 300원 손실

 정답 ③

 정답해설

정가＝원가(1＋이익률), 3,000(1＋0.5)＝4,500(원)

판매가＝정가(1－할인율), 4,500(1－0.3)＝3,150(원)

3,150(원)－3,000(원가)＝150(원)이므로 이익이다.

02

자료해석

GLOBAL SAMSUNG APTITUDE TEST

자료해석 문제는 표나 그래프를 주고 자료를 해석하거나 자료를 이용해서 계산을 하는 문제가 출제된다.

그래프와 비율

01 다음은 2024년 어느 금요일과 토요일 A씨 부부의 전체 양육활동유형 9가지에 대한 참여시간을 조사한 자료이다. [표]에 대한 설명으로 옳지 않은 것은?

[표] 금요일과 토요일의 양육활동유형별 참여시간

(단위 : 분)

유형	금요일		토요일	
	아내	남편	아내	남편
위생	48	4	48	8
식사	199	4	234	14
가사	110	2	108	9
정서	128	25	161	73
취침	55	3	60	6
배설	18	1	21	2
외출	70	5	101	24
의료간호	11	1	10	1
교육	24	1	20	3

① 토요일에 남편의 참여시간이 가장 많았던 양육활동유형은 정서활동이다.

② 남편의 양육활동 참여시간은 금요일에는 총 46분이었고, 토요일에는 총 140분이었다.

③ 아내의 총 양육활동 참여시간은 금요일에 비해 토요일에 감소하였다.

④ 금요일에 아내는 식사, 정서, 가사, 외출활동의 순으로 양육활동 참여시간이 많았다.

정답 ③

정답 해설 아내의 총 양육활동 참여시간은 금요일에는 663분, 토요일에는 763분으로 금요일에 비해 증가하였다.

▶ 핵심정리

표 유형의 문제

㉠ 자료가 많은 문제 유형은 선택지를 먼저 보고 문제를 푸는 습관을 들이자. 바로 오답을 발견할 수 있기 때문에 풀이 속도가 빨라진다.

㉡ 온라인 시험으로 전환되면서 모니터 화면을 바라보기 때문에 집중력이 흐트러질 수 있다. 마우스 포인트를 적극적으로 활용 해야 수치 등을 확인하는데 도움이 되기 때문에 익숙해지는 것이 중요하다.

02 2023년 해외직접투자가 가장 많았던 달은?

[표] 2023년 우리나라의 해외직접투자

(단위 : 천 달러)

연도	2023.06	2023.07	2023.08	2023.09	2023.10
아시아	307,708	275,448	319,734	649,559	329,203
북미	58,141	89,683	140,532	86,250	154,920
유럽	13,008	64,869	73,655	93,930	35,246

① 6월 ② 7월 ③ 8월 ④ 9월

  정답 ④

정답 해설 해외직접투자가 가장 많았던 달은 아시아 부문 9월에 649,559(천 달러)로 전체 자료 중에서 가장 높다.

03 다음은 공공기관 공사 발주현황에 대한 자료이다. 이에 대한 설명 중 옳지 않은 것은? (단, 소수점 둘째 자리에서 버림 한다.)

[표] 공공기관 공사 발주현황

(단위 : 건, 십억 원)

구분		2021년		2022년		2023년	
		건수	금액	건수	금액	건수	금액
정부기관	소계	10,320	7,998	10,530	9,186	8,475	7,384
	대형공사	92	1,886	92	2,065	91	1,773
	소형공사	10,228	6,112	10,438	7,121	8,384	5,611
지방자치	소계	22,043	12,677	22,037	14,073	29,000	13,392
	대형공사	73	14	53	1,201	61	1,411
	소형공사	21,970	12,663	21,984	12,872	28,939	11,981

① 2023년의 발주금액은 전체적으로 2019년 발주금액 대비 감소했다.

② 2021년 대비 2023년 정부기관 전체 대형공사 발주건수와 소형공사의 발주건수는 감소한 것으로 나타났다.

③ 2022년 정부기관 발주공사에서 대형공사가 차지하는 발주건수 비율은 1% 이상이며 공사금액의 비율은 25%이상을 차지하고 있다.

④ 매년 공공기관 전체에서 대형공사가 소형공사보다 발주건수는 적지만, 건당 대형공사 발주금액이 소형공사 발주금액보다 크다는 것을 알 수 있다.

정답 ③

정답해설 2022년 정부기관 발주공사에서 대형공사가 차지하는 발주건수의 비율은 $\frac{92}{10,530} \times 100 ≒ 0.87(\%)$로 1% 미만이며 공사금액의 비율은 $\frac{2,065}{9,186} \times 100 ≒ 22.47(\%)$로 25% 이하다.

오답해설 ① 2023년의 발주금액은 7,384+13,392=20,776(십억 원)이며 2021년 발주금액은 7,998+12,677=20,675(십억 원)으로 2019년 대비 증가했다.

② 2021년 대형공사 발주건수는 92(건), 2023년 대형공사 발주건수는 91(건)으로 발주건수가 감소했고, 2021년 소형공사 발주건수는 10,228(건), 2023년 발주건수는 8384(건)으로 감소했다.

04 다음 [표]는 2014년에서 2023년까지 주요 교통수단별 인구 10만 명 당 교통사고 사망자 수를 나타낸 자료이다. [표]에 대한 해석 중 옳지 않은 것은?

[표] 교통수단별 인구 10만 명당 교통사고 사망자 수 변화 추이

(단위 : 명)

교통수단 \ 연도	2014년	2015년	2018년	2020년	2021년	2022년	2023년
A	31.5	30.0	28.2	25.5	23.3	24.0	24.3
B	24.5	23.5	22.0	21.4	20.0	20.7	21.3
C	14.1	17.0	18.9	19.4	21.6	22.1	24.4
D	4.2	4.5	5.5	6.7	7.3	7.9	8.9
E	1.5	1.7	2.0	2.2	2.1	2.4	4.9
F	5.2	7.2	7.0	6.5	5.3	3.8	5.6
합계	81.0	83.9	83.6	81.7	79.6	80.9	89.4

① C에 의한 사고의 경우 인구 10만 명당 사망자 수는 지속적으로 증가하고 있다.

② C에 의한 사고의 경우 2023년과 2014년의 인구 10만 명당 사망자 수의 절대적인 차이는 다른 교통수단에 의한 것보다 크다.

③ 2014년에 비해서 2023년 인구 10만 명당 사망자 수가 증가한 교통사고는 C, D, E, F에 의한 것이다.

④ 2021년까지 A, B에 의한 교통사고 건수는 점차 감소하는 추세를 보이고 있다.

 정답 ④

정답해설 주어진 자료는 교통수단별 인구 10만 명당 교통사고 사망자 수 변화 추이로 교통사고 건수는 알 수 없다.

05 남녀 200명의 민트초코 선호 여부를 조사하니 다음 표와 같은 결과를 얻었다. 전체 조사 대상자 중 여자의 비율은 70%이고, 민트초코 선호자의 비율이 60%라고 할 때, 다음 설명 중 적절한 것은? (단, 소수점 셋째 자리에서 반올림한다.)

[표] 민트초코 선호 여부

(단위 : 명)

성별 \ 선호	선호자 수	비선호자 수	전체
남	A	20	B
여	C	D	E
전체	F	G	200

① $\dfrac{C}{D}=2$이다.

② 남자의 민트초코 선호율이 여자의 민트초코 선호율보다 낮다.

③ 조사 대상자 중 여자가 남자보다 80명이 더 많다.

④ 민트초코를 선호하는 여자의 수는 민트초코를 선호하는 남자의 수보다 3배 많다.

정답) ③

정답해설 여자의 수 : $200 \times 0.7 = 140$(명)
남자의 수 : $200 - 140 = 60$(명)
∴ $140 - 60 = 80$(명)

오답해설 A에서 G까지 요구하는 값을 모두 채운 표는 다음과 같다.

성별 \ 선호	선호자 수	비선호자 수	전체
남	40	20	60
여	80	60	140
전체	120	80	200

① 민트초코 선호자 전체(F) : $200 \times 0.6 = 120$(명)
민트초코 비선호자 전체(G) : $200 - 120 = 80$(명)
민트초코 비선호자 중 여자의 수(D) : $80 - 20 = 60$(명)
민트초코 선호자 중 여자의 수(C) : $120 - 40 = 80$(명)
∴ $\dfrac{C}{D} = \dfrac{4}{3}$

② 남자의 민트초코 선호율 : $\frac{40}{60} \times 100 ≒ 66.67(\%)$

여자의 민트초코 선호율 : $\frac{80}{140} \times 100 ≒ 57.14(\%)$

남자의 민트초코 선호율이 여자의 민트초코 선호율보다 높다.

④ 민트초코의 전체 선호자 수는 120(명)이고, 그 중 여자 선호자(C)는 80(명)이므로 남자의 수는 120-80=40(명)으로 2배 많다.

> ▶핵심정리

전체 인원÷에서 일부 인원과 비율을 구하는 문제

㉠ (해당 영역의 인원수)=(총 영역)×(해당 영역의 비율)

㉡ (해당 영역의 비율(%))= $\frac{해당 영역의 인원수}{총 인원} \times 100$

06 다음은 2023년 A지역의 연령별 인구 구조에 관한 자료이다. 이를 바탕으로 2038년의 인구 분포를 예측한 결과로 적절한 것은? (단, 소수점 셋째자리에서 반올림한다.)

[표] A 지역의 연령별 지역 구조

(단위 : 명)

연령대	남성	여성
0~14세	1,650	1,920
15~29세	1,500	1,600
30~44세	1,250	1,280
45~59세	990	1,040
60세 이상	800	1,050
합계	6,190	6,890

※ A지역은 전·출입자와 사망자는 없고, 출생자만 있다고 가정함

※ 2038년 15~29세 성별 인구대비 0~14세 성별 인구의 비율 $\left(\frac{0~14세\ 남(여)\ 인구}{15~29세\ 남(여)\ 인구} \right)$은 2023년과 동일하다고 가정함

① 총 인구에서 차지하는 인구 비중이 가장 높은 연령대는 60세 이상일 것이다.

② 총 인구가 2023년에 비해 약 24%가량 증가할 것이다.

③ 총 인구에서 여성이 차지하는 비율은 2023년에 비해 증가할 것이다.

④ 60세 이상 인구에서 남성이 차지하는 비율은 2023년에 비해 감소할 것이다.

정답 ③

 정답해설 사망자가 없다고 가정했기 때문에 2023년 총 인구에서 여성이 차지하는 비율은 2023년 인구 합계에 2038년 0~14세 인구를 더하면 된다. 2023년과 2038년의 15~29세 성별 인구 대비 0~14세 성별 인구의 비율이 동일하므로 비율을 구하는 방법은 다음과 같다.

2023년 15~29세 남성 인구 대비 0~14세 남성 인구의 비율 : $\frac{1,650}{1,500}=1.1$

2023년 15~29세 여성 인구 대비 0~14세 여성 인구의 비율 : $\frac{1,920}{1,600}=1.2$

2038년 0~14세 남성 인구 : $1,650 \times 1.1 = 1,815$(명)

2038년 0~14세 여성 인구 : $1,920 \times 1.2 = 2,304$(명)

2038년 남성 인구 : $6,190 + 1,815 = 8,005$(명)

2038년 여성 인구 : $6,890 + 2,304 = 9,194$(명)

2038년 전체 인구 : $8,005 + 9,194 = 17,199$(명)

2023년 여성 인구의 비율 : $\frac{6,890}{6,190+6,890} \times 100 ≒ 52.68(\%)$

2038년 여성 인구의 비율 : $\frac{9,194}{17,199} \times 100 ≒ 53.46(\%)$

따라서 총 인구에서 여성이 차지하는 비율은 2023년에 비해 0.78(%)증가한다.

 오답해설 ① 2038년 60세 이상 인구는 2023년 60세 이상 인구에서 45세~59세 인구까지 포함되므로
$990 + 1,040 + 800 + 1,050 = 3,880$(명)이 된다.

② 2023년 전체 인구는 13,080(명), 2038년 전체 인구는 17,199(명)이다. $\frac{17,199-13,080}{13,080} \times 100 ≒ 31.49(\%)$로
2023년에 비해 약 31% 증가한다.

④ 2038년 60세 이상 인구는 3,880(명)이다. 이 중 남성은 1,790(명)이다. 60세 이상 인구에서 남성이 차지하는 비율은
$\frac{800}{800+1,050} \times 100 ≒ 43.24(\%)$이며 2038년에는 $\frac{1,790}{3,880} \times 100 ≒ 46.13(\%)$로 2023년에 비해 증가하고 있다.

07 다음은 I지역 전체 가구 수를 대상으로 바이러스 유행 전과 유행 후 영양제 섭취 변경 사항에 대해 설문조사한 결과이다. [표]에 대한 설명으로 적절한 것은?

[표] 바이러스 유행 전·후 I지역 영양제 섭취 변경

(단위 : 가구)

유행 후 / 유행 전	비타민D	비타민C	오메가	아연
비타민D	40	30	20	30
비타민C	10	50	10	30
오메가	20	10	10	40
아연	10	10	10	40

※ I지역이 섭취하는 영양제 종류는 비타민C, 비타민D, 오메가, 아연으로 구성됨(각 가구는 영양제 한 종류만 섭취함)

① 바이러스 유행 전에는 영양제로 비타민C를 섭취하는 가구 수가 가장 많았다.
② 바이러스 유행 전에 비해 유행 후에 섭취 가구 수가 감소한 영양제 종류는 3개이다.
③ 바이러스 유행 전과 유행 후에 영양제를 변경한 가구 수의 비율은 전체 가구 수의 60% 이하이다.
④ 영양제 종류 중에서 바이러스 유행 전과 유행 후를 비교했을 때, 영양제 섭취 수의 차이가 가장 큰 것은 아연이다.

 정답 ④

정답 해설 바이러스 유행 전 영양제별 섭취 가구 수는 다음과 같다.
비타민D : 40＋30＋20＋30＝120(가구)
비타민C : 10＋50＋10＋30＝100(가구)
오메가 : 20＋10＋10＋40＝80(가구)
아연 : 10＋10＋10＋40＝70(가구)
바이러스 유행 후 영양제별 섭취 가구 수는 다음과 같다.
비타민D : 40＋10＋20＋10＝80(가구)
비타민C : 30＋50＋10＋10＝100(가구)
오메가 : 20＋10＋10＋10＝50(가구)
아연 : 30＋30＋40＋40＝140(가구)
바이러스 유행 전·후 영양제별 섭취 가구 수의 차이를 (유행 전－유행 후)로 구하면
비타민D : 80－120＝－40(가구)
비타민C : 100－100＝0(가구)
오메가 : 50－80＝－30(가구)
아연 : 140－70＝70(가구)
따라서 바이러스 유행 전·후 가구 수에서 가장 큰 차이를 보인 항목은 아연이다.

08 다음은 A~D국의 건설 시장 중 주택 부문과 관련된 [도표]이다. 3~10층 주택의 시장 규모를 순서대로 나열했을 때, 시장규모가 가장 큰 국가는?

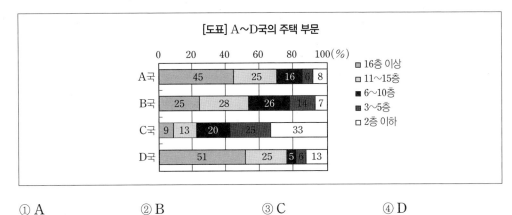

① A   ② B   ③ C   ④ D

정답 ③

정답해설 각국의 3~10층 시장 규모를 구하면 다음과 같다.

A : 16+6=22(%)   B : 26+14=40(%)

C : 20+25=45(%)   D : 5+6=11(%)

09 A부장은 내년 생산계획을 [표]로 작성하려고 한다. 매달 생산량을 늘린다면 11월 달의 생산량은?

[표] A전자회사 생산 계획서

월	생산량(개)
1월	105
2월	390
3월	675
4월	960
5월	1,245

① 2,925개   ② 2,935개   ③ 2,945개   ④ 2,955개

정답 ④

정답해설 월마다 생산량이 285개씩 증가하므로 11월 생산량을 a로 하는 등차수열 공식은 다음과 같다.

$a_{11}=105+285(11-1)=105+3{,}135-285=2{,}955$(개)

10 다음은 연말 총회에 발표할 자료이다. [표]에 따른 그래프로 올바르게 변환한 것은?

[표] A사 2023년도 상반기 생산량

구분	1월	2월	3월	4월	5월	6월
생산량	4,083	8,103	10,098	12,000	14,500	9,100

①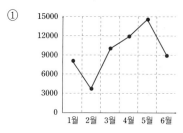

②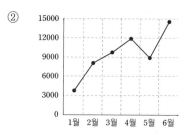

③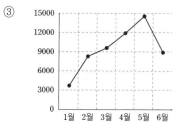

④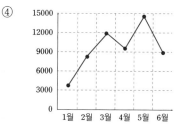

정답 ③

정답 해설 5월 달까지 생산량이 완만하게 오르다가 6월에 들어 떨어지는 형태이므로 ③번 그래프가 적절하다.

▶ 핵심정리

적절한 그래프를 찾는 문제

㉠ 표를 일일이 확인해 대조하는 것보다 표의 수치가 증가하는지, 감소하는지 판단하여 그래프 모양과 일치하는지 확인해야 풀이를 수월하게 할 수 있다.

㉡ 적절한 그래프를 찾는 것 이외에도 계산 능력을 요구하는 문제가 출제되기도 하므로 다양한 유형을 접해야 실수를 줄일 수 있다.

11 다음 [표]는 2023년 실적 평가 도표의 일부이다. 빈칸에 들어갈 수치로 바르게 짝지은 것은?

[표] 2023년 A사 인사과 실적 평가표

(단위 : 점)

구분	주원	은희	한별
근태	94	97	91
업무 성실도	(A)	80	94
문제 대응	81	91	79
직무 시험	79	(B)	77
파트너십 평가	92	86	84
리더십 평가	83	94	81
총계	520	546	(C)

※ 100점 만점 기준

	(A)	(B)	(C)
①	91	78	501
②	89	98	509
③	91	98	506
④	89	91	506

정답 ③

정답
해설 주원의 업무성실도(A)＝총계－(실적 평가 항목의 합) : 520－(94＋81＋79＋92＋83)＝91(점)
은희의 직무 시험 점수(B)＝총계－(실적 평가 항목의 합) : 546－(97＋80＋91＋86＋94)＝98(점)
한별의 총계(C)＝실적 평가 항목의 합 : 91＋94＋79＋77＋84＋81＝506(점)

12

다음은 A사의 연간 불량 사례에 대한 자료이다. [표]에 따른 설명 중 옳지 않은 것은? (비율은 소수점 셋째 자리에서 버림 한다.)

[표] 2023 A사 연간 불량 사례 건수

(단위 : 건)

구분	2020년		2021년		2022년		2023년	
	상반기	하반기	상반기	하반기	상반기	하반기	상반기	하반기
이물질	4	2	6	5	0	3	3	1
작동불량	183	109	204	125	112	108	100	90
전원불량	89	81	100	65	55	61	60	50
오작동	102	98	102	35	4	0	2	0
파손	24	22	18	4	8	2	3	1
기타	6	0	8	0	1	0	0	2

① 2020년 연간 불량 사례 중 상반기 평균은 60건 이상이다.

② 2021년 하반기 불량 사례 총 건수는 2020년 하반기 불량 사례의 총 건수 대비 증가했다.

③ 2022년 상반기 불량 건수 중 전원불량이 차지하는 비율은 약 28% 이상이다.

④ 2023년 상반기 불량 건수 중 파손이 차지하는 비율은 약 1.78%이다.

 정답 ②

 정답 해설

2020년 상반기 불량 사례 건수 총계 및 평균 : 4＋183＋89＋102＋24＋6＝408(건), 408÷6＝68(건)

2020년 하반기 불량 사례 건수 총계 및 평균 : 2＋109＋81＋98＋22＝312(건), 312÷6＝52(건)

2021년 상반기 불량 사례 건수 총계 및 평균 : 6＋204＋100＋102＋18＋8＝438(건), 438÷6＝73(건)

2021년 하반기 불량 사례 건수 총계 및 평균 : 5＋125＋65＋35＋4＝234(건), 234÷6＝39(건)

2022년 상반기 불량 사례 건수 총계 및 평균 : 112＋55＋4＋8＋1＝180(건), 183÷6＝30(건)

2022년 하반기 불량 사례 건수 총계 및 평균 : 3＋108＋61＋2＝174(건), 174÷6＝29(건)

2023년 상반기 불량 사례 건수 총계 및 평균 : 3＋100＋60＋2＋3＝168(건), 168÷6＝28(건)

2023년 하반기 불량 사례 건수 총계 및 평균 : 1＋90＋50＋1＋2＝144(건), 144÷6＝24(건)

2020년 하반기 불량사례 총계는 312(건)이며, 2021년 하반기 불량 사례 총계는 234(건)이다. 따라서 증가하는 것이 아니라 감소하고 있다.

 오답 해설

① 2020년 연간 불량 사례 중 상반기 평균은 2020년 상반기 총계인 408(건)에서 불량 항목 6가지를 나눈 68(건)이므로 60건 이상이다.

③ 2022년 상반기 불량 건수 중 전원불량이 차지하는 비율은 $\frac{(2022년\ 상반기\ 전원불량)}{(2022년\ 상반기\ 총계)} \times 100$이므로 계산하면 $\frac{55}{180} \times 100 ≒ 30.5(\%)$로 약 28(%) 이상이다.

④ 2023년 상반기 불량 건수 중 파손이 차지하는 비율은 $\frac{3}{168} \times 100 ≒ 1.78(\%)$이다.

13 다음은 학생 20명의 용돈과 소비액의 상관도이다. 다음 [통계]에서 옳은 것을 모두 고른 것은?

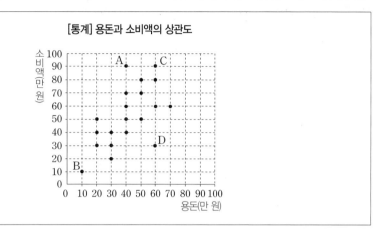

[통계] 용돈과 소비액의 상관도

ㄱ. A, B, C, D 학생이 받는 용돈의 평균은 42.5(만원)이다.

ㄴ. D학생의 용돈은 소비액의 2배이다.

ㄷ. A, B, C, D 학생이 사용하는 전체 소비액 중에서 C가 소비하는 비율은 41%를 차지한다. (단,
소수점 첫째자리에서 반올림한다.)

ㄹ. B학생의 용돈과 소비액이 같다.

ㅁ. C학생의 소비액은 용돈보다 더 적다.

① ㄱ, ㄴ   ② ㄱ, ㅁ   ③ ㄱ, ㄴ, ㄷ, ㅁ   ④ ㄱ, ㄴ, ㄷ, ㄹ

 정답 ④

 정답
해설
ㄱ. A, B, C, D학생이 받는 용돈의 전체 합 : 40＋10＋60＋60＝170
∴ 170÷4＝42.5(만원)

ㄴ. D학생의 용돈은 60만원으로 소비액인 30만원의 2배이다.

ㄷ. A, B, C, D학생이 받는 소비액의 전체 합 : 90＋10＋90＋30＝220(만원)

C가 소비하는 비율 : $\dfrac{90(만원)}{220(만원)} \times 100 ≒ 40.90 ≒ 41(\%)$

ㄹ. B학생의 용돈은 각각 10만원으로 같다.

오답
해설
ㅁ. C학생의 용돈은 60만원이며 소비액은 용돈에 비해 많다.

14 다음 표는 A그룹의 4차 산업혁명에 해당하는 기술 개발 투자액이다. 표에 대한 설명으로 옳지 않은 것은? (비율은 소수점 둘째 자리에서 버림 한다.)

[표] A그룹 연간 4차 산업혁명 기술 개발 투자 보고서

(단위 : 억 원)

구분	2020년	2021년	2022년	2023년
AI/빅 데이터	19	20	22	28
미래형 자동차	45	48	60	77
바이오	55	62	70	68
AR	25	28	32	31
스마트 가전	98	125	135	130

① 2023년 AI/빅 데이터 분야의 투자액은 2023년 전체 투자액 대비 8.3%를 차지하고 있다.

② 매년 전체 투자액 중 가장 많은 투자액을 기록한 년도는 2023년이다.

③ 2021년 바이오 분야의 투자액은 2021년 전체 투자액 대비 21.9%를 차지하고 있다.

④ 2023년 총 투자액은 2020년 대비 100억 원 이상 증가했다.

 ④

 연간 총 투자액은 다음과 같다.

2020년 총 투자액 : $19+45+55+25+98=242$

2021년 총 투자액 : $20+48+62+28+125=283$

2022년 총 투자액 : $22+60+70+32+135=319$

2023년 총 투자액 : $28+77+68+31+130=334$

④번의 2023년 총 투자액은 334(억 원)에서 2020년 총 투자액은 242(억 원)을 빼면 92(억 원)이 나온다. 따라서 100억 이하이다.

 ① 2023년 전체 투자액에서 AI/빅 데이터 분야의 비율은 다음과 같이 구할 수 있다. $\frac{28}{334}\times100 ≒ 8.3(\%)$

② 2023년의 전체 투자액은 334(억 원)으로 연간 전체를 통틀어 가장 많은 투자액이다.

③ 2021년 전체 투자액에서 바이오가 차지하는 비율은 $\frac{62}{283}\times100 ≒ 21.9(\%)$이다.

15 다음은 2023년 영업이익에 대한 [도표]이다. [도표]에 대한 설명으로 옳지 않은 것은?

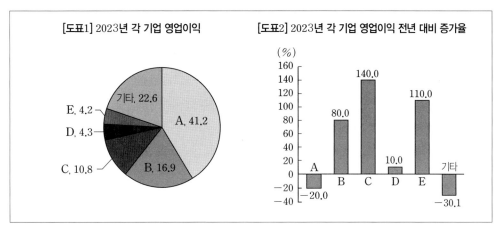

[도표1] 2023년 각 기업 영업이익

[도표2] 2023년 각 기업 영업이익 전년 대비 증가율

① 2023년 C기업의 영업이익은 2023년 E기업의 영업이익의 두 배 이상이다.

② D사의 점유율은 전체 점유율에서 다섯 번째이다.

③ A~E기업 중 영업이익이 가장 많은 기업은 A기업이다.

④ 2023년 E기업의 전년 대비 영업이익 증가량은 2021년 A기업의 전년 대비 판매대수 감소량보다 많다.

 정답 ④

 정답해설 A기업의 영업이익 점유율은 E기업 영업이익 점유율의 약 10배이지만, E기업의 전년대비 증가율은 A기업의 전년 대비 감소율의 5.5배에 지나지 않기 때문에 E기업의 전년대비 영업이익 증가량은 2023년 A기업의 전년 대비 영업이익 감소량보다 적다.

오답해설 ① 2023년 영업이익 점유율에서 C기업은 10.8(%), E기업은 4.2(%)를 기록하였으므로 10.8÷4.2≒2.57(%)이다. 따라서 2023년 C기업의 영업이익은 E기업의 영업이익의 약 2.571배이다.

③ 2023년 A기업의 전년 대비 영업이익은 20.0(%)의 감소율을 보였다. 다른 네 기업들이 모두 전년 대비 증가 추세였음에도 A기업이 2023년 영업이익이 가장 높았으므로 2023년 영업이익이 가장 많은 회사는 A기업이라는 것을 알 수 있다.

16 다음은 S전자의 두 제품에 대한 연간 생산량이다. 연간 생산량이 일정하게 증감하고 있다면 세탁기의 9월 생산량과 에어컨의 3월 생산량으로 바르게 짝지은 것은?

[표] 2023 S전자 연간 제품 생산량

(수량 : 개)

월 \ 제품명	세탁기	에어컨
1월	935	139
2월	1,098	274
3월	974	(B)
4월	1,137	544
5월	1,013	679
6월	1,176	814
7월	1,052	949
8월	1,215	1,084
9월	(A)	1,219
10월	1,091	1,354
11월	1,254	1,489
12월	1,130	1,624

	세탁기	에어컨
①	1,205	387
②	1,091	409
③	1,148	387
④	1,213	402

 정답 ②

정답
해설 세탁기 생산량은 당월 2월에 163(개)이 증가해 1,098(개)이 생산되었다면 3월에는 124(개)가 감소하여 974(개)가 생산되었다. 12월까지 증감이 일정하게 반복하고 있으므로 8월에는 163(개)가 증가한 생산량이면 9월 생산량은 124(개)가 감소한 1,091(개)가 된다.

에어컨 생산량은 매달 생산량이 135(개)가 일정하게 증가하고 있다. 2월 생산량인 274개에서 135(개)가 증가한 409(개)가 3월 에어컨 생산량이 된다.

17

다음은 1인 가구의 주택 소유 형태에 관한 설명이다. 설명 중 옳지 않은 것은? (단, 소수점 첫째자리에서 버림 한다.)

[표] 1인 가구의 주택 소유 형태

(단위 : 천 가구, 채)

구분	년도 별 가구 수			
	2020년	2021년	2022년	2023년
자가	538	560	911	411
전세	412	457	501	281
월세	328	345	548	643
임대주택	668	698	712	791
전체	1,946	2,060	2,672	2,126

① 2022년의 자가 형태의 주택 소유 가구 수는 2021년에 비해 증가했다.

② 2023년 전세 가구 수는 2023년 전체 대비 12% 이상에 속한다.

③ 2022년 자가의 가구 수는 33%이상을 차지했으며, 2023년 자가 가구 수는 2022년에 비해 하락했다.

④ 2021년도 임대주택의 가구 수는 월세보다 더 높고, 년도 별 가구 수를 더하면 주택 소유 형태 중 가장 높은 가구 수를 가지고 있다.

 정답 ④

 정답해설 2021년도 임대주택 가구수는 월세보다 더 높지만 년도 별 가구수를 합산했을 때에는 가장 높은 비율을 가지고 있다. 합산했을 때 가장 낮은 비율에 속하는 주택 소유 형태는 전세이며, 가장 높은 주택 소유 형태는 임대주택이다.

오답해설 ② 2023년의 전세 주택 전세 비율을 구하면 다음과 같다. $\frac{2023년 전세}{2023년 전세} \times 100$, $\frac{281}{2,126} \times 100 ≒ 13(\%)$로 12% 이상이다.

③ 2022년 자가의 비율은 $\frac{911}{2,672} \times 100 ≒ 34(\%)$로 33% 이상이다.

18 다음은 해에 따른 우리나라 국민의 도시선호에 대한 사전 조사이다. [표]에 대한 설명으로 옳지 않은 것은? (비율은 소수점 셋째 자리에서 버림 한다.)

[표] 2021~2023년 우리나라 국민의 도시선호에 대한 사전조사

(단위 : %)

구분	2021년	2022년	2023년
S시	50	50	46
B시	18	17	18
I시	12	18	24
G시	20	15	12

※ 총합 100%를 기준으로 한다.

① S시의 선호도는 2023년에 들어 4% 감소했다.

② I시의 2023년 도시선호는 2023년 전체 도시선호의 24%를 차지하고 있다.

③ 2021년을 기준으로 G시의 도시선호는 2022년, 2023년에 걸쳐 총 8% 감소했다.

④ 2022년을 기준으로 B시의 도시선호는 2021년 대비 1% 증가했다.

 정답 ④

정답
해설 2021년 B시의 도시선호 비율은 18(%)이며 2022년에는 17(%)로 증가한 것이 아닌 1(%)감소했다.

19 다음 [표]는 S전자 신입사원 361명의 A분기 및 B분기 인사 평가의 분포를 나타낸 자료이다. A분기에서 20점미만을 받은 사원의 B분기 평균점수의 범위를 맞게 표시한 것을 고른 것은?

(단, 소수점 둘째자리에서 반올림한다.)

[표] S전자 A분기 및 B분기 신입사원 인사평가

B＼A	0~9점	10~19점	20~29점	30~39점	40~49점	50~59점	60~69점	70~79점	80~89점	90~100점
0~9점	2	4	4							
10~19점	3	8	6	4				2		
20~29점		7	18	14			1	1		
30~39점			22	35	19	16				
40~49점				13	37	21				
50~59점			2	4	18	26	11	6		
60~69점			1	1		3	17	10	4	
70~79점							4	7	2	3
80~89점								1	2	1
90~100점										1

① 약 11.0~약 16.4

② 약 10.4~약 15.0

③ 약 15.0~약 19.4

④ 약 10.4~약 19.4

 정답　④

정답
해설　A분기 인사평가에서 20점미만을 받은 신입사원은 2＋3＋4＋8＋7＝24(명)이다. A분기 인사평가에서 20점미만을 받은 신입사원의 B분기 인사평가 점수 분포는 다음과 같다.

0~9점 : 2＋4＝6(명)

10~19점 : 3＋8＝11(명)

20~29점 : 7(명)

그 중에서 모두가 최저점수(0점, 10점, 20점)를 받았을 경우의 평균은 다음과 같다.

$$\frac{0 \times 6 + 10 \times 11 + 20 \times 7}{24} = \frac{250}{24} = 10.4(점)$$

그 중 모두가 최고점수(9점, 19점, 29점)를 받았을 경우의 평균은 다음과 같다.

$$\frac{9 \times 6 + 19 \times 11 + 29 \times 7}{24} = \frac{466}{24} = 19.4(점)$$

20 다음 [표]는 D항공에서 제공한 고객의 국내외 입출국 현황을 나타낸 자료이다. 이에 대한 설명으로 옳지 않은 것은?

[표] 연간 성수기 및 비성수기 고객 입출국 현황 보고 자료

(단위 : 명)

구분		2019년	2020년	2021년	2022년	2023년
비성수기	입국	35,341	33,514	40,061	42,649	47,703
	출국	2,534	2,089	2,761	2,660	2,881
	합계	37,875	35,603	42,822	45,309	50,584
성수기	입국	2,997	2,872	3,327	3,238	3,209
	출국	894,693	848,299	966,193	1,069,556	1,108,538
	합계	897,690	851,171	969,520	1,072,794	1,111,747

① 2021년과 2023년의 비성수기 출국 평균은 2,821명이다.

② 2022년 고객의 성수기 입국은 전년에 비해 3% 이상 감소하였다.

③ 고객의 비성수기 입출국은 2020년 이후 지속적으로 증가하였다.

④ 비성수기의 입출국은 입국이 절대적 비중을 차지하고 성수기의 입출국은 출국이 절대적 비중을 차지한다.

 정답 ②

 정답해설 2022년 고객의 성수기 입국은 3,238(명)이며, 2021년 성수기 입국은 3,327(명)이다. 따라서 2022년도 입국은 전년도에 비해 $\frac{3,238-3,327}{3,238} \times 100 ≒ -2.7(\%)$ 변동되었다. 따라서 3%이상 감소한 것은 아니므로 옳지 않은 설명이다.

 오답해설 ① 2021년 비성수기 출국 고객은 2,761(명)이며, 2023년 출국 고객은 2,881(명)이다. 두 해의 평균은 $\frac{2,761+2,881}{2}$ =2,821(명)이다.

③ 비성수기 입출국은 모두 2020년 이후 계속하여 증가하고 있다.

④ 성수기·비성수기 입출국의 합계를 통해 볼 때 비성수기의 경우 입국의 비중이 절대적이며, 성수기에는 출국이 절대적 비중을 차지한다고 할 수 있다.

21 다음 [표]는 취업준비생 A의 일정을 나타낸 것이다. 다음 중 A의 일정에서 잘못 유추된 것은?

시각	발생한 사건	나의 소재
오전 6시	공부	집
오전 9시	시험 시작	강의실
오후 5시	아르바이트	도서관
오후 9시	speaking test	영어 학원
오후 11시	샤워	집

[표] 취업준비생 A의 하루 일과표

① 오후 11시에 샤워를 했다.

② 오후 5시에 편의점에서 아르바이트를 하고 오후 9시에 집에서 공부했다.

③ 오전 6시에 집에서 공부를 했다.

④ 오전 9시에 시험을 보고 오후 5시에 도서관에 들렀다.

 정답 ②

 정답해설 A는 오후 5시에 도서관에서 아르바이트를 하고 오후 9시에 영어 학원에서 speaking test를 봤다.

22 보안전문기업에서 파견한 건물의 인원 관리를 맡고 있는 주원은 본사로부터 2020년도 고객서비스 만족도 전수평가를 위해 일정기간 동안 내방하는 고객을 대상으로 조사하라는 지침을 받았다. 주원이 건물에 내방하는 고객을 대상으로 만족도 조사를 요청하여 얻은 결과를 [표]로 제작하였다. 이에 대한 설명으로 옳지 않은 것은?

만족도	응답자수(명)	비율(%)
매우 만족	Ⓐ	22%
만족	60	Ⓑ
보통	Ⓒ	Ⓓ
불만족	28	14%
매우 불만족	Ⓔ	3%
합계	200	100%

[표] A건물 내방 고객 대상 보안 서비스 만족도 조사

① 매우 만족을 나타내는 응답자수는 보통을 응답한 수의 절반 이상이다.

② Ⓑ의 비율은 Ⓓ의 비율보다 조금 높은 수준이다.

③ 매우 불만족을 응답한 고객의 수는 6명이며, 불만족을 응답한 고객과의 비율에서 11% 차이를 보인다.

④ 건물에 내방하는 고객 중 200명을 대상으로 만족도를 조사하였고, 매우 만족에 응답한 고객 수는 44명이다.

 ②

 Ⓑ의 비율은 $\frac{60}{200} \times 100 = 30(\%)$이며, Ⓓ의 비율은 $100 - 69 = 31(\%)$이므로, Ⓓ의 비율이 조금 높다. 빈칸을 채우면 아래와 같다.

만족도	응답자수(명)	비율(%)
매우 만족	Ⓐ (44)	22%
만족	60	Ⓑ (30%)
보통	Ⓒ (62)	Ⓓ (31%)
불만족	28	14%
매우 불만족	Ⓔ (6)	3%
합계	200	100%

Ⓐ : $200 \times 22 \div 100 = 44$

Ⓒ : $200 \times 31 \div 100 = 62$

Ⓔ : $200 \times 3 \div 100 = 6$

 ① 매우 만족을 나타내는 응답자수는 44명이므로, 보통을 나타낸 응답자수는 62명의 절반 이상이 된다.

③ 매우 불만족의 비율은 3%이므로, $200 \times 0.03 = 6$(명)이 매우 불만족으로 응답하였고, 불만족으로 응답한 고객의 비율은 14%이므로 11%의 차이를 보인다.

④ 조사 대상자 수는 총 200명이고, 매우 만족에 응답한 고객은 44명이다.

23 보안전문기업에서 2014년부터 2023년까지 입사지원자를 조사해 만든 그래프이다. 아래 그래프를 통해 바르게 유추한 것을 모두 고른 것은?

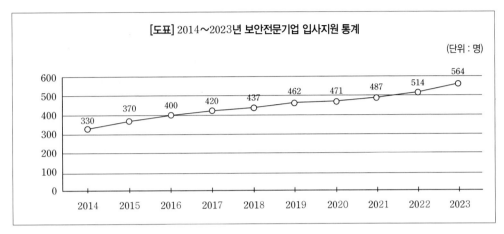

[도표] 2014~2023년 보안전문기업 입사지원 통계

(단위 : 명)

㉠ 2023년 입사지원자는 2022년 입사지원자에서 50명 더 지원했다. ㉡ 2020년부터 2023년의 입사지원 평균은 509명이다.

㉢ 2014년 입사지원자와 2022년 입사지원자의 차이는 약 2배 이상이다.

㉣ 2014년부터 2023년까지 입사지원자 수는 꾸준히 증가하고 있다.

① ㉠, ㉡   ② ㉠, ㉡, ㉢   ③ ㉠, ㉡, ㉣   ④ ㉡, ㉢

 정답 ③

정답
해설 ㉠ : 2023년 입사지원자는 564(명)이며, 2022년 입사지원자인 514(명)을 빼면 50(명)이 된다.

㉡ : 471＋487＋514＋564÷4＝509(명)

㉣ : 그래프 상으로 2014년부터 입사지원자는 꾸준히 증가하고 있다.

오답
해설 ㉢ : 2014년의 입사지원자는 330(명)이다. 문제에 제시된 2배를 적용하면 660(명)이 되므로 2배 이상이 아니다.

24

다음은 특허출원에 관한 계산식에 의하여 산출된 세 가지 사례를 나타낸 것이다. 계산식을 참고해 계산한 면당 추가료와 청구항당 심사료 가격을 알맞게 짝지은 것은?

[표] 특허출원 수수료 사례

구분	사례 A	사례 B	사례 C
	대기업	중소기업	개인
전체면수(장)	20	20	10
청구항수(개)	2	1	2
감면 후 수수료(원)	70000	45000	27000

※ 계산식
- 특허출원 수수료＝출원료＋심사청구료
- 출원료＝기본료＋(면당추가료×전체면수)
- 심사청구료＝청구항당 심사청구료×정구항수
- 특허출원 수수료는 개인은 70%, 중소기업은 50%가 감면되지만 대기업은 감면되지 않음

	면당 추가료	청구항당 심사청구료
①	1,000원	15,000원
②	1,500원	10,000원
③	1,000원	10,000원
④	4,300원	25,000원

 정답 ④

 정답
해설

특허출원 수수료＝출원료＋심사청구료
＝기본료＋(면당추가료×전체면수)＋청구항당 심사청구료×청구항수
구하고자 하는 면당 추가료를 x, 청구항당 심사청구료를 y라 하면 다음과 같이 나타낼 수 있다.
- 사례 A : 기본료＋$20x$＋$2y$＝70,000(원)
- 사례 B : 기본료＋$20x$＋$1y$＝45,000(원), (50%감면 전)
- 사례 C : 기본료＋$10x$＋$2y$＝27,000(원), (70% 감면 전)
∴ 연립하여 계산하면 x＝4,300(원), y＝25,000(원)

25 다음은 N게임사 매출 일부에 관한 표이다. 표에 대한 설명으로 옳지 않은 것은? (단, 소수점 첫째 자리에서 반올림한다.)

[표] N게임사 매출 동향 일부

(단위 : 억 원)

구분	2022년		2023년	
	4월	5월	4월	5월
총 거래액	65,100	69,020	89,355	90,544
모바일 거래액	33,620	36,405	57,526	69,286

① 2022년 5월 총 거래액은 전월대비 약 4% 증가했다.

② 2022년 5월 매출 동향 중 모바일 거래액의 비율은 60%가 넘는다.

③ 2023년 4월 총 거래액은 전년 동월대비 약 29% 증가했다.

④ 2023년 5월 모바일 거래액은 전월대비 약 5.1% 증가했다.

 정답 ②

 정답 해설 2022년 5월 모바일 거래액이 차지하는 비율은 42,055(억 원)에 총 거래액인 73,821(억 원)을 나눈 값에 100을 곱한 값이다. $\frac{36,405}{69,020} \times 100 ≒ 52(\%)$이다.

오답 해설 ① 2022년 5월 총 거래액은 전월대비 $\frac{(69,020-65,100)}{65,100} \times 100 ≒ 6(\%)$ 증가했다.

③ 2023년 5월 총 거래액은 전년동월대비 $\frac{(89,355-69,020)}{69,020} \times 100 ≒ 29(\%)$ 증가했다.

④ 2023년 5월 모바일 거래액은 전월대비 $\frac{(69,286-57,526)}{57,526} \times 100 ≒ 20(\%)$ 증가했다.

26 다음은 2013년도 대비 2023년 성인남녀 흡연율 변화에 대한 [도표]이다. [도표]를 바탕으로 한 설명으로 옳지 않은 것은?

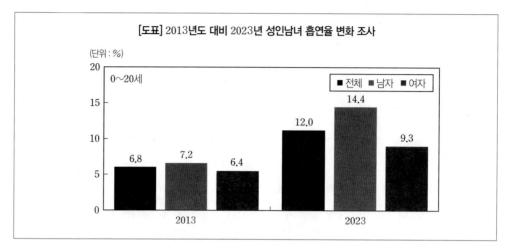

[도표] 2013년도 대비 2023년 성인남녀 흡연율 변화 조사

① 2023년 남자의 흡연율은 상승했지만, 여자의 흡연율은 감소했다.

② 2023년 전체 흡연율은 2013년 전체 흡연율의 약 5.2% 상승했다.

③ 2023년 전체 성인 남녀의 흡연율은 2013년도에 비해 점점 증가하고 있는 추세이다.

④ 2023년 남자의 흡연율은 2013년의 약 2배 가까이 증가했다.

 정답 ①

정답 해설 2023년 남자, 여자 모두 2013년 대비 흡연율이 상승하고 있다.

27 다음은 A그룹의 부서 여건 보고서를 정리한 자료이다. 엔지니어와 R&D부서의 총 사원 수 차이는 몇이겠는가?

[표] A그룹 부서 여건 보고서

근무여건	전체 사원 수	부서 당 사원수	부서 당 근무 시수 (시간)	팀 당 사원 수	부서 당 팀장 수	팀장 당 사원 수
생산직	200	50	60	52	1.5	25
엔지니어	80	20	54	21	1.2	10
R&D	40	10	48	10	1	10

① 29,200명　　　② 29,400명　　　③ 29,600명　　　④ 29,800명

 정답 ③

정답
해설　총 사원 수＝전체 사원 수×부서 당 사원 수×팀 당 사원 수

엔지니어 총 사원 수 : 80×20×21＝33,600(명)

R&D 총 사원 수 : 40×10×10＝4,000(명)

33,600－4,000＝29,600(명)

28 다음은 A, B, C, D 공업회사에서 생산하는 전자 부품 1일 생산량을 나타낸 것이다. 전자 부품에 대한 생산 비율 중 집적회로의 생산 비율이 가장적은 공업회사는? (단, 소수점 첫째자리에서 버림 한다.)

[표] 전자부품 1일 생산량			
구분	동작센서	트랜지스터	집적회로
A 공업회사	7,500	9,000	7,100
B 공업회사	36,000	15,000	14,000
C 공업회사	14,000	18,000	22,500
D 공업회사	6,400	4,800	7,200

① A 공업회사　　　② B 공업회사　　　③ C 공업회사　　　④ D 공업회사

 정답 ②

정답
해설　각 공업회사의 집적회로 생산비율을 구하면 다음과 같다.

A 공업회사 : $\dfrac{7,100}{7,500+9,000+7,100}×100≒30(\%)$

B 공업회사 : $\dfrac{14,000}{36,000+15,000+14,000}×100≒21(\%)$

C 공업회사 : $\dfrac{22,500}{14,000+18,000+22,500}×100≒41(\%)$

D 공업회사 : $\dfrac{7,200}{6,400+4,800+7,200}×100≒39(\%)$

∴ B 공업회사의 생산 비율이 약 21%로 가장 낮다.

29 다음은 재학 중인 고등학생 60명을 대상으로 겨울 여가 활동에 대한 설문 결과이다. 2023년 바다를 선택한 사람 수는 2022년에 비해 몇% 감소했겠는가?

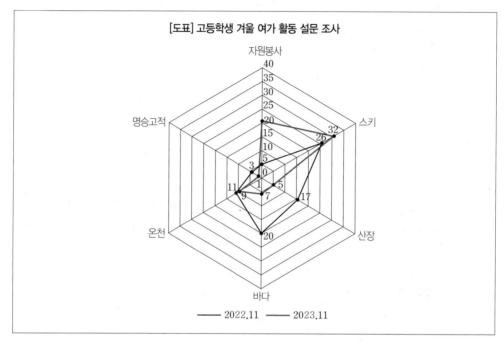

[도표] 고등학생 겨울 여가 활동 설문 조사

① 55%   ② 60%   ③ 65%   ④ 70%

 정답 ③

정답
해설 2022년 설문에서 바다라고 응답한 사람은 모두 20명이었다. 2023년 같은 항목에 응답한 사람은 7명으로 전년 대비 13명 감소했다. 따라서 2022년 대비 2023년은 $\frac{13}{20} \times 100 = 65(\%)$ 감소했다.

30 다음은 I시의 산업별 사업체 및 산업별 종사자 현황에 대해 조사해 [표]로 정리한 것이다. [표]에 대한 설명으로 옳지 않은 것은?

[표] I시 산업별 사업체 및 종사자 현황 조사 보고서

(단위 : 개, 명)

구분	사업체	종사자	남성	여성
제조업	1,800	5,100	4,000	1,100
건설업	1,200	2,250	2,050	200
자영업	1,400	1,800	890	810
도매업	250	350	250	100
소매업	350	500	120	380
총합	5,000	10,000	5,485	4,515

① 도매업 사업체 수는 전체 산업의 6% 미만이다.

② 종사자 수가 가장 많은 사업체는 제조업이며 가장 많이 종사하고 있는 성별은 남성이다.

③ 남성보다 여성이 더 많이 종사하는 사업체는 소매업이다.

④ 종사자가 네 번째로 많은 사업체는 도매업이다.

정답 ④

 종사자가 네 번째로 많은 사업체는 500명이 종사하고 있는 소매업이다.

 ① 전체 사업체 중 도매업이 차지하는 비율은 다음과 같으며 $\frac{250}{5,000} \times 100 = 5(\%)$로, 전체 사업체 중 5(%)를 차지한다.

② 종사자 수가 가장 많은 사업체는 1,800개인 제조업이며 4,000명이 종사하는 남성이 종사자수 중 가장 많다.

③ 소매업 종사자 중 남성은 120명이 종사하며, 여성은 260명 많은 380명이 종사하고 있다.

31

다음 자료는 매년 종합 검진을 받는 상섭과 정남의 체중변화를 나타낸 것이다. 3년 전 동월 대비 2023년 상섭과 정남의 체중 증가율을 바르게 비교한 것은? (단, 소수점 첫째 자리에서 반올림한다.)

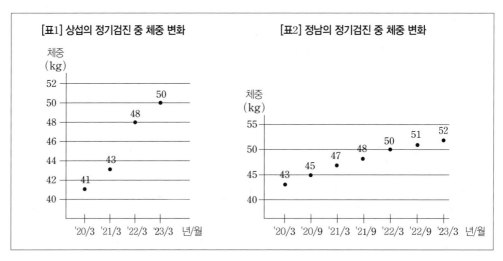

① 상섭의 동년동월 평균 체중은 정남의 동년동월 평균 체중보다 더 높다.

② 상섭의 체중 증가율은 정남의 체중 증가율보다 약 10% 더 낮다.

③ 정남의 전체 평균 체중은 47kg이다.

④ 상섭의 체중 증가율은 정남의 체중 증가율보다 약 1% 더 높다.

 정답 ④

정답 해설 상섭의 체중 증가율은 $\frac{9}{41} \times 100 = 22(\%)$이며 정남의 체중 증가율은 $\frac{9}{43} \times 100 = 21(\%)$로 정남의 체중 증가율보다 약 1% 더 높다.

[32~33]   제시된 우리나라의 수입 현황을 바탕으로 물음에 답하시오.

[표] 국가별 삼겹살 수입 현황

구분	2019년	2020년	2021년	2022년	2023년
미국	17,335	14,448	23,199	62,760	85,744
캐나다	39,497	35,595	40,469	57,545	62,981
칠레	3,475	15,385	23,257	32,425	31,621
덴마크	21,102	19,430	28,190	25,401	24,005
프랑스	111	5,904	14,108	21,298	22,332
벨기에	19,754	14,970	19,699	17,903	20,062
오스트리아	4,474	2,248	6,521	9,869	12,495
네덜란드	2,631	5,824	8,916	10,810	12,092
폴란드	1,728	1,829	4,950	7,867	11,879

32

2023년 한 해 동안 2019년부터 우리나라에 대한 삼겹살 수입량이 꾸준히 증가한 나라들에서 수입한 삼겹살은 총 몇 톤인가?

① 65,047톤   ② 50,584톤   ③ 48,296톤   ④ 46,303톤

 정답   ④

 정답해설   2019년부터 국가별 수입량이 꾸준히 늘어난 나라는 프랑스, 네덜란드, 폴란드이다. 2023년 이들 나라에서 수입한 삼겹살을 모두 더하면 46,303(톤)이다.

33

[표]에 대한 설명으로 옳지 않은 것은? (단, 소수점 첫째자리에서 반올림한다.)

① 2023년 국가별 삼겹살 수입량이 제일 낮은 국가는 폴란드이다.

② 2022년 미국의 삼겹살 수입 대비 2023년 미국의 삼겹살 수입은 22,984톤 상승했다.

③ 2020년 네덜란드의 삼겹살 수입량은 2020년 국가 전체 수입량의 약 5%를 차지한다.

④ 2023년 국가별 삼겹살 수입량이 두 번째로 낮은 국가는 오스트리아이다.

정답   ④

정답해설   삼겹살 수입이 제일 낮은 국가는 폴란드이며, 두 번째는 네덜란드, 세 번째가 오스트리아이기 때문에 옳지 않다.

① 2023년 국가별 삼겹살 수입량이 가장 낮은 국가는 11,879(톤)을 수입한 폴란드이다.

② 2022년 미국의 삼겹살 수입량은 62,760(톤)이며, 2023년 수입량은 85,744(톤)으로 22,984(톤)상승했다.

③ 2020년 네덜란드 삼겹살 수입량이 차지하는 비율은 $\frac{5,824}{37,273} \times 100 ≒ 16(\%)$로 나타낼 수 있다.

④ 2019년 삼겹살 수입량이 제일 낮은 국가는 111(톤)을 수입한 프랑스이며, 네 번째로 낮은 국가는 3,475(톤)을 수입한 칠레이다.

[34~36] 다음은 취업자 증감률에 관한 그래프이다. 제시된 [도표]를 바탕으로 물음에 답하시오.

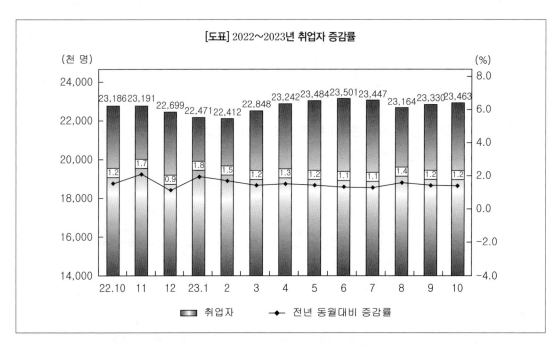

[도표] 2022~2023년 취업자 증감률

34 취업자가 네 번째로 적은 달에 전년도 동월의 취업자 수는? (단, 천단위 미만은 절삭한다.)

① 22,577,000명 ② 22,877,000명 ③ 22,578,000명 ④ 22,576,000명

 ①

 취업자가 네 번째로 적은 달은 2023년 3월이며 이 달의 전년 동월대비 증감률은 1.2%이므로, 전년 동월의 취업자 수를 x라 하면, 다음과 같다.

$x + 0.012x = 22,848,000$, $1.012x = 22,848,000$

$\therefore x = 22,577,075.0988 \cdots$

35 전년 동월대비 증감률이 가장 높은 시기는?

① 2023년 2월   ② 2023년 8월   ③ 2022년 12월   ④ 2023년 1월

 ④

 전년 동월대비 증감률이 큰 시기는 1.8(%)인 2023년 1월이다.

36 제시된 [도표]에 대한 설명으로 옳지 않은 것은?

① 2023년 2월은 취업자 수가 가장 적은 시기였으며 동월 대비 증감률은 1.5%를 기록했다.

② 2023년 10월 취업자 수는 2022년 동월 취업자 대비 277,000명 증가했다.

③ 2022년 11월 취업자 수는 23,191명이었으며 동월 대비 증감률은 가장 높은 1.7%였다.

④ 2022년 11월에서 12월까지의 취업자 평균은 22,945,000명이다.

 ③

 2022년 취업자 수는 23,191명이 맞지만 동월 대비 증감률이 가장 높은 시기는 2023년 1월의 1.8(%)이다.

[37~38]   아래 [표]는 질병 비용에 대해 조사한 것이다. 제시된 [표]를 바탕으로 물음에 답하시오.

[표] 건강 행태 위험 요인별 질병 비용

위험 요인 ＼ 연도	2020	2021	2022	2023
흡연	92	114	131	138
음주	77	98	124	125
과체중	72	90	117	135
운동 부족	56	87	111	124
고혈압	62	84	101	109
영양 부족	35	42	67	87
고콜레스테롤	25	39	64	86
계	419	554	715	804

37 표를 보고 설명한 것으로 적절한 것은? (단, 소수점 넷째 자리에서 반올림한다.)

① 2020~2022년의 연도별 질병 비용에서 음주 위험 요인이 차지하는 비율은 전년 대비 매년 증가한다.

② 고혈압 위험 요인의 경우 2021~2023년까지 질병 비용의 전년 대비 증가율이 가장 큰 해는 2021년이다.

③ 2021~2023년의 연도별 질병 비용에서 운동 부족 위험 요인이 차지하는 비율 중 가장 큰 년도는 2022년이다.

④ 2021~2023년의 연도별 질병 비용에서 영양 부족 위험 요인이 차지하는 비율 중 가장 작은 년도는 2023년이다.

정답 ②

정답해설 고혈압 위험 요인 질병 비용의 전년 대비 증가율은 다음과 같다.

- 2021년 : $\dfrac{84-62}{62} \times 100 ≒ 35.484(\%)$

- 2022년 : $\dfrac{101-84}{84} \times 100 ≒ 20.238(\%)$

- 2023년 : $\dfrac{109-101}{101} \times 100 ≒ 7.921(\%)$

전년 대비 증가율이 가장 큰 해는 2021년이다.

오답해설 ① 2020~2021년 음주 위험 요인이 차지하는 비율은 다음과 같다.

- 2020년 : $\dfrac{77}{419} \times 100 ≒ 18.377(\%)$

- 2021년 : $\dfrac{98}{554} \times 100 ≒ 17.670(\%)$

- 2022년 : $\dfrac{124}{715} \times 100 ≒ 17.343(\%)$

③ 2021~2023년 운동 부족 위험 요인이 차지하는 비율은 다음과 같다.

- 2021년 : $\dfrac{87}{554} \times 100 ≒ 15.704$

- 2022년 : $\dfrac{111}{715} \times 100 ≒ 15.524(\%)$

- 2023년 : $\dfrac{124}{697} \times 100 ≒ 17.791(\%)$

④ 연도별 질병 비용에서 영양 부족 위험 요인이 차지하는 비율은 다음과 같다.

- 2021년 : $\dfrac{42}{554} \times 100 ≒ 7.581(\%)$

- 2022년 : $\dfrac{67}{715} \times 100 ≒ 9.371(\%)$

- 2023년 : $\dfrac{83}{697} \times 100 ≒ 11.909(\%)$

38 2021~2023년까지 위험 요인별 질병 비용의 순위를 왼쪽에서 높은 순부터 낮은 순으로 나열한 것이다. 적절한 것은?

① 흡연―음주―과체중―영양 부족―고혈압―운동 부족―고콜레스테롤
② 흡연―음주―고혈압―운동 부족―과체중―영양 부족―고콜레스테롤
③ 음주―흡연―과체중―운동 부족―고혈압―영양 부족―고콜레스테롤
④ 흡연―음주―과체중―운동 부족―고혈압―영양 부족―고콜레스테롤

 정답 ④

정답
해설 2021년부터 2023년까지 위험 요인별 질병 비용의 순위는 흡연―음주―과체중―운동 부족―고혈압―영양 부족―고콜레스테롤 순이다.

[39~40] 통계청에서 A국의 석유 관련 보고용 [표]로 발표하였다. [표]를 참고하여 물음에 답하시오.

[표1] A국의 석유 생산

연도	생산량(백만 톤)	세계 점유율(%)	소비(백만 톤)	세계 점유율(%)
2014	160.1	4.1	173.8	6.2
2015	160.2	4.2	197	6.4
2016	160.2	4.2	197	6.7
2017	162.6	4.3	196	6.8
2018	164.8	4.2	209	7.0
2019	166.9	4.5	209.6	7.0
2020	174.1	4.6	223.6	7.2
2021	180.8	4.5	247.4	7.4
2022	183.5	4.6	271.7	7.6
2023	185.2	4.6	318.9	8.5

[표2] A국의 1인당 석유 소비량

1인당 석유 소비량(kg)	2021년	2022년	2023년
A국	204.2	244.8	246.6

39 A국의 세계 점유율이 가장 낮은 해는?

① 2014년   ② 2015년   ③ 2016년   ④ 2017년

 정답 ①

 정답
해설 A국의 세계 점유율은 2014년 4.1(%)가 2023년에 걸쳐 가장 낮은 비율을 보인다.

40 2017~2020년의 A국 석유 생산량 중 2019년도의 석유 생산량이 차지하는 비율은? (단, 소수점 첫째 자리에서 반올림한다.)

① 22(%)   ② 23(%)   ③ 24(%)   ④ 25(%)

 정답 ④

 정답
해설 2017년부터 2018년에 걸친 석유 생산량의 총량은 $162.6+164.8+166.9+174.1=668.4$(백만 톤)이다. 이 중, 2019년도의 석유 생산량이 차지하는 비율을 계산하면 $\frac{166.9}{668.4} \times 100 ≒ 24.97$(%)이 되며 2017년 석유 생산량이 차지하는 비율은 25(%)이다.

41 2023년 A국의 총인구는? (단위 : 억 명)

① 약 12.7   ② 약 13.7   ③ 약 12.9   ④ 약 13.9

 정답 ③

 정답
해설 $\frac{318,900,000,000}{246.6}=12.9$(억 명)

42 다음 [표]는 프로야구 선수 Y의 타격기록이다. 이에 대한 설명으로 옳지 않은 것은?

[표] 프로야구 선수 Y의 타격기록

연도	소속 구단	타율	출전 경기수	타수	안타수	홈런수	타점	4사구수	장타율
2009	A	0.341	106	381	130	23	90	69	0.598
2010	A	0.300	123	427	128	19	87	63	0.487
2011	A	0.313	125	438	137	20	84	83	0.532
2012	A	0.346	126	436	151	28	87	88	0.624
2013	A	0.328	126	442	145	30	98	110	0.627
2014	A	0.342	126	456	156	27	89	92	0.590
2015	B	0.323	131	496	160	21	105	87	0.567
2016	C	0.313	117	432	135	15	92	78	0.495
2017	C	0.355	124	439	156	14	92	81	0.510
2018	A	0.276	132	391	108	14	50	44	0.453
2019	A	0.329	133	490	161	33	92	55	0.614
2020	A	0.315	133	479	151	28	103	102	0.553
2021	A	0.261	124	394	103	13	50	67	0.404
2022	A	0.303	126	413	125	13	81	112	0.477
2023	A	0.337	123	442	149	22	72	98	0.563

① 2013~2018년 중 Y선수의 장타율이 높을수록 4사구수도 많았다.

② 2013~2018년 중 Y선수의 타율이 0.330 이하인 해는 3번 있었다.

③ Y선수가 C구단에 소속된 기간 동안 기록한 평균 타점은 나머지 기간 동안 기록한 평균 타점보다 많았다.

④ Y선수는 2013년에 가장 많은 홈런수를 기록하였다.

 정답 ④

정답 해설 2019년 Y선수의 홈런수는 33회로, 가장 많은 홈런수를 기록하였다.

43

다음 [표]는 어느 렌트카 회사에서 제시하는 요금제이다. B요금제의 연장 요금을 30분당 2,000원으로 인상한다면, 4시간 사용 시 A요금과 B요금을 바르게 비교한 것은?

[표] 렌트카 요금제		
요금제	기본 요금	연장 요금
A	1시간 15,000원	초과 30분당 1,000원
B	3시간 17,000원	초과 30분당 1,300원

① A요금<B요금   ② A요금>B요금

③ A요금=B요금   ④ 2×A요금=B요금

정답 ③

정답
해설
A요금 : $15,000+(1,000\times6)=21,000$(원)
B요금 : $17,000+(2,000\times2)=21,000$(원)

▶ 핵심정리

자료해석에 필요한 능력

㉠ 자료 판단 능력 : 자료해석문제에 제시되는 자료의 대부분은 표·그래프·그림 등으로 구성된다. 문제에 따라서 여러 개의 자료가 한꺼번에 등장하기도 한다. 그러므로 빠르고 정확한 문제 풀이를 위해서는 자료의 유형을 파악하여 그에 맞는 해석 방법을 적용하는 능력, 자료를 빠르게 읽은 후 필요한 내용을 파악하는 능력이 필요하다.

㉡ 계산 능력 : 대부분의 자료는 숫자로 구성되어 있다. 문제 역시 계산 능력을 필요로 하는 경우가 많으며, 그 중 상당수는 몇 가지 계산 노하우 및 암산을 통해 해결할 수 있다.

44 행정안전부는 매년 전국사업과 지방산업에 대하여 비영리단체들을 지원하고 있으며, 다음은 그
와 관련된 자료이다. 이에 근거했을 때, 신청금액 대비 지원금액의 비율은? (단, 소수점 둘째자
리에서 반올림한다.)

[표] 2023년도 지원사업 및 신청현황

(단위 : 개, 백만 원)

유형별	신청내역			선정내역		
	단체 수	사업 수	금액	단체 수	사업 수	금액
계	444	478	29,944	152	154	5,000
국민통합	66	72	5,120	20	20	827
문화시민사회구축	58	65	4,019	16	16	650
자원봉사	29	32	2,025	17	17	328
안전문화/재해재난	35	34	2,563	16	16	440
인권신장/소외계층보호	80	84	4,737	25	27	805
자원절약/환경보전	55	63	3,814	13	13	700
NGO기반구축/시민참여확대	68	73	4,299	30	30	755
국제교류협력	53	55	3,295	15	15	495

① 약 13.2% ② 약 14.3% ③ 약 15.6% ④ 약 16.7%

 정답 ④

 정답
해설 신청금액은 29,944(백만 원)이고 선정 금액은 5,000(백만 원)이므로,

$$\frac{5,000(백만\ 원)}{29,944(백만\ 원)} \times 100 \fallingdotseq 16.7(\%)$$

45 다음 [도표]는 음주운전 관련 자료이다. 전체 음주운전 교통사고 발생건수 중에서 운전자의 혈중 알코올 농도가 0.30% 이상인 경우는 몇 %인가?

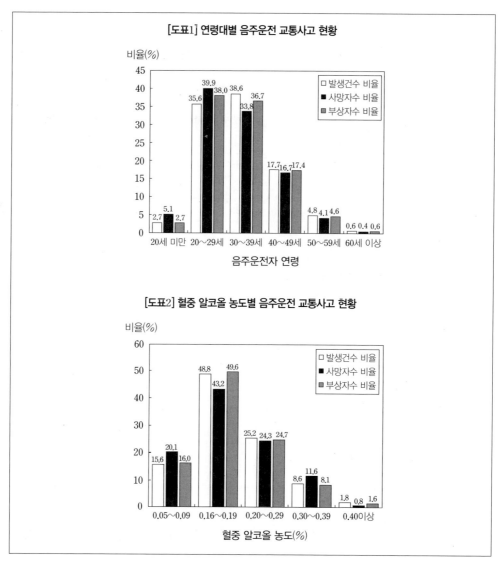

① 6.7%　　　　② 8.8%　　　　③ 9.1%　　　　④ 10.4%

 정답 ④

정답 해설
0.30~0.39 [도표]에서 발생건수는 8.6(%)이며 0.40이상에서는 1.8(%)이므로 두 수치를 더하면 총 발생건수를 확인할 수 있다.

∴ 8.6＋1.8＝10.4(%)

통계와 표해석

01 다음 [도표]와 [표]는 세계 초고층 건물의 층수와 실제높이를 나타낸 것이다. 건물의 층수에 따른 예상높이를 계산하는 식이 '예상높이$(m)=2\times$층수$+200$'과 같이 주어질 때, 예상높이와 실제높이의 차이가 가장 큰 건물은 무엇인가?

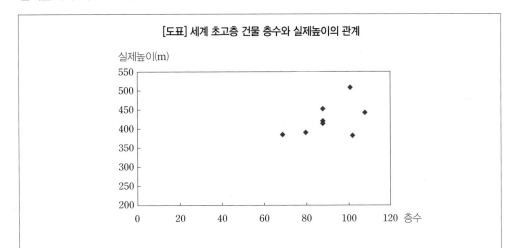

[도표] 세계 초고층 건물 층수와 실제높이의 관계

[표] 세계 초고층 건물 층수 및 실제높이

건물이름	층수	실제높이(m)
시어스 타워	108	442
엠파이어 스테이트 빌딩	102	383
타이페이 101	101	509
페트로나스 타워	88	452
진 마오 타워	88	421
국제금융 빌딩	88	415
CITIC 플라자	80	391
선힝스퀘어	69	384

① 타이페이 101　　② 페트로나스 타워　　③ 국제금융 빌딩　　④ 선힝스퀘어

 ①

 예상높이$(m)=2\times$(층수)$+200$이므로 '(실제높이)-200'과 '$2\times$(층수)'와의 차이가 가장 크게 나는 건물을 찾으면 된다.

02 다음은 5개 국가가 어떤 국제기구에 납부한 최근 4년간의 자발적 분담금 현황을 나타낸 것이다. 〈보기〉의 설명에 비추어 볼 때, 다음 [표]의 A, B, C, D, E에 해당하는 국가를 바르게 나열한 것은?

[표1] 국가별 자발적 분담금 총액

(단위 : 백만 달러)

국명	국가별 자발적 분담금			
	2020년	2021년	2022년	2023년
A	500	512	566	664
B	422	507	527	617
C	314	401	491	566
D	379	388	381	425
E	370	374	392	412

[표2] 각국의 1인당 자발적 분담금

(단위 : 달러)

국명	국가별 자발적 분담금			
	2020년	2021년	2022년	2023년
A	119	143	158	196
B	46	55	56	78
C	251	277	282	290
D	137	150	189	205
E	35	41	43	47

㉠ 스웨덴과 이탈리아는 국가별 자발적 분담금 총액의 증가액이 다른 국가들에 비해 낮다.

㉡ 노르웨이와 영국은 2020년 대비 2021년 국가별 자발적 분담금 총액의 증가율이 다른 국가들에 비해 높다.

㉢ 노르웨이와 스웨덴에 살고 있는 1인당 자발적 분담금은 다른 국가들에 비해 크다.

	A	B	C	D	E
①	스페인	영국	노르웨이	스웨덴	이탈리아
②	영국	이탈리아	노르웨이	스웨덴	스페인
③	스페인	노르웨이	영국	스웨덴	이탈리아
④	영국	스페인	노르웨이	스웨덴	이탈리아

 정답 ①

정답 해설 ⊙에서 스웨덴과 이탈리아의 국가별 자발적 분담금 총액 증가액이 다른 국가들에 비해 낮다고 했으므로, [표1]에 따라 스웨덴과 이탈리아는 D 또는 E국 중의 하나가 된다. ⓒ에서 노르웨이와 영국은 2020년 대비 2021년 국가별 자발적 분담금 총액 증가율이 다른 국가들에 비해 높다고 했으므로, 노르웨이와 영국은 B 또는 C국 중의 하나가 된다. ⓒ에서 노르웨이와 스웨덴의 1인당 자발적 분담금은 다른 국가에 비해 크다고 했으므로, 노르웨이와 스웨덴은 C 또는 D국 중의 하나가 된다.

위의 결과를 종합하면, C국은 노르웨이, D국은 스웨덴, B국은 영국, E국은 이탈리아가 되며, 나머지 A국은 스페인이 되므로, ①이 적절하다.

03 사학자 A씨는 고려시대 문헌을 통하여 당시 상류층(왕족, 귀족, 승려) 남녀 각각 160명에 대한 자료를 분석하여 다음과 같은 [표]를 작성하였다. 이 [표]에 대한 진술 중 옳은 것은?

[표] 고려시대 상류층의 혼인연령, 사망연령 및 자녀 수

구분		평균 혼인연령(세)	평균 사망연령(세)	평균 자녀 수(명)
승려(80명)	남(50명)	—	69	—
	여(30명)	—	71	—
왕족(40명)	남(30명)	19	42	10
	여(10명)	15	46	3
귀족(200명)	남(80명)	15	45	5
	여(120명)	20	56	6

※ 승려를 제외한 모든 남자는 혼인하였고 이혼하거나 사별한 사례는 없음

① 귀족 남자의 평균 혼인연령은 왕족 남자의 평균 혼인연령보다 낮다.
② 승려남자의 평균 사망연령은 왕족남자보다 낮다.
③ 귀족의 평균 자녀수는 5.5명이다.
④ 평균 자녀수 중 가장 높은 수는 귀족 여자다.

정답 ①

 정답해설 귀족 남자의 평균 혼인연령은 왕족 남자의 평균 혼인연령보다 낮다.

오답해설 ② 승려남자의 평균 사망연령은 69세로 왕족남자의 사망연령 42세보다 높다.

③ 귀족의 평균 자녀수는 $\dfrac{(80 \times 5) + (120 \times 6)}{200} = 5.6$(명)

④ 평균 자녀수 중 가장 높은 수는 10(명)인 왕족 남자이다.

04 다음 [표]는 2023년도 서울권과 세계 주요 대도시권의 교통 관련 통계이다. 인구밀도가 가장 높은 곳은?

[표] 서울권 및 세계 주요 대도시권의 교통 관련 통계

구분	서울권	런던권	파리권	뉴욕권	동경권
면적(km^2)	11,719	10,385	12,011	5,793	13,143
인구(천 명)	22,877	11,957	11,027	13,673	32,577
자동차 보유율(대/명)	0.30	0.39	0.46	0.38	0.27
철도 연장(km)	489.7	2,125	1,602	1,145	3,128
인구당 철도 연장(km/만 명)	0.22	1.78	1.45	0.84	0.96
면적당 철도 연장(km/km^2)	0.04	0.20	0.13	0.20	0.24
인구당 고속화도로 연장(km/만 명)	0.31	0.29	0.71	0.98	0.30
면적당 고속화도로 연장(km/km^2)	0.06	0.03	0.07	0.23	0.08

① 서울권   ② 런던권   ③ 파리권   ④ 동경권

정답 ④

정답해설 인구밀도는 면적대비 인구수이므로 서울권은 약 2, 런던권은 약 1.2, 파리권은 약 0.9, 동경권은 약 2.5이므로 인구밀도는 동경권이 가장 높다.

05 행정안전부는 매년 전국사업과 지방산업에 대하여 비영리단체들을 지원하고 있으며, 다음은 그와 관련된 자료이다. 이에 근거했을 때, 신청금액 대비 지원금액의 비율은? (단, 소수점 둘째자리에서 반올림한다.)

[표] 2024년도 지원사업 및 신청현황

(단위 : 개, 백만 원)

유형별	신청내역			선정내역		
	단체 수	사업 수	금액	단체 수	사업 수	금액
계	444	478	39,944	152	154	5,000
국민통합	66	72	15,120	20	20	827
문화시민사회구축	58	65	4,019	16	16	650
자원봉사	29	32	2,025	17	17	328
안전문화/재해재난	35	34	2,563	16	16	440
인권신장/소외계층보호	80	84	4,737	25	27	805
자원절약/환경보전	55	63	3,814	13	13	700
NGO기반구축/시민참여확대	68	73	4,299	30	30	755
국제교류협력	53	55	3,295	15	15	495

① 약 13.2% ② 약 14.3% ③ 약 15.6% ④ 약 12.5%

 ④

 신청금액은 39,944(백만 원)이고 선정 금액은 5,000(백만 원)이므로,

$$\frac{5,000(\text{백만 원})}{39,944(\text{백만 원})} \times 100 \fallingdotseq 12.5(\%)$$

06 다음 [표]는 폐기물 매립지 주변의 거주민 1,375명을 대상으로 특정 질환 환자 수를 파악한 것이다. 매립지 주변 거주민 중 환자의 비율은?

[표] 거주민 특성별 특정 질환 환자 수 현황

구분	매립지와의 거리			
	1km 미만	1~2km 미만	2~3km 미만	3~5km 미만
거주민	564	428	282	101
호흡기 질환자 수	94	47	77	15
피부 질환자 수	131	70	102	42
구분	연령			
	19세 이하	20~39세	40~59세	60세 이상
거주민	341	405	380	249
호흡기 질환자 수	76	41	49	67
피부 질환자 수	35	71	89	150
구분	거주 기간			
	1년 미만	1~5년 미만	5~10년 미만	10년 이상
거주민	131	286	312	646
호흡기 질환자 수	15	23	41	154
피부 질환자 수	10	37	75	223

※ 환자 수＝호흡기 질환자 수＋피부 질환자 수 (단, 위의 2가지 질환을 동시에 앓지는 않음)

① 약 21% ② 약 35% ③ 약 42% ④ 약 58%

 정답 ③

 정답해설 두 가지 질환을 동시에 앓지는 않는다고 했으므로 매립지 주변 거주민 중 환자의 비율은
$$\frac{(94+131+47+70+77+102+15+42)}{1,375} \times 100 ≒ 42(\%) 이다.$$

07 〈보기〉의 설명 중 옳지 않은 것을 모두 고른 것은?

부문 \ 국가	A	B	C	D	E
변속감	98	93	102	80	79
내구성	103	109	98	95	93
소음	107	96	106	97	93
경량화	106	94	105	85	95
연비	105	96	103	102	100

[표] 자동차 변속기 경쟁력점수의 국가별 비교

※ 각국의 전체 경쟁력점수는 각 부문 경쟁력점수의 총합으로 구함

보기

㉠ 내구성 부문에서 경쟁력점수가 가장 높은 국가는 A국이며, 경량화 부문에서 경쟁력점수가 가장 낮은 국가는 D국이다.

㉡ 전체 경쟁력점수는 E국이 B국보다 더 높다.

㉢ 경쟁력점수가 가장 높은 부문과 가장 낮은 부문의 차이가 가장 큰 국가는 C국이고, 가장 작은 국가는 D국이다.

① ㉠   ② ㉡   ③ ㉠, ㉡   ④ ㉠, ㉡, ㉢

정답 ④

정답 해설

ㄱ. 내구성 부문에서 경쟁력점수가 가장 높은 국가는 B국으로 109점이며, 경량화 부문에서 경쟁력점수가 가장 낮은 국가는 D국으로 85점이다.

ㄴ. 전체 경쟁력점수를 살펴보면, A국은 519점, B국은 488점, C국은 514점, D국은 459점, E국은 460점으로 E국이 B국보다 더 낮다.

ㄷ. 경쟁력점수가 가장 높은 부문과 가장 낮은 부문의 차이가 가장 큰 국가는 D국으로 22점이고, 가장 작은 국가는 C국으로 8점이다.

08 다음은 각 도시 간의 물류비용을 [표]로 나타낸 것이다. A시에서 출발하여 F시까지 10톤의 화물을 운송한다고 할 때 최소비용으로 갈 수 있는 루트는?

[표] 각 도시 간 물류비용 행렬표

(단위 : 만원/톤)

	A	B	C	D	E	F
A	–	7	6	∞	∞	∞
B	7	–	∞	10	3	6
C	6	∞	–	∞	7	∞
D	∞	10	∞	–	∞	4
E	∞	3	7	∞	–	1
F	∞	6	∞	4	1	–

※ ∞는 비용을 영구적으로 소모하는 것을 의미함

① A → B → F

② A → B → D → F

③ A → B → E → F

④ A → C → E → B → F

 정답 ③

정답
해설 ①~④의 루트를 이용했을 때의 비용을 구하면 다음과 같다.
① A → B → F : 7+6=13
② A → B → D → F : 7+10+4=21
③ A → B → E → F : 7+3+1=11
④ A → C → E → B → F : 6+7+3+6=22
따라서 A시에서 출발하여 F시까지 최소비용의 경로는 A → B → E → F를 이용하는 ③이다.

09 자료에 대한 〈보기〉의 설명 중 옳은 것을 모두 고른 것은?

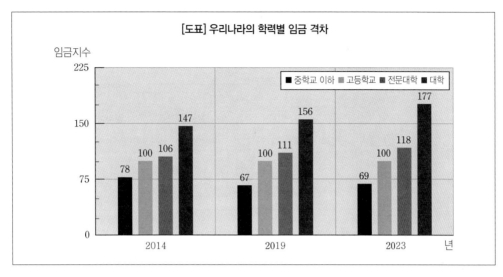

[도표] 우리나라의 학력별 임금 격차

- ㉠ 전문대학 졸업자의 경우 조사기간 동안 상대적 임금이 지속적으로 상승하고 있다.
- ㉡ 고등학교 졸업자의 경우 2014년 이후 상대적 임금에 변화가 없다.
- ㉢ 중학교 이하 졸업자의 경우 2019년에 비해 2023년 상대적으로 임금이 높아졌지만 2014년의 수준에는 미치지 못하고 있다.
- ㉣ 고등학교 졸업자와 전문대학 졸업자의 상대적 임금격차는 갈수록 작아지고 있다.
- ㉤ 고등학교 졸업자와 대학 졸업자의 경우 조사기간 동안 상대적 임금이 지속적으로 상승하고 있다.

① ㉠, ㉡, ㉣   ② ㉡, ㉢   ③ ㉠, ㉡, ㉢   ④ ㉠, ㉡, ㉢, ㉤

 ④

 ㉠ 전문대학 졸업자의 경우 조사기간 동안 106(2014), 111(2019), 118(2023)로 상대적 임금이 지속적으로 상승하고 있다.

㉡ 고등학교의 졸업자의 경우 2014년에서 2023년까지 상대적 임금이 100으로 변화가 없다.

㉢ 중학교 이하 졸업자의 경우 67(2019)에 비해 69(2023)로 상대적으로 임금이 높아졌지만 78(2014)에는 미치지 못하고 있다.

㉤ 대학 졸업의 경우 조사기간 동안 147(2014), 156(2019), 177(2023)로 상대적 임금이 지속적으로 상승하고 있다.

㉣ 고등학교 졸업자와 전문대학 졸업자의 상대적 임금격차는 6(2014), 11(2019), 18(2023)로 갈수록 커지고 있다.

10 다음 [표]는 전국과 서울에서 자동차에 의해 배출되는 오염물질 배출량을 나타낸다. 〈보기〉의 설명에 따라 [표] A∼C에 해당하는 차종을 바르게 배열한 것은?

[표] 차종별 대기오염물질 배출량

(단위 : 천 톤/년, %)

지역	차종	대기오염물질									
		일산화탄소		탄화수소		질소산화물		입자상물질		계	
		배출량	구성비	배출량	구성비	배출량	구성비	배출량	구성비	배출량	구성비
전국	승용차	356	37	44	35	33	7	1	1	434	27
	A	100	11	12	10	15	3	0	0	127	8
	B	124	13	16	12	109	23	18	23	267	16
	C	371	39	54	43	315	67	59	76	799	49
	계	951	100	126	100	472	100	78	100	1,627	100
서울	승용차	113	48	14	43	10	11	0	0	137	36
	A	33	14	4	13	5	5	0	0	42	11
	B	27	11	4	13	24	26	4	29	59	16
	C	64	27	10	31	54	58	10	71	138	37
	계	237	100	32	100	93	100	14	100	376	100

※ 차종 : 승용차, 택시, 트럭, 버스

보기

㉠ 전국과 서울 모두에서 질소산화물과 입자상물질을 가장 많이 배출하는 두 차종은 버스와 트럭이다.
㉡ 전국에서 버스의 질소산화물 배출량은 승용차의 약 3.3배이다.

	A	B	C
①	택시	버스	트럭
②	택시	트럭	버스
③	트럭	버스	택시
④	버스	트럭	택시

정답 ①

정답
해설 ㉠ 전국과 서울에서 질소산화물과 입자상물질을 가장 많이 배출하는 두 차종은 B와 C이므로 버스와 트럭은 B와 C가
된다.

㉢ 전국에서 승용차의 질소산화물 배출량은 33이며, 전국에서 버스 질소산화물 배출량은 승용차의 약 3.3배이므로
33×3.3=108.9이다. 따라서 질소산화물 배출량이 109인 B가 버스가 된다.

따라서 A는 택시, B는 버스, C는 트럭이다.

11 다음 [표]는 A도서관에서 특정 시점에 구입한 도서 10,000권에 대한 5년간 대출현황을 조사한 자료이다. 이에 대한 설명 중 옳지 않은 것은?

[표] 도서 10,000권에 대한 5년간 대출현황

(단위 : 권)

조사 대상기간 대출횟수	구입~1년	구입~3년	구입~5년
0	5,302	4,021	3,041
1	2,912	3,450	3,921
2	970	1,279	1,401
3	419	672	888
4	288	401	519
5	109	177	230
계	10,000	10,000	10,000

① 구입 후 1년 동안 도서의 절반 이상이 대출되었다.

② 도서의 약 40%가 구입 후 3년 동안 대출되지 않았으며, 도서의 약 30%가 구입 후 5년 동안 대출되지 않았다.

③ 구입 후 1년 동안 1회 이상 대출된 도서의 60% 이상이 단 1회 대출되었다.

④ 구입 후 1년 동안 도서의 평균 대출횟수는 약 0.78이다.

 정답 ①

정답
해설 구입 후 1년 동안 5,302권이 대출되지 않았으므로 대출된 책의 비율은 50%보다 적다.

12 다음은 시설유형별 에너지 효율화 시장규모의 현황 및 전망에 대한 자료이다. 이에 대한 설명으로 옳은 것은? (단, 소수점 둘째 자리에서 반올림한다.)

[표] 시설유형별 에너지 효율화

(단위 : 억 달러)

연도 시설유형	2020	2021	2022	2023	2024(예상)
사무시설	11.3	12.8	14.6	21.7	41.0
산업시설	20.8	23.9	27.4	41.7	82.4
주거시설	5.7	6.4	7.2	10.1	18.0
공공시설	2.5	2.9	3.4	5.0	10.0
전체	40.3	46.0	52.6	78.5	151.4

① 2020~2022년 동안 '주거시설' 유형의 에너지 효율화 시장 규모는 매년 15% 이상 증가하였다.

② 2020년 전체 에너지 효율화 시장 규모에서 '사무시설' 유형이 차지하는 비중은 30% 이하이다.

③ 2021년 '산업시설' 유형의 에너지 효율화 시장 규모는 전체 에너지 효율화 시장 규모의 50% 이하이다.

④ 2020년 대비 2024년 에너지 효율화 시장 규모의 증가율이 가장 높을 것으로 전망되는 시설 유형은 '산업시설'이다.

정답 ②

정답해설 2020년 전체 에너지 효율화 시장 규모는 40.3억 달러이고, 사무시설 효율화 시장 규모는 11.3억 달러이다.

차지하는 비중을 구하면 $\frac{11.3}{40.3} \times 100 ≒ 28.04(\%)$이다.

오답해설 ① 2020~2021년 사이에 '주거시설' 유형의 에너지 효율화 시장 규모는

$\frac{6.4-5.7}{5.7} \times 100 ≒ 12.3(\%)$ 증가하였고,

2021~2022년 사이에는 $\frac{7.2-6.4}{6.4} \times 100 = 12.5(\%)$ 증가하였다.

③ 2021년 '산업시설' 유형의 에너지 효율화 시장 규모는 $\frac{23.9}{46.0} \times 100 ≒ 52(\%)$이다.

④ 2020년 대비 2024년 에너지 효율화 시장 규모는

사무시설은 $\frac{41.0-11.3}{11.3} \times 100 ≒ 262.8(\%)$,

산업시설은 $\frac{82.4-20.8}{20.8} \times 100 ≒ 296.2(\%)$,

주거시설은 $\frac{18.0-5.7}{5.7} \times 100 ≒ 215.8(\%)$,

공공시설은 $\frac{10.0-2.5}{2.5} \times 100 ≒ 300(\%)$이다.

따라서 시장 규모의 증가율이 가장 높을 것으로 전망되는 시설 유형은 '공공시설'이다.

13 다음은 2019~2023년 국내 건강기능식품 생산에 관한 자료이다. 이에 대한 설명 중 옳지 않은 것은?

[표1] 국내 건강기능식품 생산 현황

(단위 : 억 원, 톤)

구분 연도	내수용		수출용		총 생산액	총 생산량
	생산액	생산량	생산액	생산량		
2019	6,888	10,239	346	339	7,234	10,578
2020	7,516	12,990	514	697	8,030	13,687
2021	9,184	19,293	415	592	9,599	19,885
2022	10,211	24,994	460	367	10,671	25,361
2023	13,126	39,611	556	647	13,682	40,258

[표2] 국내 상위 10개 건강기능식품의 생산액

(단위 : 억 원)

순위	연도 품목	2019	2020	2021	2022	2023
1	홍삼	3,284	4,184	4,995	5,817	7,191
2	비타민 및 무기질	604	531	761	991	1,561
3	밀크씨슬	249	416	800	1,129	1,435
4	알로에	797	639	648	584	691
5	오메가-3	142	266	334	348	509
6	프로바이틱스	174	190	254	317	405
7	수삼	348	413	364	341	381
8	감마리놀렌산	187	145	108	93	223
9	가르시니아 추출물	0	0	0	208	207
10	식이섬유	3	1	99	117	116

※ 순위는 2023년 생산액 기준임

① 2023년 생산액 기준 국내 건강기능식품 상위 5개 품목은 각각 2023년의 생산액이 2019년의 두배 이상이다.

② 국내 건강기능식품의 내수용 생산액은 매년 증가하였다.

③ 국내 건강기능식품의 총 생산액과 총 생산량은 각각 매년 증가하였다.

④ 2023년 생산액 기준 국내 건강기능식품 상위 10개 품목 중 홍삼은 매년 생산액이 가장 많았다.

 정답 ①

정답해설 2019년 알로에의 생산액은 797억 원, 2023년 알로에의 생산액은 691억 원으로 오히려 생산액이 줄었다.

14 다음 [표]는 어느 대학의 통계학과 행정학에 대한 수강자 성적의 줄기−잎 그래프이다. 이 [표]에 대한 해석으로 옳지 않은 것은?

[표] 과목별 수강자 성적

과목 : 통계학 (줄기 간격 : 5, 잎 단위 : 1)			과목 : 행정학 (줄기 간격 : 5, 잎 단위 : 1)		
Ⓐ	줄기	잎	Ⓐ	줄기	잎
1	5	3	1	3	5
3	5	79	2	4	0
6	6	123	3	4	5
10	6	5678	3	5	
16	7	012344	8	5	56888
( )	7	578	9	6	2
( )	8	14	13	6	5567
( )	8	56779	17	7	0024
( )	9	134	( )	7	579
( )	9	8	( )	8	03334
			( )	8	7
			( )	9	22
			( )	9	59

※ | 줄기 | 잎 |
　| 5 | 56888 | 인 경우 55점 1명, 56점 1명, 58점 3명이라는 것을 의미함

① 행정학 점수의 분산이 통계학 점수의 분산보다 더 크다.

② 두 과목 모두 60점대의 학생 수가 70점대의 학생 수보다 더 많다.

③ 과목당 성적이 하위 10% 이하인 학생을 과락 시키는 경우, 통계학의 과락기준점수가 행정학의 과락기준점수보다 높다.

④ Ⓐ는 '누적 학생 수'를 나타낸다.

 정답 ②

정답해설 60점대 학생 수는 통계학은 7명, 행정학은 5명이고, 70점대 학생 수는 통계학은 9명, 행정학은 7명으로 두 과목 모두 60점대 학생 수가 70점대 학생 수보다 더 적다.

15 제시된 자료를 참고로 할 때, 다음 설명 중 옳지 않은 것은? (단, 소수점 둘째 자리에서 반올림한다.)

[표1] 1인당 결식횟수

(단위 : 회)

구분	2018	2019	2020	2021	2022	2023
월간	1.6	1.5	1.5	1.44	1.36	1.34
연간	19.0	17.6	17.6	17.2	16.3	16.1

[표2] 성별 · 연령별 월간 결식횟수

(단위 : 세, 회)

구분	평균	0~4	5~9	10~14	15~19	20~24	25~29	30~34	35~39	40~44	45~49	50~54	55~59	60~64	65~69	70 이상
평균	1.3	0.3	0.4	1.3	1.6	4.0	4.1	2.6	2.5	1.3	1.4	1.6	0.4	0.7	0.5	0.4
남자	1.2	0.2	0.5	1.0	1.4	2.5	3.2	2.3	2.8	1.6	1.1	1.4	0.3	0.5	0.7	0.2
여자	1.5	0.5	0.4	1.6	1.8	5.6	5.1	2.9	2.3	1.1	1.6	1.8	0.4	1.0	0.3	0.5

① 6년간 1인당 평균 결식횟수는 월간 약 1.3~1.6회이며, 연간 16~19회이다.

② 연령별 결식횟수는 20대 후반이 4.1회로 가장 많고, 대체로 연령이 어리거나 고령일수록 결식횟수가 적은 편이다.

③ 월간 결식횟수는 여자와 남자 모두 20~24세에서 가장 높으며, 이는 평균 결식횟수에서도 마찬가지이다.

④ 성별 결식횟수는 20~30대 여자가 약 4회로 20~30대 남자의 2.7회보다 많다.

정답 ③

 정답 해설
월간 결식횟수는 여자의 경우 20~24세에서 가장 높으나, 남자의 경우 25~29세가 가장 높다. 평균 결식횟수 또한 25~29세가 가장 높다.

[16~18] 다음은 가정별 출생코호트별 완결출산율을 나타낸 것이다.

[표1] 가정별 출생코호트별 완결출산율

(단위 : 명)

	1955년생	1960년생	1970년생	1975년생	1980년생	1985년생	1990년생
중위	2.26	2.08	1.74	1.43	1.32	1.31	1.28
고위	2.26	2.08	1.74	1.55	1.64	1.61	1.58
저위	2.26	2.08	1.74	1.42	1.19	1.05	0.97

※ 출생코호트별 완결출산율이란 특정연도에 태어난 여성 1명이 가임기간(15~49세) 동안 실제로 낳은 평균 출생아수임
※ 출산율 수준의 가정에 따라 중위, 고위, 저위로 구분하여 작성하였음

[표2] 출산순위별 완결출산율 : 중위

(단위 : 명)

	1955년생	1960년생	1970년생	1975년생	1980년생	1985년생	1990년생
완결출산율	2.26	2.08	1.74	1.43	1.32	1.31	1.28
첫째아	0.998	0.999	0.912	0.797	0.697	0.694	0.679
둘째아	0.850	0.847	0.695	0.540	0.540	0.537	0.524
셋째아	0.321	0.197	0.126	0.082	0.072	0.072	0.072
넷째아+	0.096	0.037	0.012	0.006	0.006	0.006	0.006

16
1980년에 태어난 여성의 수를 300명이라고 가정할 때, 그 여성들이 낳은 아이의 수는? (단, 중위를 기준으로 계산한다.)

① 300명　　　　② 357명　　　　③ 384명　　　　④ 396명

 정답 ④

 정답 해설
1980년의 출생코호트별 완결출산율은 1.32이다.
$1.32 \times 300 = 396$(명)

17

1990년에 태어난 여성의 수를 700명이라고 가정할 때, 그 여성들이 낳은 아이들 중 셋째아는 모두 몇 명인가? (단, 중위를 기준으로 계산하며, 소수점 이하는 올린다.)

① 약 96명 　　　 ② 약 76명 　　　 ③ 약 67명 　　　 ④ 약 55명

 ④

 셋째아 항목만 보아서는 안 된다. 완결출산율이므로 셋째아를 낳고 넷째아 이상을 낳은 경우도 살펴야 한다.
$(0.072+0.006) \times 700 = 0.078 \times 700 = 54.6$(명). 소수점 이하는 올리므로 약 55명이 된다.

18

1975년의 출생코호트별 완결출산율은 1970년 대비 몇 % 감소하였는가? (단, 중위를 기준으로 하며, 소수점 넷째 자리에서 반올림한다.)

① 약 82.184% 　　 ② 약 69.814% 　　 ③ 약 50.268% 　　 ④ 약 17.816%

 ④

 중위의 출생코호트별 완결출산율은 1970년 1.74, 1975년 1.43으로
$1.74 - 1.43 = 0.31$(명) 감소하였다.
따라서 $\dfrac{0.31}{1.74} \times 100 ≒ 17.816(\%)$ 감소하였다.

[19~20] 아래 표는 연령별 농가 가구원 수에 대한 표이다.

[표] 연령별 농가 가구원 수

(단위 : 명)

연령 \ 연도	2020	2021	2022	2023
14세 이하	0.46	0.44	0.4	0.36
15~19세	0.26	0.22	0.19	0.18
20~24세	0.15	0.16	0.14	0.13
25~29세	0.14	0.14	0.12	0.12
30~34세	0.1	0.1	0.1	0.09
35~39세	0.17	0.16	0.14	0.13
40~44세	0.22	0.21	0.19	0.19
45~49세	0.23	0.23	0.23	0.23
50~54세	0.26	0.26	0.27	0.26
55~59세	0.35	0.34	0.31	0.29
60~64세	0.38	0.37	0.38	0.39
65세 이상	0.57	0.6	0.65	0.71

19 2023년 50세 이상 가구원 수는 2023년 전체 가구원 수의 약 몇 %인가? (단, 소수점 둘째자리에서 반올림한다.)

① 약 51.8% ② 약 53.6% ③ 약 57.4% ④ 약 59.5%

 정답 ②

정답해설 2023년 50세 이상 가구원 수를 모두 더하면 1.650이다. 2023년 전체 가구원 수가 3.08이므로 $\frac{1.65}{3.08} \times 100 ≒ 53.6(\%)$

20 2020년에 가장 많은 가구원 수를 차지하는 연령대는?

① 14세 이하 ② 30~34세 ③ 40~44세 ④ 65세 이상

 정답 ④

정답해설 2020년 65세 이상은 0.57%로 가장 많은 농가 가구원 수이다.

[21~22] **다음은 노인 인구와 관련된 조사 결과이다.**

[표1] 노인 인구 성별 추이

(단위 : 천 명)

구분	1990	1995	2000	2005	2010	2020	2030
전체	2,195	2,657	3,395	4,383	5,354	7,821	11,899
남자	822	987	1,300	1,760	2,213	3,403	5,333
여자	1,373	1,670	2,095	2,623	3,141	4,418	6,566

※ 노인 인구 : 65세 이상 인구
※ 성비 : 여자 100명당 남자의 수

[표2] 노년부양비와 노령화지수

(단위 : %)

구분	1990	1995	2000	2005	2010	2020	2030
노년부양비	7.4	8.3	10.1	12.6	14.9	21.8	37.3
노령화지수	20.0	25.2	34.3	47.4	66.8	124.2	214.8

※ 노년부양비 : $\dfrac{65세 \ 이상 \ 인구}{15{\sim}64세 \ 인구} \times 100$

※ 노령화지수 : $\dfrac{65세 \ 이상 \ 인구}{0{\sim}64세 \ 인구} \times 100$

21 **2005년 노인 인구의 성비를 바르게 구한 것은?**

① 약 67명　　　　② 약 69명　　　　③ 약 71명　　　　④ 약 73명

정답 ①

정답
해설　2005년 노인 인구의 성비 = $\dfrac{1,760}{2,623} \times 100 ≒ 67$(명)

22 **2005년의 노년부양비를 10년 전과 비교한다면, 증가폭은?**

① 3.3%p　　　　② 3.7%p　　　　③ 4.0%p　　　　④ 4.3%p

정답 ④

정답
해설　1995년의 노년부양비는 8.3%이고 2005년의 노년부양비는 12.6%이므로,
　　　12.6 − 8.3 = 4.3(%p)

[23~24] 다음 표는 65세 이상 진료비 및 약품비에 대한 자료이다.

[표1] 노인인구 진료비

(단위 : 억 원)

구분	2021년	2022년	2023년
총 진료비	580,170	646,623	696,271
노인인구 진료비	213,615	245,643	271,357

[표2] 노인인구 약품비

(단위 : 억 원)

구분	2021년	2022년	2023년
총 약품비	139,259	152,905	162,179
노인인구 약품비	53,864	59,850	64,966

23 2023년 노인인구의 진료비와 약품비의 비중은? (단, 소수점 둘째 자리에서 반올림한다.)

	진료비	약품비		진료비	약품비
①	36%	43%	②	37%	42.1%
③	38%	41.1%	④	39%	40.1%

 ④

 2023년 노인인구의 진료비의 비중은 $\frac{271,357}{696,271} \times 100 ≒ 39\%$

노인인구의 약품비의 비중은 $\frac{64,966}{162,179} \times 100 ≒ 40.1\%$

24 위의 자료에 대한 설명으로 옳지 않은 것은? (단, 소수점 둘째 자리에서 반올림한다.)

① 총 진료비는 증가하고 있다.

② 2022년 노인인구 약품비의 비중은 전년대비 약 0.4% 증가하였다.

③ 2021년 노인인구 진료비의 비중은 약 36.8%이다.

④ 2023년 노인인구 진료비의 비중은 전년대비 약 3% 증가하였다.

정답 ④

정답해설 2022년 노인인구 진료비의 비중은 $\dfrac{245,643}{646,623} \times 100 \fallingdotseq 38\%$이고,

2023년 진료비의 비중은 39%이므로 전년대비 약 1% 증가하였다.

① [표1]에서 알 수 있다.

② 2021년 노인인구 약품비의 비중은 $\dfrac{53,864}{139,259} \times 100 \fallingdotseq 38.7\%$이고,

2022년 노인인구 약품비의 비중은 $\dfrac{59,850}{152,905} \times 100 \fallingdotseq 39.1\%$ 전년대비 약 0.4% 증가하였다.

③ 2021년 노인인구 진료비의 비중은 $\dfrac{213,615}{580,170} \times 100 \fallingdotseq 36.8\%$이다.

[25~26] 자전거 대여소의 시간당 대여료 및 K의 이동시간에 대한 [표]를 참고하여 문제에 답하시오.

[표1] 자전거 대여소별 시간당 대여료

(단위 : 시간, 원)

	0.5	1	1.5	2	2.5	3	3.5	4
A	2,000	2,500	3,000	3,500	4,000	4,500	5,000	5,500
B	2,400	2,800	3,100	3,700	4,000	4,400	4,900	5,300
C	2,500	3,000	3,400	3,700	3,900	4,300	4,700	5,000
D	2,300	2,600	2,900	3,300	3,500	4,000	4,500	5,000
E	2,500	3,000	3,500	3,700	4,500	5,000	5,500	5,500

[표2] K의 자전거 대여 일자별 이동시간

요일	월요일	화요일	수요일	목요일	금요일	토요일	일요일
시간	1.5	2.5	1	3.5	0.5	3	4

25 K가 일주일 중 수요일에 탄 자전거의 대여료는?

① 9,400원　　② 13,900원　　③ 19,200원　　④ 12,400원

 정답 ②

 정답해설 각 자전거의 대여소마다 수요일 요금을 구해서 더하면 된다. 위 표에서 수요일에 각 대여소의 요금은 A대여소 2,500(원), B대여소 2,800(원), C대여소 3,000(원), D대여소 2,600(원), E대여소 3,000(원)이므로 모두 더하면 13,900(원)이다.

26 K가 일주일 동안 한 곳에서만 자전거를 빌려서 탔다면 총 대여료가 가장 저렴한 대여소는?

① A   ② B   ③ C   ④ D

정답 ④

정답해설 각 자전거 대여소마다 요일별 시간당 요금을 구해서 더해야 한다. 총 대여료는 A가 30,000(원), B가 30,600(원), C가 30,500(원), D가 28,100(원)이다. 따라서 D대여소가 가장 저렴하다.

[27~29] 다음은 주요 국가들의 연구개발 활동을 국가명의 가나다순으로 정리한 것이다.

[표] 주요 국가들의 연구개발 활동 현황

국가명	절대적 투입규모		상대적 투입규모		산출규모	
	총 R&D 비용 (백만 달러)	연구원 수 (명)	GDP대비 총 R&D 비용(%)	노동인구 천 명당 연구원 수(명)	특허 등록 수 (건)	논문 수(편)
독일	46,405	516,331	2.43	13.0	51,685	63,847
미국	165,898	962,700	2.64	7.4	147,520	252,623
스웨덴	4,984	56,627	3.27	13.1	18,482	14,446
아이슬란드	663	1,363	1.33	9.5	35	312
아일랜드	609	7,837	1.77	5.6	7,088	2,549
영국	20,307	270,000	2.15	9.5	43,181	67,774
일본	123,283	832,873	2.68	8.0	141,448	67,004
프랑스	30,675	314,170	2.45	12.5	46,213	46,279
한국	7,666	98,764	2.22	7.3	52,900	9,555

27 영국의 연구원 1인당 특허 등록 수는? (단, 소수점 셋째 자리에서 반올림한다.)

① 약 0.08건   ② 약 0.10건   ③ 약 0.12건   ④ 약 0.16건

정답 ④

정답해설 영국의 특허 등록 수는 43,181건, 연구원 수는 270,000명이므로 연구원 1인당 특허 등록 수는 $\frac{43,181}{270,000} \fallingdotseq 0.16$(건)이다.

28 일본의 노동인구 500명당 연구원 수는?

① 2.0명 　　　 ② 4.0명 　　　 ③ 6.0명 　　　 ④ 8.0명

 정답 ②

 정답 해설 일본의 노동인구 천 명당 연구원 수가 8명이므로 노동인구 500명당 연구원 수를 x라 하면

$1,000:8=500:x$,

∴ $x=4$

따라서 일본의 노동인구 500명당 연구원 수는 4명이다.

29 아이슬란드의 GDP는? (단, 소수점 첫째 자리에서 반올림한다.)

① 57,232,670,320달러 　　　 ② 53,187,421,700달러

③ 49,849,624,060달러 　　　 ④ 46,569,230,000달러

 정답 ③

 정답 해설 GDP 대비 총 R&D 비용인 1.33%가 663,000,000달러이므로,

$$\frac{663,000,000}{x}=0.0133$$

$x=663,000,000 \div 0.0133$

$x \fallingdotseq 49,849,624,060$(달러)

[30~31] 다음은 중·고등학생을 대상으로 한 경제의식 관련 설문조사 결과이다.

[표] 경제의식에 대한 설문조사결과

(단위 : %)

설문 내용	구분	전체	성별		학교별		계열별	
			남	여	중학교	고등학교	인문계고	실업계고
용돈을 받는지 여부	예	84.2	82.9	85.4	87.6	80.8	80.5	81.9
	아니요	15.8	17.1	14.6	12.4	19.2	19.5	18.1
월간 용돈 금액	3만 원 미만	38.5	40.6	36.4	55.6	20.2	18.8	24.8
	3만 원~5만 원 미만	36.7	33.3	40.1	33.8	39.8	40.6	37.2
	5만 원 이상 ~10만 원 미만	16.3	15.5	17.1	6.8	26.5	28.2	20.4
	10만 원 이상 ~20만 00원 미만	5.9	7.3	4.6	2.7	9.5	8.7	12.4
	20만 원 이상	2.6	3.3	1.8	1.1	4.0	3.7	5.2
금전출납부 기록 여부	항상 기록한다	3.6	3.0	4.3	3.3	3.9	3.4	5.8
	자주 기록한다	4.4	4.1	4.6	5.3	3.4	3.6	2.9
	가끔 기록한다	21.3	15.7	26.9	22.4	20.2	20.5	18.8
	전혀 안 한다	70.7	77.2	64.2	69.0	72.5	72.5	72.5
아르바이트 여부	했다	39.1	35.9	42.5	30.2	47.0	44.0	62.3
	하지 않았다	60.9	64.1	57.5	69.8	53.0	56.0	37.7
아르바이트 장소	음식점	53.7	43.3	62.7	50.0	56.0	55.7	57.0
	유통업체	13.8	14.3	13.4	8.9	16.9	18.6	12.8
	PC방	11.0	16.0	6.7	16.1	7.8	7.7	8.1
	일반 회사	4.6	6.9	2.6	2.6	5.9	5.4	7.0
	주유소	3.4	4.8	2.2	4.2	2.9	2.3	4.7
	기타	13.5	14.7	12.4	18.2	10.5	10.3	10.4

30 용돈을 받는 학생들 중 20만 원 이상의 용돈을 받으면서 항상 금전 출납부를 작성하는 학생의 비율은?

① 0.796‰   ② 0.897‰   ③ 0.936‰   ④ 1.092‰

 ③

 20만 원 이상의 용돈을 받는 학생의 비율은 2.6%이고, 항상 금전 출납부를 기록하는 학생은 3.6%이다.

$$\frac{2.6}{100} \times \frac{3.6}{100} = \frac{0.936}{1,000}$$

주어진 단위는 퍼밀(‰)이므로, 20만 원 이상의 용돈을 받는 학생의 비율은 0.936‰이다.

31 전체 고등학생 중 음식점에서 아르바이트를 한 학생의 비율은?

① 약 23‰   ② 약 26‰   ③ 약 29‰   ④ 약 32‰

 ②

 고등학생 중 아르바이트를 한 학생의 비율은 47%이다. 이들 중 음식점에서 아르바이트를 한 학생의 비율은 56%이므로,
0.47 × 0.56 = 0.2632, 0.2632 × 100 = 26.32(‰)

[32~33] 다음은 어느 지역의 학교별 급식 시행 학교 수와 급식인력(영양사, 조리사, 조리 보조원)의 현황을 나타낸 표이다.

[표] 학교별 급식 시행 학교 수와 급식인력 현황

(단위 : 개, 명)

구분	급식 시행 학교 수	직종별 급식인력					
		영양사			조리사	조리 보조원	급식인력 합계
		정규직	비정규직	소계			
초등학교	137	95	21	116	125	321	562
중학교	81	27	34	61	67	159	287
고등학교	63	56	37	93	59	174	326
특수학교	5	4	0	4	7	9	20
전체	286	182	92	274	258	663	1,195

※ 각 직종별 충원율(%) $= \dfrac{\text{각 지종별 급식인력 수}}{\text{학교별 급식 시행 학교 수}} \times 100$

32 전체 급식 시행 학교의 영양사 충원율은? (단, 소수점 둘째 자리에서 반올림한다.)

① 약 73.2%　　　② 약 84.5%　　　③ 약 90.4%　　　④ 약 95.8%

정답 ④

정답해설 영양사 충원율 $= \dfrac{274}{286} \times 100 ≒ 95.8(\%)$

33 전체 급식 시행 학교에서 급식인력의 평균은? (단, 소수점 이하는 반올림한다.)

① 약 3명　　　② 약 4명　　　③ 약 5명　　　④ 약 6명

정답 ②

정답해설 전체 급식 시행 학교 수는 286개이고, 총 급식인력은 1,195명으로

전체 급식 시행 학교에 대한 급식인력의 평균은 $\dfrac{\text{급식인력 총계}}{\text{전체 급식 시행 학교 수}} = \dfrac{1,195}{286} = 4.17832 \cdots$

따라서 약 4명이다.

[34~35] 다음의 표는 2020년 한 해 동안 A, B, C역의 이용 승객을 연령대별로 나타낸 것이다.

[표] A, B, C역의 이용 승객 수

구분	10대	20대	30대	40대	50대 이상	총 이용 인원수 (천 명)
A역	7%	19%	25%	27%	22%	3,200
B역	3%	16%	23%	38%	20%	1,800
C역	16%	37%	18%	17%	12%	2,400

34 2020년에 A역을 이용한 30대 승객의 수는?

① 768,000명 ② 800,000명 ③ 832,000명 ④ 864,000명

 정답 ②

 정답 해설 2020년에 A역을 이용한 총 승객 수에서 30대가 차지하는 비율을 곱하면, 3,200,000명×0.25＝800,000명이다.

35 2020년에 C역을 이용한 30대 이상의 승객 수는 2020년에 B역을 이용한 30대 미만의 승객 수의 대략 몇 배인가?

① 약 3.1배 ② 약 3.3배 ③ 약 3.5배 ④ 약 3.7배

 정답 ②

정답 해설 C역을 이용한 30대 이상의 승객 수는 2,400,000×0.47(＝0.18＋0.17＋0.12)＝1,128,000(명)이며, B역을 이용한 30대 미만의 승객 수는 1,800,000×0.19(＝0.03＋0.16)＝342,000(명)이다.
따라서 대략 1,128,000÷342,000≒3.3(배)이다.

[36~37] 다음 제시된 통계 자료는 어느 국가의 지역별 문자해독률과 문맹률에 대한 자료이다. 이를 토대로 물음에 가장 알맞은 답을 고르시오.

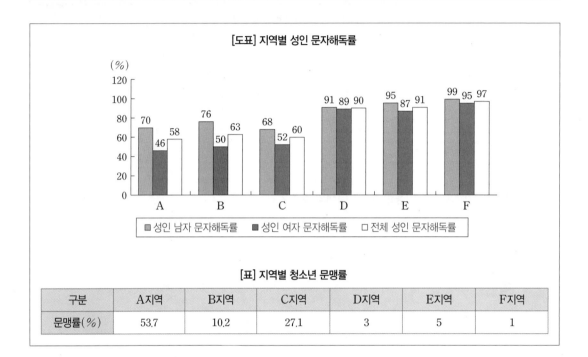

[도표] 지역별 성인 문자해독률

■ 성인 남자 문자해독률   ■ 성인 여자 문자해독률   □ 전체 성인 문자해독률

[표] 지역별 청소년 문맹률

구분	A지역	B지역	C지역	D지역	E지역	F지역
문맹률(%)	53.7	10.2	27.1	3	5	1

36 다음 중 가장 적절하지 않은 설명은?

① 성인 남녀 간 문맹률의 차이가 가장 큰 지역은 B이다.

② C지역의 성인 여자 문맹률은 성인 남자 문맹률보다 높다.

③ 성인 남자 문맹률이 높은 지역일수록 청소년 문맹률이 높다.

④ 청소년 문맹률과 성인 남자의 문맹률이 같은 지역은 두 지역이다.

 정답 ③

정답
해설 성인 남자의 문맹률이 가장 높은 지역은 C지역(32%)이다. 그런데 C지역의 청소년 문맹률은 27.1%로 두 번째로 높은 것에 비해 성인 남자 문맹률이 두 번째로 높은 A지역의 청소년 문맹률은 53.7%로 가장 높으므로 ③의 내용은 옳지 않다.

37 성인 남녀 간 문맹률의 차이가 가장 큰 지역의 청소년 문맹률(%)과 청소년 문맹률이 네 번째
로 높은 지역의 남녀 간 성인 문맹률의 각각 차이(%)는?

① 10.2%, 8%　　　② 53.7%, 2%　　　③ 10.2%, 2%　　　④ 27.1%, 4%

 ①

 성인 남녀 간 문맹률의 차이가 가장 큰 B지역의 청소년 문맹률은 10.2(%)이며, 청소년 문맹률이 네 번째로 높은 E지
역의 남녀 간 성인 문맹률 차이는 95(%)−87(%)＝8(%)이다.

[38~39] 다음은 한국과 EU의 교육과 관련한 자료이다. 제시된 자료를 바탕으로 다음 물음에 답하시오.

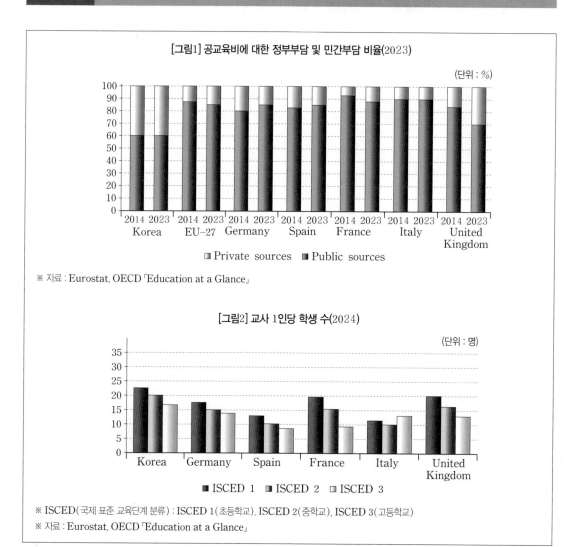

[그림1] 공교육비에 대한 정부부담 및 민간부담 비율(2023)

(단위 : %)

■ Private sources ■ Public sources

※ 자료 : Eurostat, OECD 「Education at a Glance」

[그림2] 교사 1인당 학생 수(2024)

(단위 : 명)

■ ISCED 1 ■ ISCED 2 □ ISCED 3

※ ISCED(국제 표준 교육단계 분류) : ISCED 1(초등학교), ISCED 2(중학교), ISCED 3(고등학교)
※ 자료 : Eurostat, OECD 「Education at a Glance」

38 [그림1]에 대한 설명으로 적절한 것은?

① 공교육에 대한 정부부담이 가장 큰 국가는 2023년의 프랑스이다.

② 2014년과 2023년의 공교육비 정부부담 비율에서 가장 큰 차이를 보이는 국가는 영국이다.

③ 2014년과 2023년의 공교육비 민간부담 비율에서 가장 큰 차이를 보이는 국가는 한국이다.

④ 한 국가를 제외한 모든 나라의 2023년 공교육비 민간부담 비율이 2014년에 비해 증가하였다.

 정답 ②

 정답해설 2014년과 2023년의 공교육비 정부부담 비율에서 가장 큰 차이를 보이는 국가는 영국이다.

오답해설 ① 공교육에 대한 정부부담이 가장 큰 국가는 2014년의 프랑스이며, 그 다음으로 높은 국가는 2014년과 2023년의 이탈리아이다.

③ 2014년과 2023년의 공교육비 민간부담 비율에 가장 큰 차이를 보이는 국가는 영국이다.

④ 2023년 공교육비 민간부담 비율이 2014년에 비해 증가한 국가는 EU-27, 프랑스, 영국이다.

39 [그림2]에 대한 설명으로 옳지 않은 것은?

① 한국의 교사 1인당 학생 수는 고등학교에서 가장 적다.

② 중학교 교사 1인당 학생 수는 자료에 나타난 국가 중 독일이 가장 적다.

③ 각 교육단계별로 교사 1인당 학생 수에서 가장 큰 차이를 나타내는 국가는 프랑스이다.

④ 영국의 초등학교 교사 1인당 학생 수는 한국에 이어 두 번째로 많다.

 정답 ②

정답해설 자료에 제시된 국가 가운데 중학교 교사 1인당 학생 수가 가장 적은 국가는 이탈리아와 스페인이다.

[40~41] 다음은 연도별 65세 이상 의료보장 적용인구 현황을 나타낸 표이다. 다음 물음에 적절한 답을 고르시오.

[표] 65세 이상 의료보장 적용인구 현황

시도별	성별	2022년		2023년	
		전체 인구수(명)	65세 이상 인구수(명)	전체 인구수(명)	65세 이상 인구수(명)
서울	여성	5,144,429	693,261	5,158,922	710,991
	남성	4,973,919	546,883	4,923,643	561,150
부산	여성	1,763,972	288,297	1,771,723	300,574
	남성	1,728,585	217,783	1,733,167	228,182

40 2023년과 2022년의 서울 전체 인구수의 차이는?

① 31,783명 　　　② 32,783명 　　　③ 33,783명 　　　④ 35,783명

 정답 ④

 정답 해설　2023년 서울의 전체 인구수는 5,158,922＋4,923,643＝10,082,565
2022년 서울의 전체 인구수는 5,144,429＋4,973,919＝10,118,348
따라서 차이는 10,118,348－10,082,565＝35,783명이다.

41 다음 자료에 대한 설명으로 옳지 않은 것은?

① 2022년 65세 이상 남성 인구수의 비율은 부산보다 서울이 더 높다.

② 부산의 65세 이상 여성 인구수의 비율은 점점 증가하고 있다.

③ 2023년과 2022년의 부산 전체 인구수의 차이는 12,333명이다.

④ 서울의 2023년 65세 미만 인구수는 남성보다 여성이 더 높다.

 정답 ①

 정답 해설　서울＝$\frac{546,883}{4,973,919}×100≒10.99$

부산＝$\frac{217,783}{1,728,585}×100≒12.59$

따라서 2022년 65세 이상 남성 인구수의 비율은 부산이 더 높다.

[42~43] 다음의 [표]는 4개 국가의 산술적 인구밀도와 경지 인구밀도를 조사한 자료이다. 이를 토대로 다음에 물음에 적절한 답을 고르시오.

[표] 4개 국가 인구밀도

국가	인구수(만 명)	산술적 인구밀도(명/km^2)	경지 인구밀도(명/km^2)
A	1,000	25	75
B	1,500	40	50
C	3,000	20	25
D	4,500	45	120

※ 산술적 인구밀도＝인구수÷국토 면적
※ 경지 인구밀도＝인구수÷경지 면적
※ 경지율＝경지 면적÷국토 면적×100

42 **인구 1인당 경지 면적이 가장 좁은 국가와 넓은 국가를 순서대로 나열한 것은?**

① A국, C국   ② B국, A국   ③ B국, C국   ④ D국, C국

 정답 ④

정답 해설 인구 1인당 경지 면적은 경지 면적을 인구수로 나눈 것이다$\left(\text{인구 1인당 경지 면적}=\dfrac{\text{경지면적}}{\text{인구 수}}\right)$. 그런데 '경지 인구밀도 $=\dfrac{\text{인구 수}}{\text{경지면적}}$'이라 하였으므로, 인구 1인당 경지 면적은 경지 인구밀도의 역수가 된다. 따라서 경지 인구밀도가 가장 높은 국가가 인구 1인당 경지 면적이 가장 좁은 국가가 되며, 경지 인구밀도가 가장 낮은 국가가 인구 1인당 경지 면적이 가장 넓은 국가가 된다. 따라서 D국의 인구 1인당 경지 면적이 가장 좁으며, C국의 인구 1인당 경지 면적이 가장 넓다.

43 **다음 중 면적과 비율에 대한 설명으로 옳지 않은 것은?**

① 국토 면적은 C국이 가장 넓다.
② 경지 면적은 B국이 가장 좁다.
③ B국의 경지율은 D국보다 높다.
④ 경지율이 가장 낮은 국가는 A국이다.

정답 ②

정답
해설 경지 인구밀도＝인구수÷경지 면적이므로 경지 면적＝인구수÷경지 인구밀도가 된다. 이를 통해 경지 면적을 구하면 A국의 경지 면적은 대략 13.3만(km^2), B국은 30만(km^2), C국은 120만(km^2), D국은 37.5만(km^2)이다. 따라서 A국의 경지 면적이 가장 좁다.

① 산술적 인구밀도＝인구수÷국토 면적이므로 국토 면적＝인구수÷산술적 인구밀도가 된다. 이를 통해 국토 면적을 구하면, C국이 150만(km^2)로 가장 크다.

③ 경지율＝경지 면적÷국토 면적×100이라 하였고, 경지 면적＝인구수÷경지 인구밀도이며 국토 면적＝인구수÷산술적 인구밀도가 된다. 여기서 경지 면적과 국토 면적을 앞의 경지율 공식에 대입하면, 경지율＝산술적 인구밀도÷경지 인구밀도×100이 된다. 이를 이용해 경지율을 구하면 B국은 80(％), D국은 37.5(％)이므로 B국의 경지율이 D국의 경지율보다 높다.

④ A국의 경지율은 대략 33.3(％), C국의 경지율은 80(％)이다. 따라서 4개 국가 중 A국의 경지율이 가장 낮다.

[44~45] 다음은 지하층이 없고 건물마다 각 층의 바닥면적이 동일한 건물들에 대한 건물 정보이다. 다음 물음에 답하시오.

[표] 건물 정보

건물명	건폐율(％)	대지면적(m^2)	연면적(m^2)
A	50	300	600
B	60	300	1,080
C	60	200	720
D	50	200	800

※ 건폐율＝$\dfrac{건축면적}{대지면적}×100$

※ 건축면적＝건물 1층의 바닥면적

※ 연면적＝건물의 각 층 바닥면적의 총합

44 A~D 중 건축면적이 두 번째로 넓은 건물과 세 번째로 넓은 건물을 각각 순서대로 고르면?

① A, B ② A, C ③ B, C ④ B, D

정답 ②

 정답 해설 A의 건축면적 : $\dfrac{x}{300} \times 100 = 50$, $x = 150(\text{m}^2)$

B의 건축면적 : $\dfrac{x}{300} \times 100 = 60$, $x = 180(\text{m}^2)$

C의 건축면적 : $\dfrac{x}{200} \times 100 = 60$, $x = 120(\text{m}^2)$

D의 건축면적 : $\dfrac{x}{200} \times 100 = 50$, $x = 100(\text{m}^2)$

건축면적이 두 번째로 넓은 건물은 A이고 세 번째로 넓은 건물은 C이다.

45 A~D 중 층수를 적절하게 나열한 것은?

① A-4층 ② B-8층 ③ C-4층 ④ D-6층

정답 ①

정답 해설 층수는 연면적을 건축면적으로 나눈 것과 같으므로,

A의 층수 : $600 \div 150 = 4(층)$

B의 층수 : $1,080 \div 180 = 6(층)$

C의 층수 : $720 \div 120 = 6(층)$

D의 층수 : $800 \div 100 = 8(층)$

따라서 A의 층수가 적절하다.

추리

01

언어추리

GLOBAL SAMSUNG APTITUDE TEST

언어추리는 제시된 명제 또는 조건을 추리하거나 결론의 참과 거짓을 추리하는 유형이 출제된다.

명제 추리

[01~30] 주어진 조건이 모두 참일 때 빈칸에 들어갈 문장을 고르시오.

01

- 주원은 시험점수에서 은희보다 15점 덜 받았다.
- 주미의 점수는 주원의 점수보다 5점이 높다.

그러므로 _____

① 주미의 점수가 가장 높다.

② 주원의 점수가 가장 높다.

③ 은희의 점수가 가장 높다.

④ 은희의 점수가 가장 낮다.

 정답 ③

 정답해설 은희의 시험점수는 주원이 받은 점수에서 15점을 더 받았고, 주미의 점수는 주원이 받은 점수의 5점을 더 받았으므로 은희>주미>주원 순으로 시험점수가 높다.

◉ 핵심정리

간접 추론 문제

㉠ 둘 이상의 전제로부터 새로운 결론을 이끌어내는 추론이다. 삼단논법이 가장 대표적이며 정언, 가언, 선언 삼단논법으로 나뉜다. 가언 삼단논법은 혼합가언과 순수가언으로 나뉜다.

㉡ 명제 : 판단을 언어로 표현한 것이다. 'p이면 q이다'라는 형태를 취한다.

㉢ 삼단논법 : 'p이면 q이다'가 참이고 'q이면 r이다'가 참이면 'p이면 r이다'도 참이 성립되는 것을 말한다.

㉣ 대우 : 명제 'p이면 q이다'에 대하여 'q가 아니면 p가 아니다'를 그 명제의 대우라고 한다. 명제가 참인 경우 그 대우는 반드시 참이지만 '역'은 반드시 참이 될 수 없다.

02

- 은희는 카레를 좋아한다.
- 카레를 좋아하는 사람은 고기덮밥도 좋아한다.
- 주원은 고기덮밥을 좋아한다.

그러므로 _____

① 주원은 카레를 좋아하지 않는다.

② 고기덮밥을 좋아하는 사람은 카레도 좋아한다.

③ 카레를 좋아하지 않는 사람은 고기덮밥도 좋아하지 않는다.

④ 은희는 고기덮밥도 좋아한다.

정답 ④

정답해설 카레를 좋아하는 사람은 고기덮밥도 좋아한다는 명제 앞에 은희가 카레를 좋아한다는 명제가 있으므로 은희는 고기덮밥도 좋아한다는 명제가 성립된다.

03

• 헬스를 하루라도 거르면 근육량이 감소한다.
• _____
그러므로 헬스를 하지 않으면 근 손실이 일어난다.

① 근육량이 높으면 근 손실이 일어나지 않은 것이다.

② 근 손실이 일어나지 않은 것은 근육량이 높은 것이다.

③ 근육량이 높으면 헬스를 한 것이다.

④ 헬스를 한다면 근육량이 증가한다.

 정답 ②

정답
해설 '헬스를 함'을 p, '근육량이 높다'을 q라 하고, '근 손실이 일어나지 않음'을 r이라 하면 첫 전제는 '헬스를 함'과 '근육량이 높다'로 이어지며(p → q), 마지막 전제는 '헬스를 함'과 '근 손실이 일어나지 않음'이 성립한다(p → r). 따라서 '근육량이 높다'와 '근 손실이 일어나지 않음'이 빈 칸에 들어가야 하므로(q → r) 대우인 '근 손실이 일어나지 않은 것은 근육량이 높은 것이다'가 되어야 한다.

▶ 핵심정리

직접 추론 문제

㉠ 직접추론은 한 개의 전제로부터 새로운 결론을 이끌어내는 추론의 한 형태이다. 대우 명제가 대표적이다.

㉡ 대우 명제는 명제의 가정과 결론을 부정하고 자리를 뒤바꿈으로서 참과 거짓을 일치시키는 명제이다.

㉢ 적절한 전제 및 결론을 도출해내는 문제 유형이 자주 출제되므로, 대우 명제에 대한 이해 및 논리 이론을 충분히 숙지한 후에 문제를 풀어야 한다.

04

- 치킨을 좋아하는 사람은 맥주를 좋아한다.
- 맥주를 좋아하는 사람은 감자튀김을 좋아한다.
- 주원은 치킨을 좋아한다.

그러므로 _____

① 주원은 감자튀김을 좋아한다.

② 감자튀김을 좋아하는 사람은 맥주를 좋아한다.

③ 맥주를 좋아하는 사람은 치킨을 좋아한다.

④ 주원은 치킨을 좋아하지만 감자튀김은 좋아하지 않는다.

 정답 ①

정답 해설 '치킨을 좋아하는 사람'을 p, '맥주를 좋아하는 사람'을 q, '감자튀김을 좋아하는 사람'을 r, 주원을 s라 했을 때, 첫 전제는 p → q, 두 번째 전제는 q → r, 세 번째 전제는 s → p가 된다. 따라서 명제 s → p → q → r이 성립되며 s → r인 '주원은 감자튀김을 좋아한다'가 정답이 된다.

핵심정리

대우 명제와 추론 문제

정답해설에 나와 있는 대로 p, q, r, … 등의 기호를 사용하는 것보다 스스로 알아보기 쉬운 단어나 기호를 정해 풀이과정에 적용하는 습관이 빠른 풀이의 지름길이다.

05

• 황금을 좋아하는 사람은 재즈를 좋아한다.
• 재즈를 좋아하는 사람은 마음이 따뜻하다.
• 황금을 좋아하지 않는 사람은 클래식을 좋아하지 않는다.
그러므로 _____

① 클래식을 좋아하는 사람은 락을 싫어한다.
② 클래식을 좋아하는 사람은 마음이 따뜻하다.
③ 황금을 싫어하는 사람은 재즈를 좋아한다.
④ 재즈를 좋아하는 사람은 황금을 좋아한다.

 정답 ②

 정답해설 첫 번째와 두 번째 문장에서 '황금을 좋아하는 사람 → 재즈를 좋아함 → 마음이 따뜻한 사람'이 성립한다. 세 번째 문장 '클래식을 좋아하지 않는 사람은 황금을 좋아하는 사람'이 참이므로, '클래식을 좋아하는 사람 → 황금을 좋아함'이 성립한다. 클래식을 좋아하는 사람은 재즈를 좋아하고, 황금을 좋아하는 사람은 재즈를 좋아한다.

06

• 동영상 사이트를 즐겨 찾는 모든 구독자는 고양이 동영상을 선호한다.
• _____
그러므로 강아지 동영상을 보는 모든 구독자는 고양이 동영상을 선호한다.

① 동영상 사이트를 즐겨 찾는 모든 구독자는 강아지 동영상을 본다.
② 강아지 동영상을 보는 모든 사람은 동영상 사이트를 즐겨 찾는다.
③ 동영상 사이트를 즐겨 찾는 어느 구독자는 강아지 동영상을 본다.
④ 강아지 동영상을 보는 어느 구독자는 동영상 사이트를 즐겨 찾는다.

 정답 ②

정답해설 동영상 사이트를 즐겨 찾는 모든 사람이 고양이 동영상을 선호하고, 모든 구독자가 동영상 사이트를 선호하면, 강아지 동영상을 보는 모든 구독자는 고양이 동영상을 선호하는 명제가 성립되므로 '강아지 동영상을 보는 모든 사람은 동영상 사이트를 즐겨 찾는다'가 빈칸에 들어갈 전제가 된다.

07

> • 물리를 좋아하는 주원은 화학도 좋아한다.
> • 은희는 화학도 잘하지만 지구과학은 더 잘한다.
> • 주미는 화학은 주원보다 잘하지만 지구과학은 은희보다 못한다.
> 그러므로 _____

① 주원은 주미보다 화학을 못한다.

② 주원은 은희보다 화학을 잘한다.

③ 주미는 주원보다 화학을 못한다.

④ 주미는 주원보다 지구과학을 더 좋아한다.

  정답 ①

정답
해설 제시된 전제에서 '좋아한다'와 '잘한다'의 서술어가 모두 나타나는데, 문자 그대로 좋아한다는 서술어가 잘한다는 의미가될 수 없다. 세 번째 전제를 통해 화학은 주미가 주원보다 더 잘하고, 지구과학은 은희가 주미보다 잘한다. 따라서 주원은주미보다 화학을 못한다.

08

> • 항상 싸가는 점심은 샌드위치 아니면 볶음밥이다.
> • 그러나 오늘 점심은 샌드위치가 아니다.
> 그러므로 _____

① 오늘 점심은 볶음밥이다.

② 내일 점심은 볶음밥이다.

③ 내일 저녁은 샌드위치다.

④ 모레 점심은 볶음밥이다.

 정답 ①

정답
해설 전제로 나온 '항상 점심은 샌드위치 아니면 볶음밥'이므로 점심에 샌드위치를 먹지 않았다면 볶음밥을 먹은 것이다. 내일,모레 등은 전제에 나오지 않아 어떤 음식을 먹을지 알 수 없다.

09

- 다람쥐는 육식을 하는 포유류다.
- _____
- 산에 사는 포유류는 다람쥐이다.
그러므로 숲에 있는 포유류는 의외로 육식을 한다.

① 숲에 있는 포유류는 육식을 하지 않는다.

② 다람쥐는 숲에서 산다.

③ 육식을 하는 포유류는 산에서 살지 않는다.

④ 숲에 없는 포유류는 산에서 살지 않는다.

  정답 ④

정답 해설 첫 번째 전제는 다람쥐(p)는 육식을 하는 포유류(q)이고, 세 번째 전제는 산에 사는 포유류는(r) 다람쥐(p), 숲에 있는 포유류(s)는 육식을 하는 포유류(q)가 빈칸에 들어가야 하며 '숲에 없는 포유류는 산에서 살지 않는다.'가 적절하다.

10

- 주원은 보안부문에 입사 지원한 학생이다.
- _____
- 현재 은희가 보안업체에 근무 중이다.
그러므로 주로 예체능 계열 학생이 지원하는 경우가 많다.

① 은희는 예체능 계열 학생이 아니다.

② 주원은 예체능 계열 학생이다.

③ 보안부문에 지원한 사람은 은희이다.

④ 예체능 계열 학생은 보안부문에 입사 지원하지 않는다.

  정답 ①

정답 해설 주원을 p, 입사 지원한 학생을 q, 은희를 r, 예체능 계열 학생을 s라 하면 첫 번째 전제는 p → q, 세 번째 전제는 r → p, 결론은 s → q가 되므로 s → ~r이 두 번째 명제에 들어가야 's → r → p → q'가 성립해 결론인 s → q가 성립한다.

11

- 원숭이는 하늘다람쥐보다 날쌔다.
- 하늘다람쥐는 청설모보다 몸집이 크다.
- 원숭이는 하늘다람쥐보다 몸집이 크다.

그러므로 _____

① 청설모는 하늘다람쥐보다 몸집이 더 크다.
② 하늘다람쥐는 청설모보다 날쌔다.
③ 원숭이는 청설모보다 몸집이 더 크다.
④ 원숭이는 청설모보다 키가 크다.

 정답 ③

 정답
해설 몸집은 원숭이, 하늘다람쥐, 청설모 순이므로 원숭이가 가장 크다.

12

- 강의를 꾸준히 시청한 학생은 모두 대기업에 들어갔다.
- _____

그러므로 대기업에 들어간 학생 중 일부는 건강을 중요시한다.

① 건강을 중요시하는 학생 중 일부는 대기업에 들어가지 못했다.
② 건강을 중요시하지 않는 학생은 대기업에 들어갔다.
③ 강의를 꾸준히 시청한 어떤 학생은 건강을 중요시한다.
④ 대기업에 들어간 학생은 건강을 중요시하지 않는다.

 정답 ③

 정답
해설 '강의를 꾸준히 시청한 학생은 모두 대기업에 들어갔다'는 첫 번째 전제를 통해 '대기업에 들어간 사람 중 일부는 건강을 중요시한다'는 결론이 나오기 위해서는 '강의를 꾸준히 시청한 학생'과 '건강을 중요시한다' 사이에 다른 전제가 성립되어야 한다. 결론에서 모두가 아닌 일부로 한정지었으므로 강의를 꾸준히 시청한 학생 중 일부가 건강을 중요시 한다는 전제가 있어야 한다.

13

> • 은희가 회식에 오지 않으면 주원이 회식에 오지 않는다.
> • 은희가 회식에 오지 않으면 주미가 회식 중간에 집으로 간다.
> 그러므로 _____

① 주원이 회식에 오지 않으면 주미가 회식 중간에 집으로 간다.

② 주미가 회식 중간에 집에 가는 날에는 주원이 오지 않는다.

③ 은희가 회식에 오면 주미가 회식 중간에 집으로 가지 않는다.

④ 주미가 회식 중간에 집에 가지 않으면 은희가 온다.

 정답 ④

 정답 해설 두 번째 전제의 대우는 주미가 회식 중간에 집으로 가지 않아야지 성립되므로 '주미가 회식 중간에 집에 가지 않으면 은 희가 온다'가 적절하다.

14

> • 청설모는 다람쥣과의 동물이다.
> • _____
> • 나무위에서 도토리를 따는 동물은 청설모이다.
> 그러므로 나뭇잎을 먹는 동물은 다람쥣과이다.

① 나뭇잎을 먹지 않는 동물은 다람쥣과 동물이 아니다.

② 청설모는 나뭇잎을 먹는다.

③ 다람쥣과가 아닌 동물은 나무위에서 살지 않는다.

④ 나무위에서 도토리를 따지 않는 동물은 나뭇잎을 먹지 않는다.

 정답 ④

 정답 해설 청설모를 p, 다람쥣과 동물을 q, 나무위에서 도토리를 따는 동물을 r, 나뭇잎을 먹는 동물을 s라 하면 첫 번째 전제부터 결 론까지 다음 과정이 성립한다. p → q, 두 번째 전제 , r → p , s → q로 ∼s → ∼r이 들어가야 한다.

15

- 편집팀은 세미나에 가지 않았다.
- 어떤 편집팀 사원은 세미나 중간에 행사 준비를 도우러 갔다.

그러므로 ＿＿＿＿＿＿＿＿＿＿＿＿＿

① 편집팀은 세미나 중간에 집으로 갔다.
② 행사 준비를 도우러 간 사원은 편집팀에 속해 있다.
③ 세미나에 가지 않은 어떤 사원은 세미나 중간에 행사 준비를 도우러 갔다.
④ 세미나에 가지 않은 편집팀은 중간에 행사 준비를 도우러 갔다.

 정답 ③

정답해설 '편집팀'을 A, '세미나'를 B, '중간에 행사 준비를 도우러 갔다'를 C라고 했을 때, 첫 번째 전제는 편집팀은 세미나에 가지 않은 것이 되고(A − ~B), 두 번째 전제는 편집팀 사원이 중간에 행사 준비를 도우러 나갔고 편집팀 사원은 편집팀 안에 소속되어 있는 결과를 도출해낼 수 있다. 결과가 참이 되려면 ~C − A 또는 ~A − C가 있으므로 '세미나에 가지 않은 어떤 사원은 세미나 중간에 행사 준비를 도우러 갔다.'가 성립된다.

16

- 블루투스 이어폰을 구매하는 사람은 케이스를 구매한다.
- 스마트폰을 구매하지 않는 사람은 케이스도 구매하지 않는다.
- 스마트폰을 구매하는 사람은 충전기를 구매하지 않는다.

그러므로 ＿＿＿＿＿＿＿＿＿＿＿＿＿

① 블루투스 이어폰을 구매한 사람은 충전기를 구매하지 않는다.
② 스마트폰을 구매하는 사람은 충전기를 구매한다.
③ 케이스를 구매한 사람은 스마트폰을 구매하지 않는다.
④ 스마트폰을 구매하지 않는 사람은 충전기를 구매하지 않는다.

 정답 ①

정답해설 두 번째 전제의 대우명제는 '케이스를 구매하는 사람은 스마트폰을 구매한다.'이다. 그러므로 이 문장과 제시된 문장을 삼단논법에 따라 순서대로 종합하면 블루투스 이어폰을 구매하면 케이스를 구매하는 것이 되며, 케이스를 구매하면 스마트폰을 구매한 것이 되고, 스마트폰을 구매하면 충전기를 구매하지 않음이 성립한다. 따라서 '블루투스 이어폰을 구매한 사람은 충전기를 구매하지 않는다.'가 성립된다.

17

> • 영업사원이 외근을 하면 업무처리가 지연된다.
> • 거래처에서 컴플레인이 발생하면 승진평가에 불이익이 있다.
> • 업무처리가 늦어지면 거래처의 컴플레인이 발생한다.
>
> 그러므로 _____

① 업무처리가 지연되면 영업사원이 외근을 한 것이다.

② 업무처리가 지연되지 않으면 승진 평가에 불이익이 없다.

③ 거래처에서 컴플레인이 발생하지 않으면 승진 평가에서 불리하지 않다.

④ 승진 평가에 불이익이 없으면 영업사원이 외근을 하지 않은 것이다.

 정답 ④

정답 해설 영업사원이 외근을 하면 업무처리가 지연되고 거래처에 컴플레인이 발생하며 승진평가에 불이익이 있음이 성립한다. 따라서 영업사원이 외근을 하는 경우, 승진평가에 불이익이 있음이 성립하므로 대우명제는 승진평가에 불이익이 없는 경우 영업사원이 외근을 하지 않음이 성립된다.

18

> • 축구에 관심 없는 사람은 야구에도 관심이 없다.
> • 휴식을 중시하는 사람은 심신의 안정에 신경 쓴다.
> • 심신의 안정에 신경 쓰지 않는 사람은 축구에 관심이 없다.
>
> 그러므로 _____

① 축구에 관심 있는 사람은 휴식을 중시하지 않는다.

② 야구에 관심 없는 사람도 심신의 안정에 신경 쓴다.

③ 심신의 안정에 신경 쓰지 않는 사람은 야구에 관심이 없다.

④ 휴식을 중시하지 않는 사람도 심신의 안정에 신경 쓴다.

 정답 ③

 정답 해설 심신의 안정에 신경 쓰지 않는 사람은 축구에 관심이 없는 사람이며 야구에도 관심이 없다고 할 수 있다.

19

> • 디자인팀은 전시회에 갔다.
> • _____
> 회사를 가지 않는 날에 전시회를 간다.

① 회사에 가면 전시회에 가지 않는다.
② 디자인팀이 아니라면 회사를 간다.
③ 회사를 가지 않으면 디자인팀이 아니다.
④ 디자인팀이 아니라면 전시회에 가지 않는다.

 정답 ②

정답
해설 '디자인팀'을 A, '전시회를 갔다.'를 B, '회사를 가지 않는 날'을 C라 했을 때, 첫 번째 명제와 세 번째 명제는 각각 A → B, ~C → B가 성립한다. 마지막 명제가 참이 되려면 C → A 아니면 ~A → C가 되어야 하므로 '디자인팀이 아니면 회사를 간다.'가 빈칸에 들어갈 전제로 적절하다.

20

> • 녹차를 좋아하는 사람은 커피를 좋아한다.
> • _____
> 그러므로 우유를 좋아하는 어떤 사람은 커피를 좋아한다.

① 녹차를 좋아하지 않는 사람은 커피를 좋아하지 않는다.
② 우유를 좋아하는 사람은 녹차를 좋아한다.
③ 커피를 좋아하는 사람은 녹차를 좋아한다.
④ 커피를 좋아하지 않는 사람은 녹차를 좋아하지 않는다.

 정답 ②

정답
해설 첫 번째 전제의 '녹차를 좋아하는 사람은 A', '커피를 좋아한다.'를 B, 마지막 전제의 '우유를 좋아하는 어떤 사람'을 C라 하면 우유를 좋아하는 사람과 녹차를 좋아하는 사람 사이에 어떤 전제가 성립해야 마지막 전제가 참이 되므로 '우유를 좋아하는 사람은 녹차를 좋아한다.'가 빈칸의 전제로 적절하다.

21

> - 주원은 면접점수가 가장 높고, 필기점수는 은희보다 낮다.
> - 은희는 주미보다 면접점수가 낮지만 필기점수는 높다.
> 따라서 세 사람 중 _____

① 주원은 필기점수가 가장 낮다.

② 주원은 주미보다 면접점수는 높지만 필기점수는 낮다.

③ 은희는 필기점수가 가장 높다.

④ 은희는 면접점수와 필기점수를 합한 총점이 두 번째이다.

  정답 ③

면접점수가 높은 순서는 주원, 주미, 은희 순이며 필기점수는 은희가 주원보다 높고, 은희가 주미보다 높으므로 은희는 셋 중 필기점수가 가장 높다.

22

> - 게임을 좋아하는 사람 중에는 의사도 있다.
> - 정치인 중에는 게임을 좋아하는 사람도 있다.
> 그러므로 _____

① 독서를 좋아하는 사람 중에는 정치인도 있다.

② 게임을 좋아하는 모든 사람은 의사이다.

③ 의사 중에는 정치인은 없다.

④ 모든 정치인은 의사일 수도 있다.

 정답 ④

 정치인 중에 게임을 좋아하는 사람도 있고, 게임을 좋아하는 사람 중에는 의사도 있다. 그러므로 정치인 중에는 의사도 있다. '중에는'은 '전부'와 같은 의미를 가질 수 있으므로 모든 정치인이 의사일 수도 있다.

23

> • 성공한 작가는 존경받는다.
> • 하루 종일 글만 쓰는 어떤 작가는 존경받지 못한다.
> 그러므로 _____

① 존경받는 작가는 모두 하루 종일 글만 쓴다.

② 하루 종일 글만 쓰는 작가는 모두 성공한다.

③ 모든 작가는 하루 종일 글만 쓴다.

④ 어떤 작가는 하루 종일 글만 씀에도 불구하고 성공하지 못한다.

 정답 ④

정답해설 '성공한 작가는 존경받는다.'의 대우는 '존경받지 못하면 성공한 작가가 아니다.'이며 두 번째 전제와 연결하여 '어떤 하루 종일 글만 쓰는 작가는 성공한 작가가 아니다.'이다. 즉, 빈칸에 들어갈 적절한 명제는 '어떤 작가는 하루 종일 글만 씀에도 불구하고 성공하지 못한다.'이다.

24

> • 하루에 두 번만 식사를 해도 어떤 사람은 배고프지 않다.
> • 아침을 먹는 모든 사람은 하루에 두 번 식사한다.
> 그러므로 _____

① 아침을 먹는 모든 사람은 배고프지 않다.

② 하루에 세 번 식사하는 사람이 있다.

③ 아침을 먹는 어떤 사람은 배고프다.

④ 하루에 한 번 식사하는 사람은 배고프지 않다.

 정답 ①

정답해설 '하루에 두 끼를 먹는 어떤 사람도 배고프지 않다.'를 다르게 표현하면 '하루에 두 끼를 먹는 사람은 배고프지 않다.'이다. 두 번째 전제와 연결하여 '아침을 먹는 모든 사람은 하루에 두 끼를 먹고, 하루에 두 끼를 먹는 사람은 배고프지 않다.'이 므로 이를 정리하면 '아침을 먹는 모든 사람은 배고프지 않다.'가 적절하다.

25

- 야간 근무를 하는 모든 사람은 생산관리팀 사원들이다.
- 야간 근무를 하는 모든 사람은 품질관리팀 사원들이다.

그러므로 _____

① 품질관리팀 업무를 하는 모든 사람은 야근을 한다.

② 야근을 하는 어떤 사람은 생산관리팀의 업무를 하지 않는다.

③ 생산관리팀 업무를 하는 모든 사람은 야근을 한다.

④ 품질관리팀 업무를 하는 모든 사람은 생산관리팀 업무를 한다.

 정답 ④

정답해설 야간 근무를 하는 사람을 A라 하고, 생산관리팀 사원을 B, 품질관리팀 사원들을 C라고 한다. 첫 번째 전제와 결론은 야근을 하는 사람은 생산관리팀 사원일수도, 품질관리팀 사원일수도 있다. 이를 정리하면 '생산관리팀 업무를 하는 모든 사람은 품질관리팀 업무를 한다.'는 결론이 도출된다.

26

- 오늘 하지 않은 청소를 미루면 안 된다.
- _____

청소를 하지 않으면 집안이 더러워진다.

① 청소를 하면 집안이 깨끗해진다.

② 집안이 깨끗한 것은 미루지 않은 것이다.

③ 집안이 깨끗한 것은 청소를 한 것이다.

④ 미루지 않은 것은 청소를 한 것이다.

 정답 ②

정답해설 오늘 한 청소를 p, 미루지 않았음을 q, 집안이 깨끗해진다.가 r이라 하면 첫 번째 명제는 ~p → ~q, ~p → ~r이 빈칸에 있어야 ~p → ~q → ~r이 성립한다. 대우도 참이므로 ~q → ~r 의 대우인 '집안이 깨끗한 것은 미루지 않은 것이다.'가 된다.

27

> • 체력이 모두 닳으면 다음 난이도를 시작할 수 없다.
> • _____
> 주원은 다음 난이도를 시작하지 못했다.

① 다음 난이도를 했다는 것은 곧 체력이 닳지 않았다는 의미다.

② 주원의 체력이 모두 닳았다.

③ 주원은 다음 난이도를 시작했다.

④ 다음 난이도를 시작하지 못했다는 것이 곧 체력이 모두 닳았다는 의미가 아니다.

  ②

삼단논법이 성립하려면 주원이 다음 난이도를 시작하지 못한 것에 대한 명제가 필요하다. 첫 번째 명제에 체력이 모두 닳으면 다음 난이도를 시작할 수 없다고 했기에 '주원의 체력이 모두 닳았다.'가 적절한 명제다.

28

> • 나무를 베지 않으면 산사태가 일어나지 않는다.
> • _____
> • 법으로 규제하면 나무를 베지 않는다.
> 법으로 규제한 것은 가구를 만들지 못했다는 뜻이다.

① 가구를 만들지 못하면 산사태가 일어나지 않는다.

② 가구를 만들어도 법으로 규제한다.

③ 나무를 베면 법으로 규제한다.

④ 가구를 만들면 산사태가 일어난다.

 ④

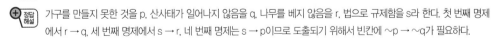
가구를 만들지 못한 것을 p, 산사태가 일어나지 않음을 q, 나무를 베지 않음을 r, 법으로 규제함을 s라 한다. 첫 번째 명제에서 r → q, 세 번째 명제에서 s → r, 네 번째 명제는 s → p이므로 도출되기 위해서 빈칸에 ~p → ~q가 필요하다.

29

> • 재즈 페스티벌에 참가하는 모든 팬은 록페스티벌에도 참가한다.
> • _____
> 록페스티벌에 참가하는 어떤 팬은 일렉트로닉 페스티벌에도 참가한다.

① 재즈 페스티벌에 참가하지 않는 어떤 팬은 일렉트로닉 페스티벌에 참가한다.

② 록페스티벌에 참가하지 않는 모든 팬은 일렉트로닉 페스티벌에 참가하지 않는다.

③ 재즈 페스티벌에 참가하는 모든 사람은 일렉트로닉 페스티벌에 참가하지 않는다.

④ 재즈 페스티벌에 참가하는 어떤 사람은 일렉트로닉 페스티벌에 참가한다.

 정답 ④

 정답 해설 재즈 페스티벌에 참가하는 팬을 A, 록페스티벌에 참가하는 팬을 B, 일렉트로닉 페스티벌에 참가하는 팬을 C라고 할 때, 첫 번째 전제는 재즈 페스티벌에 참가하는 팬은 록페스티벌에 참가하며 록페스티벌에 참가하는 팬은 일렉트로닉 페스티벌에도 참여한다고 볼 수 있으므로, 재즈 페스티벌에 참가하는 팬은 일렉트로닉 페스티벌에 참가하는 것이 성립한다.

30

> • 음악을 좋아하는 사람은 독서를 싫어한다.
> • _____
> 미술을 좋아하는 사람은 음악을 싫어한다.

① 미술을 싫어하는 사람은 독서를 좋아한다.

② 독서를 싫어하는 사람은 미술을 싫어한다.

③ 음악을 싫어하는 사람은 독서를 좋아한다.

④ 독서를 좋아하는 사람은 미술을 싫어한다.

정답 ②

 정답 해설 '음악을 좋아한다.'를 A, '독서를 좋아한다.'를 B, '미술을 좋아한다.'를 C라고 하면 첫 번째 전제는 A → ~B형태로, 세 번째 전제는 C → ~A의 형태가 된다. 첫 번째 전제의 대우는 B → ~A이기 때문에 세 번째 명제가 참이 되려면 C → B 또는 ~B → ~C가 필요하다.

[31~56] 명제의 조건이 모두 참일 때, 빈칸에 들어갈 가장 적절한 명제를 찾으시오.

31

> • 모든 사람은 죽는다.
> • 아리스토텔레스는 사람이다.
> 따라서 _____

① 아리스토텔레스는 죽는다.

② 아리스토텔레스는 철학자이다.

③ 모든 사람이 죽는 것은 아니다.

④ 아리스토텔레스는 사람이 아니다.

 정답 ①

 정답해설 전제에서 사람을 A, 죽음을 B, 아리스토텔레스를 C라 한다. A는 매개가 되는 개념, B는 개념을 포괄하는 대개념이고 C는 소개념이 되므로 첫 번째 전제는 A → B가 되고, 두 번째 전제는 C → A가 되므로 결론은 C → B가 적절하다.

32

> • 모든 여성은 초록색을 좋아한다.
> • 은희는 초록색을 좋아하지 않는다.
> 따라서 _____

① 은희는 여성이다.

② 은희는 여성이 아니다.

③ 은희는 나무를 좋아한다.

④ 어떤 여성은 초록색을 싫어한다.

 정답 ②

정답해설 전제에서 모든 여성을 A, 초록색을 좋아함을 B, 은희를 C라 한다. A는 매개가 되는 개념, B는 개념을 포괄하는 대개념이고 C는 소개념이 되므로 첫 번째 전제는 A → B가 되고, 두 번째 전제는 C → ~B가 되므로 결론은 C → ~B가 적절하다.

33

> • 정원은 토익 시험에서 주미보다 20점 더 받았다.
> • 수아의 점수는 정원보다 10점이 적다.
> 그러므로, _____

① 주미의 점수가 가장 높다.

② 수아의 점수가 가장 높다.

③ 정원과 주미의 점수는 같다.

④ 수아와 정원의 점수 차는 10점이다.

 정답 ④

 정답 해설 정원>수아>주미 순으로 점수가 높으며, 각각의 점수 차는 10점이다.

34

> • 이번 수학 시험에서 주원이 가장 높은 점수를 받았다.
> • 은희는 수학 시험에서 86점을 받아 2등을 했다.
> • 주미는 지난 수학 시험보다 10점 높은 점수를 받았다.
> 따라서, _____

① 주미는 주원과 같은 수학 점수를 받았다.

② 주미는 은희보다 높은 수학 점수를 받았다.

③ 주원의 수학 점수는 86점보다 높다.

④ 주미는 은희보다 10점 낮은 점수를 받았다.

 정답 ③

 정답 해설 수학 시험에서 주원은 가장 높은 점수를 받았고, 2등을 한 은희가 86점을 받았으므로 주원의 수학 점수는 86점보다 높다.

35

> • 흰색 토끼는 빠르다.
> • 흰색이 아닌 모든 토끼는 크다.
> 그러므로 _____

① 빠른 토끼는 크다.

② 흰색이 아닌 토끼는 크다.

③ 작은 토끼는 느리다.

④ 느린 토끼는 모두 크다.

 ④

 A : 흰색이다. B : 빠르다. C : 크다
라고 하면 A → B, ∼A → C가 참이므로 ∼B → ∼A → C가 성립한다. 즉, 빈칸에는 ∼B → C 혹은 대우인 ∼C → B가 들어가야 한다.

36

> • 수달은 비버보다 무겁다.
> • 비버는 물개보다 가볍다.
> 그러므로 _____

① 수달은 물개보다 가볍다.

② 비버는 수달보다 무겁다.

③ 물개는 비버보다 무겁다.

④ 수달은 물개보다 무겁다.

 ③

 수달 = 물개>비버 순으로 무겁다.

37

> • 모든 나무는 산을 좋아한다. 그리고 약간 짧은 ♧는 나무이다.
> 그러므로, _____

① 모든 나무는 ♧이다.

② 모든 긴 ♧는 산을 싫어한다.

③ 모든 긴 ♧는 산을 좋아한다.

④ 어떤 짧은 ♧는 산을 좋아한다.

 정답 ④

정답 해설 약간 짧은 ♧는 나무이고, 모든 나무는 산을 좋아하므로, 어떤 짧은 ♧는 산을 좋아한다.

38

> • 진달래를 싫어하지 않는 사람은 알로에를 싫어한다.
> • 국화를 좋아하는 사람은 해바라기도 좋아한다.
> • 알로에를 좋아하는 사람은 선인장을 싫어하지 않는다.
> • 해바라기를 좋아하는 사람은 진달래를 싫어한다.
> 그러므로, _____

① 진달래를 싫어하는 사람은 해바라기를 좋아한다.

② 선인장을 좋아하는 사람은 알로에를 싫어한다.

③ 국화를 좋아하는 사람은 진달래를 싫어한다.

④ 알로에를 좋아하지 않는 사람은 해바라기를 좋아하지 않는다.

 정답 ③

정답 해설 국화를 좋아하는 사람 → 해바라기를 좋아하는 사람 → 진달래를 싫어하는 사람

 오답 해설 ① 명제가 참일 때 역도 반드시 참인 것은 아니다.
② '싫어하지 않는다'의 반대말은 '싫어한다'이고, '좋아한다'의 반대말은 '좋아하지 않는다'이다.

39

> • 주원은 민지의 사촌 오빠이다.
> • 수아와 민지는 자매이다.
> • 정원은 주원의 누나이다.
> 그러므로, _____

① 정원은 민지와 동갑이다.

② 주원과 수아는 나이가 같다.

③ 정원은 수아와 사촌 간이다.

④ 수아는 민지보다 나이가 많다.

 정답 ③

 정답해설 주원은 민지의 사촌 오빠이고, 정원은 주원의 누나이므로 나이순으로 나열하면 정원>주원>민지이다. 수아의 경우, 민지와 자매라는 것만 제시되어 있으므로 나이를 알 수 없다. 정원과 주원은 남매이고 수아와 민지는 자매인데, 주원과 민지 사촌지간이므로, 정원과 수아도 사촌 간임을 알 수 있다.

40

> • 급식을 먹은 학생 가운데 대부분이 식중독에 걸렸다.
> • 식중독에 걸린 학생들은 급식 메뉴 중 냉면을 먹었다.
> 그러므로 _____

① 냉면은 모든 식중독의 원인이다.

② 식중독에 걸리지 않은 학생들은 쫄면을 먹었다.

③ 급식을 먹은 학생 중 일부는 냉면을 먹지 않았다.

④ 급식의 모든 음식은 식중독균에 노출되어 있다.

 정답 ③

 정답해설 급식을 먹은 학생 ⊃ 식중독에 걸린 학생 ⊃ 냉면을 먹은 학생

41

> • 예술은 인생보다 짧다.
>
> • 인생은 진리보다 짧다.
>
> 그러므로 _____

① 진리는 예술보다 길다.

② 인생이 가장 길다.

③ 진리가 가장 짧다.

④ 예술이 진리보다 길다.

 정답 ①

 정답
해설 진리>인생>예술 순으로 길다.

42

> • 모든 텔레비전은 어떤 DVD이다.
>
> • 모든 비행기는 책이다.
>
> • 모든 라디오는 비행기이다.
>
> • 어떤 책은 텔레비전이다.
>
> 그러므로, _____

① 어떤 책은 어떤 DVD이다.

② 모든 라디오는 어떤 DVD이다.

③ 모든 텔레비전은 어떤 책이다.

④ 모든 라디오가 책인 것은 아니다.

 정답 ①

 정답
해설 첫 번째 문장이 '모든 텔레비전은 어떤 DVD이다'이고, 네 번째 문장이 '어떤 책은 텔레비전이다'이므로 '어떤 책은 어떤 DVD이다'가 성립한다.

43

> • A는 봄을 좋아하고, B는 여름을 좋아한다.
> • D는 특별히 좋아하거나 싫어하는 계절이 없다.
> • C는 A의 의견과 동일하다.
> 따라서, ＿＿＿＿＿＿＿＿＿＿＿＿＿

① C는 봄을 좋아한다.

② D는 사계절을 모두 싫어한다.

③ B는 겨울을 싫어한다.

④ C는 여름도 좋아한다.

 정답 ①

 정답
해설 C는 A의 의견과 동일하다고 했으므로 C도 봄을 좋아한다.

44

> • 오늘 별똥별이 떨어지면 내일 비가 올 것이다.
> • 바다가 기분이 좋으면 별똥별이 떨어진다.
> • 바다는 아름답다.
> 따라서, ＿＿＿＿＿＿＿＿＿＿＿＿＿

① 바다가 아니면 아름답지 않다.

② 바다가 아름다우면 내일 별똥별이 떨어질 것이다.

③ 오늘 바다가 기분이 좋으면 내일 비가 올 것이다.

④ 바다가 아름다우면 오늘 별똥별이 떨어질 것이다.

 정답 ③

 정답
해설 바다가 기분이 좋으면 별똥별이 떨어지고, 별똥별이 떨어지면 다음날 비가 올 것이라고 했으므로 '오늘 바다가 기분이 좋
으면 내일 비가 올 것이다.'라는 명제는 참이다.

45

• A씨는 B보다 먼저 약속장소에 도착했다.

• B씨는 약속 때마다 가장 늦게 도착한다.

• 오늘 C씨는 A씨보다 일찍 약속장소에 도착했다.

따라서, _____

① C씨는 B씨보다 약속장소에 먼저 도착했다.

② C씨는 항상 가장 먼저 약속장소에 도착한다.

③ B씨는 오늘 가장 일찍 약속장소에 도착했다.

④ A씨는 항상 약속장소에 먼저 도착한다.

 정답 ①

 정답해설 B씨는 약속 때마다 가장 늦게 도착한다고 했고, 약속장소에 A씨는 B씨보다 먼저, C씨는 A씨보다 일찍 도착하였으므로 C – A – B 순으로 도착했다. 따라서 C씨는 B씨보다 먼저 약속장소에 도착했음을 알 수 있다.

46

• 이번 GSAT에서 은희가 제일 높은 점수를 받았다.

• 주미는 GSAT에서 86점을 받아 2등을 했다.

• 민지는 지난 GSAT보다 10점 높은 점수를 받았다.

따라서, _____

① 민지는 은희와 같은 GSAT 점수를 받았다.

② 민지는 주미보다 높은 GSAT 점수를 받았다.

③ 은희의 GSAT 점수는 86점보다 높다.

④ 민지는 주미보다 10점 낮은 점수를 받았다.

 정답 ③

 정답해설 GSAT에서 은희는 가장 높은 점수를 받았고, 2등을 한 주미가 86점을 받았으므로 은희의 GSAT 점수는 86점보다 높다.

47

- 과학을 좋아하는 A는 수학도 좋아한다.
- B는 수학도 잘하지만 영어는 더 잘한다.
- C는 수학은 A보다 잘하지만 영어는 B보다 못한다.

그러므로 _____

① C는 A보다 영어를 더 좋아한다.

② B는 A보다 영어를 더 잘한다.

③ C는 A보다 수학을 못한다.

④ A는 C보다 수학을 못한다.

 정답 ④

**정답
해설** 제시된 문장에는 '좋아한다'와 '잘한다'의 서술어가 모두 나타난다. 이때, 좋아한다는 서술이 잘한다는 의미가 아니다. 세 번째 문장을 통해 수학 능력은 C>A이고, 영어 능력은 B>C임을 알 수 있다. 따라서 A는 C보다 수학을 못한다.

48

- 모든 전구는 밝다.
- 어떤 형광등은 백열등보다 밝다.

그러므로 _____

① 모든 전구는 백열등이다.

② 모든 형광등이 백열등보다 밝은 것은 아니다.

③ 모든 전구는 형광등이다.

④ 모든 형광등은 백열등보다 밝다.

 정답 ②

 **정답
해설** 어떤 형광등이 백열등보다 밝으므로, 모든 형광등이 백열등보다 밝은 것은 아니다.

49

- 만약 주원이 여행을 가지 않는다면, 동창회에 참석할 것이다.
- 주원이 동창회에 참석한다면, 수아를 만날 것이다.

따라서, _____

① 주원은 여행에 가지 않을 것이다.

② 주원은 동창회에 참석할 것이다.

③ 주원은 동창회에 갔다가 여행을 갈 것이다.

④ 주원이 여행을 가지 않는다면 수아를 만날 것이다.

 정답 ④

정답 해설 주원이 여행에 가지 않는것을 p, 동창회를 참석할 것을 q, 수아를 만날 것을 r이라 한다. 첫 번째 전제는 p → q가 되고, 두 번째 전제는 q → r이므로 결론은 p → r이 적절하다.

50

- 당근을 좋아하는 사람은 라디오를 갖고 있다.
- 모든 거짓말쟁이는 긴 코를 가지고 있다.
- 우유를 마시지 않는 사람은 모두 키가 작다.
- 키가 작은 사람 중 일부는 당근을 싫어한다.
- 긴 코를 가진 모든 거짓말쟁이는 모든 텔레비전을 갖고 있다.
- 당근을 싫어하는 모든 사람은 코가 빨갛다.
- 텔레비전을 가진 사람 중에는 우유를 마시지 않는 사람도 있다.

그러므로 _____

① 긴 코를 가진 거짓말쟁이 중에는 키가 작은 사람이 있다.

② 모든 거짓말쟁이는 당근을 좋아한다.

③ 라디오를 갖고 있지 않은 사람은 키가 크다.

④ 코가 빨갛지 않으면 거짓말쟁이가 아니다.

정답 ①

 정답
해설 모든 거짓말쟁이는 긴 코와 텔레비전을 갖고 있다. 이들 중에는 우유를 마시지 않는 사람이 있는데 우유를 마시지 않는 모든 사람은 키가 작으므로, 긴 코를 가진 거짓말쟁이 중에는 키가 작은 사람이 있다.

51

> • 주미는 영업부에 근무한다.
> • 정원은 주원과 같은 부서에 근무한다.
> • 기술부에 근무하는 민지는 주원의 직속 상사이다.
> 따라서 ＿＿＿＿＿＿＿＿＿＿＿＿＿＿＿＿

① 주원은 영업부에 근무한다.

② 민지는 정원의 상사이다.

③ 정원은 기술부에 근무한다.

④ 주미와 민지는 같은 부서에 근무한다.

 정답 ③

 정답
해설 정원은 주원과 같은 부서에 근무하는데, 민지와 주원은 기술부에 근무하므로 정원도 기술부에 근무한다는 것을 알 수 있다.

 오답
해설 ①, ④ 영업부에 근무하는 것은 주미이며, 주원과 정원, 민지는 모두 기술부에 근무한다.
② 민지는 주원의 상사이나, 민지와 정원의 경우 누가 상사인지 알 수 없다.

52

> • 세 아이는 임의의 순서로 각각 빨간 우산, 노란 우산, 파란 우산을 쓰고 있다.
> • 맨 왼쪽 아이는 노란 우산을 쓰고 있다.
> • 주원은 은희의 바로 오른쪽에 있다.
> • 민지는 빨간 우산을 쓰고 있다.
> 따라서 _____

① 은희는 파란 우산을 쓰고 있다.

② 은희는 민지의 바로 오른쪽에 있다.

③ 주원은 노란 우산을 쓰고 있다.

④ 민지는 주원의 바로 오른쪽에 있다.

 정답 ④

정답
해설 • 맨 왼쪽 아이는 노란 우산을 쓰고 있다.

노란 우산		

• 주원은 은희의 바로 오른쪽에 있다.

은희	주원	
노란 우산		

또는

	은희	주원
노란 우산		

• 민지는 빨간 우산을 쓰고 있다.

은희	주원	민지
노란 우산	파란 우산	빨간 우산

53

> • 은의 열전도율이 금의 열전도율보다 높다.
> • 금의 열전도율은 구리보다 낮다.
> • 알루미늄의 열전도율은 금보다 낮다.
> 따라서 _____

① 은의 경우 구리보다 열전도율이 낮다.

② 은의 열전도율은 알루미늄보다 낮다.

③ 구리의 열전도율은 알루미늄보다 높다.

④ 금의 열전도율이 가장 낮다.

정답 ③

 정답해설 제시된 조건에 따른 열전도율을 부등호로 나타내면, '은, 구리(둘 중 우선순위는 알 수 없음)>금>알루미늄'이다. 따라서 구리의 열전도율은 알루미늄보다 높다.

오답해설 ① 은과 구리는 금보다 열전도율이 높다는 것을 알 수 있으나, 제시된 조건만으로 은의 열전도율이 구리보다 낮은지는 알 수 없다.

② 은의 열전도율은 금보다 높고 금은 알루미늄보다 열전도율이 높으므로, 은의 열전도율이 알루미늄보다 높다.

④ 제시된 네 가지 물질 중 알루미늄의 열전도율이 상대적으로 가장 낮다.

54

- 주미는 민지보다 수학을 잘한다.
- 민지는 은주보다 영어를 못한다.
- 정원은 주미보다 수학을 잘한다.

따라서 _____

① 은주보다 민지가 영어를 잘한다.

② 정원은 수학, 영어 모두 제일 잘한다.

③ 정원이 영어를 제일 잘한다.

④ 정원은 민지보다 수학을 잘한다.

 정답 ④

정답해설 수학은 정원>주미>민지 순으로 잘한다.

① 영어는 은주>민지 순으로 잘한다.

②, ③ 정원은 수학을 주미와 민지보다 잘하지만, 나머지 사실은 알 수 없다.

55

- 문학을 이해하기 위해서는 시대적 정신을 이해해야 한다.
- 시대적 정신을 이해하기 위해서는 시대적 상황을 이해해야 한다.

그러므로, _____

① 문학은 시대적 상황과 아무런 관련이 없다.

② 문학은 시대적 상황과 관련이 없을 수도 있다.

③ 문학을 이해하기 위해서는 시대적 상황을 이해해야 한다.

④ 문학을 이해하기 위해서는 작가의 개성을 이해해야 한다.

  정답 ③

정답
해설 '문학 → 시대적 정신 → 시대적 상황'이므로 문학을 이해하려면 시대적 상황을 이해해야 한다.

56

- 모든 나무는 산을 좋아한다.
- 약간 짧은 S는 나무이다.

그러므로 _____

① 모든 나무는 S이다.

② 모든 긴 S는 산을 싫어한다.

③ 모든 긴 S는 산을 좋아한다.

④ 어떤 짧은 S는 산을 좋아한다.

  정답 ④

정답
해설 약간의 짧은 S는 나무이고, 모든 나무는 산을 좋아하므로, 어떤 짧은 S는 산을 좋아한다.

[57~70] 다음 문장으로부터 추론할 수 있는 것을 고르시오

57

- 주원은 은희의 선배이다.
- 은희와 주미는 동기이다.
- 주미는 민지의 후배이다.

① 은희는 민지의 선배이다.
② 주미는 주원의 후배이다.
③ 주원은 민지의 후배이다.
④ 주원과 주미는 동기이다.

 정답 ②

정답해설 주원은 은희의 선배이고, 은희는 주미와 동기이다. 주미는 민지의 후배이다. 부등식으로 표현하면 다음과 같다.
주원>은희 = 주미, 민지>주미

58

- 수아의 앞에는 2명 이상의 사람이 서있고 주미보다는 앞에 서있다.
- 민지의 바로 앞에는 은희가 서있다.
- 주원의 뒤에는 2명이 서있다.

① 주원은 수아와 주미 사이에 서있다.
② 민지는 은희와 주원 사이에 서있다.
③ 수아는 다섯 명 중에 한 가운데에 서있다.
④ 주미가 제일 앞에 서있다.

 정답 ②

정답해설 주원 뒤에는 2명이 서있으므로 주원은 한 가운데에 서있다. 수아 앞에 2명 이상이 서있으므로 주원의 뒤에 위치하고 주미보다 앞에 서있다. 민지 바로 앞에는 은희가 서있으므로 서있는 순서대로 도식화하면 '은희 – 민지 – 주원 – 수아 – 주미' 순이다.

59

- 레이싱 카 A는 C보다 앞서 들어왔지만 D보다는 늦게 들어왔다.
- 레이싱 카 B는 C보다 앞서 들어왔지만 E보다는 늦게 들어왔다.
- 레이싱 카 E는 A와 D 사이에 들어왔다.

① 최고 속도는 'D - E - B - A - C'순으로 빠르다.

② 최고 속도는 D가 두 번째로 빠르고 C가 가장 느리다.

③ B의 속도는 E보다 빠르고 C보다 느리다.

④ E의 최고속도는 A와 B보다 빠르다.

 정답 ④

 정답 해설 첫 번째 조건에서 D>A>C가 성립하며, 두 번째 조건에서는 E>B>C가 성립됨을 알 수 있다. 세 번째 조건에서 E는 A와 D사이에 들어왔다고 했으므로 D>E>B>A>C 또는 D>E>A>B>C의 순서가 된다. A와 B는 어떤 것이 빠른지 알 수 없다.

오답 해설 ① D - E - A - B - C의 순서도 가정할 수 있으므로 단정할 수 없다.
② D가 가장 빠른 속도로 들어왔다.
③ B의 최고 속도는 E보다 느리며 C보다 빠르다.

60

- 주원은 영어를 유창하게 할 것이다.
- 역사에 관심이 많은 사람은 모두 영어를 유창하게 잘한다.

① 주원은 역사에 관심이 많다.

② 주원은 영어를 좋아한다.

③ 역사에 관심이 많은 사람은 영어를 좋아한다.

④ 영어를 잘하는 사람은 역사에 관심이 많다.

 정답 ①

정답 해설 주원은 영어를 유창하게 할 것이고 역사에 관심이 많은 사람은 모두 영어를 유창하게 할 것이므로, 주원이 영어를 잘하기 위해서는 역사에 관심이 많아야 한다.
그러므로 주원은 역사에 관심이 많다는 말은 참이다.

61

- 은희는 직업이 교사이고, 주미는 회사원이다.
- 수아는 소설가이다.
- 주원은 수아의 동생과 같은 직업으로 회사원이다.

① 수아의 동생은 회사원이다.
② 주미는 수아의 동생이다.
③ 주원과 주미는 같은 회사에 다니고 있다.
④ 주미와 수아의 동생은 같은 직업이지만 다른 회사에 다니고 있다.

 정답 ①

 정답해설 주원은 수아의 동생과 같은 직업으로 회사원이라고 했으므로 수아의 동생은 회사원이다.

62

- 정직한 사람은 거짓말을 하지 않는다.
- 명랑한 사람은 모두가 좋아한다.
- 거짓말을 하지 않는 사람은 모두가 좋아한다.

① 정직한 사람은 모두가 좋아한다.
② 명랑한 사람은 정직한 사람이다.
③ 모두가 좋아하는 사람은 정직한 사람이다.
④ 거짓말을 하지 않는 사람은 명랑한 사람이다.

 정답 ①

 정답해설 정직한 사람은 거짓말을 하지 않으며, 거짓말을 하지 않는 사람은 모두가 좋아하므로 정직한 사람은 모두가 좋아한다.

63

> • 마라톤을 좋아하는 사람은 체력이 좋고, 인내심도 있다.
> • 몸무게가 무거운 사람은 체력이 좋다.
> • 명랑한 사람은 마라톤을 좋아한다.

① 체력이 좋은 사람은 인내심이 없다.

② 인내심이 없는 사람은 명랑하지 않다.

③ 마라톤을 좋아하는 사람은 몸무게가 가볍다.

④ 몸무게가 무겁지 않은 사람은 인내심이 있다.

  정답 ②

정답
해설 명랑한 사람 → 마라톤을 좋아함 → 체력이 좋고, 인내심도 있음이므로 명랑한 사람은 인내심이 있다.
이것의 대우 명제는 '인내심이 없는 사람은 명랑하지 않다.'이다.

64

> • A와 B는 같은 반이다.
> • C는 A의 옆 반이다.
> • D와 B는 같은 반이다.

① A와 C는 같은 반이다.

② B는 C의 옆 반이다.

③ A와 D는 다른 반이다.

④ B와 C는 같은 반이다.

  정답 ②

정답
해설 A, B, D는 같은 반이고, C는 A의 옆 반이므로 B도 C의 옆 반이다.

65

- 그림을 잘 그리는 사람은 감정이 풍부하다.
- 노래를 잘 부르는 사람은 모두가 좋아한다.
- 감정이 풍부한 사람은 모두가 좋아한다.

① 감정이 풍부한 사람은 그림을 잘 그리는 사람이다.

② 노래를 잘 부르는 사람은 그림을 잘 그리는 사람이다.

③ 모두가 좋아하는 사람은 그림을 잘 그리는 사람이다.

④ 그림을 잘 그리는 사람은 모두가 좋아한다.

 정답 ④

정답
해설
그림을 잘 그리는 사람은 감정이 풍부한 사람이고, 감정이 풍부한 사람은 모두가 좋아하므로 그림을 잘 그리는 사람은 모두가 좋아한다.

66

- A방송을 시청하는 사람은 B방송을 시청하지 않는다.
- C방송을 시청하는 사람은 모두 B방송도 시청한다.

① A방송과 C방송을 동시에 시청하는 사람도 있다.

② A방송을 시청하지 않는 사람은 C방송도 시청하지 않는다.

③ A방송을 시청하는 사람들 중 C방송을 시청하는 사람은 없다.

④ C방송을 시청하는 사람들 중 일부는 A방송을 시청한다.

 정답 ③

정답
해설
A방송을 시청하는 사람은 B방송을 시청하지 않고, C방송을 시청하는 사람은 모두 B방송도 시청한다. 따라서 A방송을 시청하는 사람들 중 C방송을 시청하는 사람은 없다.

67

> • 모든 긴수염고래는 가장 큰 범고래보다 크다.
> • 일부 밍크고래는 가장 큰 범고래보다 작다.
> • 모든 범고래는 가장 큰 돌고래보다 크다.

① 어떤 범고래는 가장 큰 돌고래보다 작다.

② 어떤 긴수염고래는 가장 큰 밍크고래보다 작다.

③ 가장 작은 밍크고래만한 돌고래가 있다.

④ 어떤 밍크고래는 가장 작은 긴수염고래보다 작다.

 정답 ④

정답
해설 가장 작은 긴수염고래도 가장 큰 범고래보다는 크다. 그러나 일부 밍크고래는 가장 큰 범고래보다 작다고 하였으므로, 어떤 밍크고래는 가장 작은 긴수염고래보다 작다. 따라서 ④번은 반드시 참이다.

① 모든 범고래는 가장 큰 돌고래보다 크다고 하였으므로 거짓이다.

② 어떤 밍크고래는 가장 큰 범고래보다 작으므로, 모든 긴수염고래보다 작다. 하지만, 나머지 밍크고래들이 긴수염고래보다 크다고 언급되어 있지 않다.

③ 일부의 밍크고래가 가장 큰 범고래보다 작다고 했으나, 돌고래만큼 작다고 하지는 않았다.

68

> • 사과보다 배가 달다.
> • 포도는 사과보다 달다.
> • 홍시는 포도보다 달다.

① 배가 제일 달다.

② 사과가 제일 달지 않다.

③ 포도와 홍시는 당도가 같다.

④ 포도가 배보다 달다.

 정답 ②

정답
해설 당도가 높은 순서로 나타내면, 배>사과이고 홍시>포도>사과 라는 것을 알 수 있다. 따라서 사과가 다른 과일에 비해 가장 달지 않다.

①, ④ 배와 홍시, 배와 포도의 당도 순서는 알 수 없다.

③ 홍시가 포도보다 당도가 높다.

69

- 빨간 상자는 초록 상자에 들어간다.
- 파란 상자는 검정 상자에 들어간다.
- 검정 상자와 빨간 상자는 같은 크기이다.

① 빨간 상자는 검정 상자에 들어간다.

② 초록 상자는 검정 상자에 들어간다.

③ 초록 상자는 파란 상자에 들어가지 않는다.

④ 검정 상자는 초록 상자에 들어가지 않는다.

정답 ③

정답해설 조건에 나온 것을 부등호로 나타내면 다음과 같다. 초록상자>빨간 상자 = 검정 상자>파란 상자로 나타낼 수 있다.

오답해설 ① 빨간 상자는 검정 상자와 크기가 같기 때문에 들어갈 수 없다.
②, ④ 초록 상자는 검정 상자보다 크기 때문에 검정 상자가 초록 상자에 들어간다.

70

- 강아지 영상을 시청하는 사람은 고양이 영상을 시청하지 않는다.
- 오리 영상을 시청하는 사람은 고양이 영상도 시청한다.

① 강아지 영상과 오리 영상을 동시에 시청하는 사람도 있다.

② 어떠한 영상도 시청하지 않는 사람이 있다.

③ 오리 영상을 시청하는 사람 중 일부는 강아지 영상을 시청한다.

④ 강아지 영상을 시청하는 사람들 중 오리 영상을 시청하는 사람은 없다.

정답 ④

정답해설 강아지 영상을 시청하는 사람은 고양이 영상을 시청하지 않고, 오리 영상을 시청하는 사람 모두 고양이 영상도 시청한다.
따라서 강아지 영상을 시청하는 사람 중 오리 영상을 시청하는 사람은 없다.

조건의 참·거짓

01 주원, 은희, 주미가 각각 국어, 수학, 과학 교과서를 들고 일렬로 서 있다. 세 사람 모두가 어떤 교과서를 들고 몇 번째 줄에 서 있는지 모른다는 대답을 했을 때, [조건]에 따른 결과가 반드시 거짓인 것은?

[조건]
- 주미는 바로 앞사람이 들고 있는 수학 교과서를 보고 있다.
- 은희는 수학 교과서를 들지 않았다.

① 은희는 과학 교과서를 들고 두 번째에 서있다.

② 은희는 국어 교과서를 들고 세 번째에 서있다.

③ 주미는 국어 교과서를 들고 맨 뒤에 서있다.

④ 주원은 무조건 수학 교과서만 들 수 있다.

 정답 ①

정답 해설 은희는 수학 교과서를 들지 않았고, 주미는 바로 앞에 수학교과서를 보고 있으므로 수학 교과서를 든 사람은 주원뿐이다. 조건에 따른 경우는 다음과 같다.

ⓐ 은희(과학) – 주원(수학) – 주미(국어)

ⓑ 은희(국어) – 주원(수학) – 주미(과학)

ⓒ 주원(수학) – 주미(과학) – 은희(국어)

ⓓ 주원(수학) – 주미(국어) – 은희(과학)

따라서 어떤 경우에도 은희는 과학 교과서를 들고 두 번째 열에 서 있을 수 없다.

▶핵심정리

참·거짓의 추리

ⓐ 주어진 조건을 최대한 활용한다. 머릿속에서 떠오른 추측을 근거로 추리하는 것이 아니라 조건으로 주어진 키워드를 바탕으로 참, 거짓을 가려내는 것이다.

ⓑ 문제에 나온 고정된 조건을 중심으로 기호화, 도식화하여 관련시킨다.

ⓒ 확실하게 참과 거짓을 가려낼 수 있는 문제를 집중적으로 푼다. 문제를 푸는데 시간이 걸리는 문제는 시간을 써서 붙잡기 보다는 미련 없이 지나가는 것이 좋다.

02 주원, 은희, 주미, 민지, 수아에게 반장을 통해 숙제를 내게 했는데, 1명을 제외하고 숙제를 내지 않아 선생님이 학생을 불러 따로 면담하는 시간을 가졌다. 다음 중 반장에게 숙제를 낸 학생은?

주원 : 은희는 숙제를 내지 않았습니다.
은희 : 반장에게 숙제를 낸 사람은 수아입니다.
주미 : 반장에게 숙제를 냈습니다.
민지 : 반장에게 숙제를 내지 않았습니다.
수아 : 은희의 말은 거짓말입니다.

① 수아   ② 주원   ③ 은희   ④ 주미

 정답 ④

정답 해설 은희와 수아가 서로 다른 주장을 하고 있어 둘 중에서 한명은 진실을, 다른 한명은 거짓을 말하고 있다. 은희가 참일 경우에는 수아는 거짓이 되며 반장에게 숙제를 낸 사람은 주미와 수아가 되어야 하는데 숙제를 낸 사람은 한명이므로 성립될수 없는 조건이다. 반대로 은희가 거짓이 될 경우에는 수아의 말이 참이 되며 수아를 제외한 네 사람의 말은 참이 되므로 반장에게 숙제를 낸 사람은 주미가 된다.

핵심정리

상반되는 주장의 모순
상반되는 주장을 하고 있는 두 사람을 두고 '한 사람'이 거짓말을 하고 있다고 판단하는 문제가 자주 출제된다. 상반된 주장들 가운데 한 사람이 참을 말하고 있다고 가정하면 대게 다른 조건에서 모순이 발생한다. 거짓을 정하는 것으로 나타나는 다른 조건의 모순을 찾아내는 것이 문제를 푸는 데 있어 핵심 요소이다. 다르게는 두 사람 모두 거짓말을 하고 있을 경우도 있기 때문에 키워드를 정확히 읽어내야 한다.

03 다음 중 "A는 결혼을 하지 않았다."는 진술과 모순되는 진술을 이끌어 내기 위해 필요한 전제를 모두 맞게 고른 것은?

> ㉠ A는 야구를 좋아한다.
> ㉡ A가 결혼을 하지 않았다면 A는 서울 출신이다.
> ㉢ A가 야구를 좋아했다면, A는 서울 출신이 아니다.
> ㉣ A가 염색을 했다면, A는 서울 출신이다.
> ㉤ A는 야구를 좋아하거나 염색을 했다.

① ㉠, ㉡, ㉢   ② ㉠, ㉡, ㉣   ③ ㉡, ㉢, ㉣   ④ ㉡, ㉢, ㉤

 정답 ①

 정답 해설 'A는 결혼을 했다.'라는 진술이 제시된 진술과 모순이다. 결혼과 관련된 전제인 ㉡을 명제로 볼 때, 그 대우인 'A가 서울 출신이 아니라면 A는 결혼을 했다.'는 참이 된다. 이 때, 'A는 서울 출신이 아니다.'라는 전제가 포함된 ㉠과 ㉢이 필요하므로 ㉠, ㉡, ㉢이 모두 필요하다는 것을 알 수 있다.

04 아래 그림과 같이 분식점, 피부과, PC방, 고깃집, 미용실, 카페가 골목길 하나를 사이에 두고 위쪽과 아래쪽에 각 3개씩 위치해 있다. 가게 위치에 관한 기술은 다음 조건을 만족시킨다고 할 때, 옳은 것은?

A	B	C
D	E	F

[조건]
㉠ 피부과는 A이다.
㉡ 분식점, 고깃집, 미용실 중 그 어떤 가게도 서로 옆에 붙어 있지도, 마주 보지도 않는다.
㉢ 분식점은 고깃집과 같은 쪽에 있지만 피부과와 같은 쪽에 있지는 않다.
㉣ 미용실과 PC방은 같은 쪽에 위치한다.

① 카페와 분식점은 마주 본다.
② 미용실과 고깃집은 마주 본다.
③ 미용실과 분식점은 서로 붙어 있다.
④ 카페와 고깃집은 서로 붙어 있다.

정답 ④

정답
해설
㉠에 따르면 피부과는 A이다. ㉢에 따르면 분식점은 D, E, F 중 하나이고 고깃집도 D, E, F 중 하나이다. ㉡에 따르면 분식점은 D, F 중 하나이고 고깃집도 D, F 중 하나이다. ㉠, ㉡, ㉢에 따라 미용실은 B임을 알 수 있다. ㉣에 따르면 PC방은 C이다. 그러므로 마지막으로 남은 카페는 E이다.

---

05 S기업의 진급요인을 정밀 분석한 결과 진급 성과에는 A, B, C가 있다고 한다. 다음 내용을 참고할 때, 반드시 거짓인 진술은?

[조건]
- 진급심사를 통해 진급한 주원은 A, B, C성과를 모두 냈다고 한다.
- 진급심사에서 탈락한 은희는 A, B성과만 냈다고 한다.
- 진급심사를 통해 진급한 주미는 A, C성과만 냈다고 한다.
- 진급심사에서 탈락한 민지는 B성과만 냈고 A, C성과를 내지 못했다고 한다.

① 진급한 사람은 A성과가 가장 큰 영향을 끼친다.

② 진급심사에서 탈락한 사람은 C성과를 내지 못했다.

③ 탈락한 사람 모두 B성과를 냈다.

④ 진급한 사람만 놓고 보면 A와 C성과가 큰 영향을 끼친다.

 정답 ①

 정답
해설
진급한 사람은 주원과 주미이다. 주원은 A, B, C성과를 냈고, 주미는 A, C성과를 냈으므로 진급에 중요한 영향을 끼치는 성과는 A, C성과가 된다. 그러나 A, C성과 중 어떤 것이 진급에 가장 큰 영향을 끼치는지 제시된 내용만으로 알 수 없다.

오답
해설
②, ③ 진급심사에서 탈락한 은희는 A, B성과를 냈으며 민지는 B성과만 냈다. 따라서 진급심사에서 탈락한 사람은 B성과를 가지고 있고, C성과를 내지 못했다. 따라서 모두 참인 진술이다.

④ 주원은 A, B, C성과가 모두 영향을 미치고, 민지는 A, C성과가 영향을 미쳤다. 따라서 진급한 사람만 놓고 보면 A, C성과가 큰 영향을 미친다고 할 수 있다.

06 다음 [조건]을 통해 나오는 결과가 항상 거짓이 되는 것은?

[조건]

- 책 6권을 꽂을 수 있는 2행 3열로 구성된 서랍장이 있다.
- 서랍장에는 수험서 수리, 언어, 추리, 지각이 꽂혀있고 한 칸에 한 권만 꽂을 수 있다.
- 1행과 2행에 빈 공간이 한 곳씩 있다.
- 수리 수험서는 대각선을 제외하고 주변에 꽂힌 적이 없다.
- 언어 수험서와 추리 수험서는 같은 행 바로 옆에 꽂혀 있다.
- 지각 수험서는 1행에 꽂혀있다.

① 언어 수험서 앞 공간은 비어있다.

② 수리 수험서와 지각 수험서는 같은 행에 꽂혀있다.

③ 지각 수험서와 추리 수험서는 같은 열에 꽂혀있다.

④ 수리 수험서는 2열에 꽂혀있다.

 정답 ④

 정답
해설
세 번째 조건에서 1행과 2행에 빈 공간이 한 곳씩 있으며 수리 수험서는 대각선을 제외하고 주변에 꽂힌 적이 없다고 제
시되었으므로 수리 수험서는 1열 또는 3열에 꽂혀있다. 언어와 추리 수험서는 바로 옆에 꽂혀있다고 했으므로 같은 행에
위치해 있다. 1행과 2행에 빈 공간이 있으므로 언어와 추리 수험서가 꽂힌 칸에는 수리와 지각 수험서를 꽂을 수 없다. 따
라서 수리와 지각 수험서는 같은 행에 위치해 있다.

오답
해설
① 수리 수험서 앞에 빈 공간이 있지만, 다른 경우로는 수리 수험서 앞에 지각 수험서가 꽂혀 있으므로 거짓은 아니다.
② 모든 경우에서 수리와 지각 수험서는 1행에 꽂혀 있으므로 참이다.
③ 추리와 지각 수험서는 같은 열에 꽂힌 경우와 그렇지 않은 경우가 있으므로 거짓은 아니다.

07 사건 A, B, C, D, E가 어떤 순서로 일어났는지에 대해 알아보기 위해 다음의 갑, 을, 병, 정 네 사람에게 조언을 구했다. 이 조언이 참이라면, 네 번째로 일어난 사건으로 가장 알맞은 것은?

> 갑 : "A는 B와 E(또는 E와 B) 사이에 일어났다."
> 을 : "C는 A와 D(또는 D와 A) 사이에 일어났다."
> 병 : "D가 가장 먼저 일어났다."
> 정 : "A와 C는 연이어 일어나지 않았다."

① A   ② B   ③ C   ④ D

정답 ①

정답해설 병의 조언을 통해 D가 가장 먼저 일어났다는 사실을 알 수 있다. 다음으로 갑의 조언에서 B - A - E 또는 E - A - B의 순서가 되며, 을의 조언에서 A - C - D 또는 D - C - A의 순서가 된다는 것을 알 수 있다. 그런데 D가 가장 먼저 일어났다는 것은 참이므로, 을의 조언에서 D - C - A의 순서(㉠)만 참이 된다. 정의 조언에 따라 A와 C는 연이어 일어나지 않았으므로, ㉠에 갑의 조언을 연결시키면 D - C - B - A - E 또는 D - C - E - A - B가 참이 된다는 것을 알 수 있다. 따라서 어떤 경우이든 네 번째로 일어난 사건은 'A'가 된다.

08 주원, 은희, 주미, 민지, 수아, 정원이 원탁에 앉아 토론을 하고 있다. 아래 [조건]에 따른 결과가 반드시 거짓인 것은?

> [조건]
> • 주원의 오른쪽에 앉은 사람의 옆에 은희가 앉아있다.
> • 주미의 맞은편에는 정원이 앉아 있다.
> • 수아의 오른쪽에 앉은 사람의 옆에 민지가 앉아있다.

① 은희의 맞은편에 앉아있는 사람은 민지이다.
② 주원 옆에는 주미 또는 정원이 앉을 수 있다.
③ 수아의 왼쪽에 앉은 사람은 은희이다.
④ 주원의 오른쪽에 앉은 사람은 민지이다.

정답 ④

정답해설 주원의 오른쪽에 앉은 사람 옆에 은희가 앉아 있고, 주미의 맞은편에 정원이 앉아 있으며, 수아의 오른쪽에 앉은 사람 옆에는 민지가 앉아있다. 조건에 나온 주원을 기준으로 순서를 나타내면 '주원 - 주미 - 은희 - 수아 - 정원 - 민지'또는 '주원 - 민지 - 은희 - 수아 - 주미'순이다. 주미의 맞은편에는 항상 정원이 앉아 있어야 되기 때문에 주원의 오른쪽에 앉은 사람은 주미 또는 정원이 될 수 있다.

09 먼 은하계에 X, 알파, 베타, 감마, 델타 다섯 행성이 있다. X 행성은 매우 호전적이어서 기회만 있으면 다른 행성을 식민지로 삼으려 한다. 다음 [조건]이 모두 참이라고 할 때, X 행성이 침공할 행성을 모두 고른 것은?

[조건]

ㄱ X 행성은 델타 행성을 침공하지 않는다.

ㄴ X 행성은 베타 행성을 침공하거나 델타 행성을 침공한다.

ㄷ X 행성이 감마 행성을 침공하지 않는다면 알파 행성을 침공한다.

ㄹ X 행성이 베타 행성을 침공한다면 감마 행성을 침공하지 않는다.

---

① 베타 행성

② 감마 행성

③ 알파와 베타 행성

④ 알파와 감마 행성

 정답 ③

 정답해설 ㄱ 델타 행성은 X 행성의 침공 대상에서 제외된다.

ㄴ X 행성은 베타 행성 혹은 델타 행성을 침공할 것이라고 하였다. 그런데 ㄱ에 따르면 X 행성은 델타 행성을 침공하지 않을 것이므로 베타 행성이 X 행성의 침공 대상이 된다.

ㄷ X 행성이 감마 행성을 침공하지 않는다면 알파 행성을 침공할 것이라고 하였으므로 감마 행성과 알파 행성 중 한 행성은 X 행성의 침공 대상이 될 것이다.

ㄹ X 행성이 베타 행성을 침공한다면 감마 행성을 침공하지 않을 것이라고 하였는데, ㄱ, ㄴ에 따르면 베타 행성은 이미 침공 대상이므로 감마 행성은 침공 대상이 되지 않는다. ㄷ에 따르면 감마 행성과 알파 행성 중 한 행성은 X 행성의 침공 대상이 되므로 감마 행성을 제외한 알파 행성이 X 행성의 침공 대상이 된다.

따라서 X 행성은 알파 행성과 베타 행성을 침공할 것이다.

10 다음 제시된 [조건]을 바탕으로 추론했을 때 참인지 거짓인지 알 수 없는 것은?

[조건]
- 현대빌라의 주민들은 모두 A의 친척이다.
- B는 자식이 없다.
- C는 A의 오빠이다.
- D는 현대빌라의 주민이다.
- A의 아들은 미국에 산다.

① A의 아들은 C와 친척이다.
② A는 여자이다.
③ B는 현대빌라의 주민이다.
④ A와 D는 둘 다 남자이다.

 ③

 ③ 주어진 명제만으로는 판단할 수 없다.
①, ② 참인 명제이다.
④ A는 여자이므로 거짓인 명제이다.

11 금은방에 도둑 한 명이 보석을 훔쳐 수사 끝에 용의선상에 오른 A, B, C, D, E가 형사 앞에서 진술했다. 다음 중 보석을 훔친 용의자는?

A : B는 보석을 훔치지 않았다.
B : C가 보석을 훔쳤다.
C : B의 말은 거짓 진술이다.
D : 나는 보석을 훔친 적이 없다.
E : 다른 사람은 훔친 적이 없다. 내가 훔쳤다.

① A   ② B   ③ C   ④ E

 ④

B와 C가 서로 상반된 진술을 하고 있어 어느 한쪽이 참이면 다른 한쪽은 거짓이 된다. B의 진술이 참일 경우에 C의 진술은 거짓이 되며 B의 진술과 A, C, D, E의 진술을 종합하면 결국 C와 E가 용의자가 되는데, 용의자는 한 명이므로 B의 진술이 참인 조건은 성립할 수 없다. 반대로 B의 진술이 거짓일 경우에는 C의 진술은 참이 되며 B가 한 진술은 거짓 진술이 되기 때문에 용의자는 스스로 훔쳤다고 진술한 E가 된다.

12

어제 생산부서에 근무하고 있는 A~E사원 중 두 사람이 야근을 하기로 한 날, 야근을 하지 않고 집으로 가 다섯 명이 부장에게 불려가 보고하게 되었다. 두 사람은 거짓을 보고하고 나머지는 진실을 보고한다 했을 때, 야근을 하지 않은 두 사람을 짝지은 것은?

> A : B와 C가 야근하지 않고 집으로 갔습니다.
> B : 전 아닙니다. A가 집으로 가는 걸 제 두 눈으로 똑똑히 봤습니다.
> C : 저랑 E는 현장에서 야근하고 있었습니다.
> D : C가 야근하지 않고 집으로 간 게 확실합니다.
> E : B와 저는 같이 야근했습니다.

① B, C   ② C, D   ③ A, B   ④ A, D

정답 ④

정답해설 A는 B, C를 야근을 하지 않고 집으로 간 사람이라 보고했고, D는 C가 야근을 하지 않고 집으로 갔다고 보고했다. A의 보고가 사실이면 D의 보고는 거짓일 수 없기 때문에 A와 D의 보고가 모두 사실일 경우와 A와 D의 보고가 모두 거짓, A의 보고는 사실, D의 보고는 거짓인 경우로 나뉜다. A, D의 보고가 사실이면 B, C의 보고가 거짓이 되며 나머지는 사실을 말해야 하지만 E의 보고가 거짓이 되기 때문에 조건을 충족하지 못한다. A의 보고가 거짓이고 D의 보고는 진실일 경우에는 B는 사실로 보고를 한 것이 되고, C는 거짓 보고를 한 것이 되며 E도 사실로 보고 한 것이 되어 A, C는 야근을 하지 않고 집으로 간 사원이 된다. A, D의 보고가 거짓이면 A, D가 야근을 하지 않은 사원이 되며 나머지 사원은 사실을 보고한 것이 된다.

13

주원, 은희, 주미, 민지, 수아는 캐릭터가 그려진 한정판 기계식 키보드를 사려고 줄을 서다가 새치기 문제로 다툼이 일어났다. 다섯 명 중 한 명이 거짓말을 한다고 했을 때, 거짓말을 하는 사람은?

> 주원 : 은희 다음에 수아가 바로 뒤에 섰다.
> 은희 : 민지는 바로 내 뒤에 섰지만 맨 끝에 서 있지 않았다.
> 주미 : 스마트폰을 보고 있어 모르겠는데, 내 앞엔 한 명만 서 있었다.
> 민지 : 내 뒤엔 두 사람이 줄서서 기다리고 있었다.
> 수아 : 주원이 가장 먼저 구입할 거다.

① 주원   ② 은희   ③ 주미   ④ 민지

정답 ②

정답
해설 문제의 조건이 한명 만 거짓말을 하고 있다고 나오므로 네 명은 사실을 말할 수밖에 없다. 즉, 거짓말을 하는 사람이 한 명인 경우를 찾으면 된다. 주미, 민지, 수아 등 순서가 명확한 조건을 먼저 대입하면 주원 → 주미 → 민지순이다. 남은 주원이 한 말을 대입하면 주원 → 주미 → 민지 → 은희 → 수아가 되지만, 은희가 한 말을 대입하면 주원 → 주미 → 은희 → 민지 → 수아가 되어 주원 및 민지가 한 말에 모순이 생기게 된다. 그러므로 거짓말을 한 사람은 은희가 된다.

14 A~E학생은 체육대회 다음날에 마지막 행사였던 이어달리기의 결과에 대해 말하는 시간을 가졌다. [조건]에 따라 참을 말하는 학생은?

[조건]
- A학생은 D학생보다 앞서 들어왔으나 E학생보다 늦게 들어왔다.
- B학생은 D학생보다 앞서 들어왔으나 C학생보다 늦게 들어왔다.
- C학생은 A학생보다 늦게 들어왔다.

① 주원 : A학생은 B학생보다 빨리 들어왔지만 C학생 바로 다음으로 들어와서 아쉬웠지.

② 은희 : B학생은 D학생보다 빨리 들어왔는데 간발의 차로 A학생 바로 다음으로 들어왔어.

③ 주미 : E학생은 내 친구인데 A학생 다음으로 들어와서 대회 끝나고 위로해줬어.

④ 민지 : E학생이 가장 먼저 들어왔고, D가 제일 마지막에 들어왔는데 0.5초 차이였어.

 정답 ④

정답
해설 조건에 따라 순서를 정하면 E - A - D와 C - B - D순이 된다. 여기서 C학생이 A학생보다 늦게 들어왔다고 했으므로 E - A - C - B - D순으로 들어왔다.

15 민혁, 은희, 수현, 민지, 수아는 올해 여름에 간 수학여행에서 거짓말 탐지기를 사용해 진실게임을 했다. 거짓말을 하면 다섯 명 중에서 두 사람이 손에 약한 전기 충격을 받는 벌칙을 수행한다고 했을 때, 벌칙을 받는 두 사람을 바르게 짝지은 것은?

민혁 : 수현하고 민지 둘이서 도서관에 안 가고 코인 노래방으로 가는 걸 봤다.

은희 : 나랑 수아는 학교 끝나면 도서관에 가서 공부한다.

수현 : 난 그런 적 없고, 민혁이 도서관에 안가고 코인 노래방으로 가는 걸 봤다.

민지 : 은희랑 난 학교 끝나면 도서관에서 공부한다.

수아 : 은희가 도서관에서 공부한 모습을 본 적이 없다.

① 민혁, 수현   ② 민혁, 수아   ③ 은희, 수현   ④ 민혁, 민지

 정답 ②

 정답해설

민혁이 수현하고 민지를 지목해 두 사람이 같이 코인 노래방으로 가는 걸 봤다고 말했고, 수아는 은희가 도서관에서 공부하는 모습을 본 적이 없다고 말했다. 민혁이 한 말이 사실이라면 수아의 말이 거짓일 수 없기 때문에 세 가지 경우로 나눌 수 있다. 민혁, 수아의 말이 사실일 경우와 민혁의 말이 거짓말이고 수아의 말이 사실일 경우, 민혁, 수아의 말이 모두 거짓말일 경우이다.

㉠ 민혁, 수아의 말이 모두 사실일 경우 : 민혁과 수아의 말이 사실이라면 은희와 수현의 말이 거짓이 되지만 민지의 말도 거짓말이 되기 때문에 두 사람이 받는 벌칙이 성립할 수 없다.

㉡ 민혁이 한 말이 거짓말, 수아가 한 말이 사실일 경우 : 수현이 한 말이 사실이 되고 은희가 하는 말은 거짓말이 되어 민혁과 은희는 벌칙을 수행하게 된다.

㉢ 민혁, 수아의 말이 모두 거짓말일 경우 : 민혁, 수아는 거짓말을 했고, 나머지는 진실을 말한 것이기 때문에 민혁, 수아가 벌칙을 수행하게 된다.

[16~18] 다음 [조건]을 통해 추론할 수 있는 것을 고르시오.

16

[조건]

• 주원은 편집 부서에 있는 사원 중 항상 제일 먼저 출근한다.

• 주원과 같은 편집 부서에 근무하는 은희는 매일 8시 40분에 출근한다.

• 은희와 같은 편집 부서에 근무하는 주미는 일이 밀리면 7시 40분에 출근한다.

① 은희는 주미보다 늦게 출근한다.

② 민지는 주원보다 늦게 출근한다.

③ 주미는 가끔 주원보다 먼저 출근한다.

④ 주원은 항상 8시 40분 이전에 출근한다.

 정답 ④

정답해설 첫 번째 조건에서 주원은 제일 먼저 출근한다고 했고, 두 번째 조건에서 은희는 항상 8시 30분에 출근한다고 한다. 따라서 주원은 항상 8시 30분 이전에 출근한다는 것을 알 수 있다.

▶ **핵심정리**

추론(Inference)

몇 개의 명제(전제)들로부터 새로운 명제(결론)를 유도하는 것을 추론이라고 한다. 전제를 구성하는 모든 명제들이 참일 때 결론도 참이면 이 추론은 타당하다. 반면 전제를 구성하는 모든 명제들이 참임에도 불구하고 결론이 거짓일 때 이 추론은 타당하지 않다.

17

[조건]

• 자전거 타는 것을 좋아하는 사람은 근육이 있고 체력이 많다.

• 운동을 잘하는 사람은 근육이 있다.

• 적극적인 사람은 자전거 타는 것을 좋아한다.

① 적극적인 사람은 운동을 잘한다.

② 근육이 없는 사람은 운동을 잘한다.

③ 적극적인 사람은 체력이 많다.

④ 자전거를 타는 것을 좋아하는 사람은 적극적인 사람이다.

 정답 ③

 정답해설 세 번째 조건과 첫 번째 조건을 종합하면 '적극적인 사람은 자전거 타는 것을 좋아하며 근육이 있고 체력이 많다'가 성립된다. 삼단논법에 의해 '적극적인 사람은 체력이 많다.'가 성립한다.

18

[조건]
- 치즈를 좋아하는 사람은 블루베리를 좋아한다.
- 딸기를 좋아하는 사람은 블루베리를 좋아하지 않는다.
- 딸기를 좋아하지 않는 사람은 토마토를 좋아한다.

① 치즈를 좋아하는 사람은 토마토를 좋아한다.

② 토마토를 좋아하는 사람은 치즈를 좋아하지 않는다.

③ 딸기를 좋아하는 사람은 토마토를 좋아한다.

④ 치즈를 좋아하는 사람은 토마토를 좋아하지 않는다.

 정답 ①

정답
해설 대우 법칙에 따르면 '딸기를 좋아하는 사람은 블루베리를 좋아하지 않는다.'의 역은 '블루베리를 좋아하는 사람은 딸기를 좋아하지 않는다.'가 된다. 딸기를 좋아하지 않는 사람은 토마토를 좋아한다고 했기에 치즈를 좋아하는 사람은 블루베리를 좋아하고, 블루베리를 좋아하는 사람은 딸기를 좋아하지 않으며 토마토를 좋아한다.

19

S전자의 패키징 공정 근무 직원은 총 8명으로 남자직원은 1번, 2번, 3번, 4번 구역에서, 여자직원은 5번~8번 구역에서 각각 4명씩 근무하고 있다. 출근시간에 맞춰 근무를 위해 각 구역으로 들어가려 한다. S전자는 8층짜리 건물이다. 다음 조건을 만족했을 때, 반드시 거짓인 것은?

[조건]
- 한 층에는 한 명만 근무할 수 있다.
- 성별이 같으면 이웃한 층에서 근무할 수 없다.
- 7번 구역은 6층이다.
- 5번 구역과 4번 구역 사이에는 4개의 다른 구역이 있다.
- 8번 구역은 1번 구역과 3번 구역이 이웃해 있다.

① 1번 구역은 6번 구역보다 높은 곳에 있다.

② 1번 구역은 5번 구역보다 위에 있다.

③ 3번 구역은 7번 이웃한 층에서 근무한다.

④ 5번 구역과 2번 구역은 이웃해 있다.

정답 ①

정답
해설 세 번째, 네 번째 조건에서 5번 구역(여자직원)과 4번 구역(남자직원)은 각각 2층과 7층 또는 3층과 8층에 있지만 3층과 8층에 위치해 있으면 마지막 조건인 '8번 구역은 1번 구역과 3번 구역이 이웃해 있다.'가 성립되지 않으므로 5번 구역과 4번 구역은 2층과 7층에 위치해야 한다. 두 번째 조건인 '성별이 같으면 이웃한 층에서 근무할 수 없다.'가 있으므로 5번 구역(여자직원)과 4번 구역(남자직원)은 각각 2층과 7층에 위치해야 한다. 여러 경우로 나타내면 다음과 같다.

㉠ 경우 1(8층~1층 순) : 6번 구역 – 4번 구역 – 6번 구역 – 3번 구역 – 7번 구역 – 1번 구역 – 5번 구역 – 2번 구역
㉡ 경우 2(8층~1층 순) : 2번 구역 – 4번 구역 – 7번 구역 – 3번 구역 – 8번 구역 – 1번 구역 – 5번 구역 – 6번 구역
㉢ 경우 3(8층~1층 순) : 6번 구역 – 4번 구역 – 7번 구역 – 1번 구역 – 8번 구역 – 3번 구역 – 5번 구역 – 2번 구역
㉣ 경우 4(8층~1층 순) : 2번 구역 – 4번 구역 – 7번 구역 – 1번 구역 – 8번 구역 – 3번 구역 – 5번 구역 – 6번 구역

단, 경우 2와 경우 4는 두 번째 조건인 '성별이 같으면 이웃한 층에서 근무할 수 없다.'를 만족하지 못하기 때문에 두 가지 경우만 가능하다.

20 주원, 은희, 주미, 민지, 수아, 정원은 각각 동아리인 배드민턴부, 야구부, 배구부에 들어가려 한다. 한 동아리에 2명까지 들어갈 수 있고, [조건]에 따라 항상 참이 아닌 것은?

[조건]
• 주원과 은희는 같은 동아리에 들어간다.
• 정원은 야구부에 들어간다.
• 수아는 배구부에 들어간다.

① 주원과 은희는 반드시 배드민턴부에 들어간다.
② 정원은 반드시 민지와 같은 동아리에 들어간다.
③ 주미와 민지는 같은 동아리에 들어갈 수 없다.
④ 주미가 배구부에 들어가면 민지는 야구부에 들어가게 된다.

 정답 ②

정답
해설 조건 세 가지를 적용하면 배드민턴부에는 주원과 은희가 들어가고, 야구부에는 정원이, 수아는 배구부에 들어간다. 따라서 야구부에는 정원과 민지 또는 정원과 주미가 들어갈 수 있고, 배구부에는 수아와 민지 또는 수아와 주미가 들어갈 수 있다. 결국 정원은 민지와 반드시 같은 동아리에 들어가는 것은 아니다.

오답
해설 ① 동아리마다 최대 두 명이 들어갈 수 있으며 주원과 은희는 같은 동아리에 들어가야 한다. 다른 동아리에는 이미 한 명씩 들어가 있기 때문에 들어갈 수 있는 동아리는 배드민턴부 밖에 없다.
③, ④ 정원과 수아가 각각 한 명씩 들어가 있는 상태인데, 동아리에 들어갈 수 있는 최대 정원은 두 명이기 때문에 주미와 민지는 같은 동아리에 들어갈 수 없다.

21 S전자에는 신입사원인 주원, 은희, 주미, 민지, 수아가 회사 입구에서 배치를 기다리고 있다. 이들이 각각 A, B, C, D, E공정까지 각 구역에 한 명씩 배치를 받아 근무한다고 했을 때, 주어진 [조건]과 다른 것은? (단, A~E공정은 왼쪽부터 오른쪽까지 위치해 있다.)

[조건]
- 주원은 C공정에서 근무한다.
- 수아는 주원의 옆 공정에서 근무한다.
- 은희는 양 끝에 위치한 공정에서 근무하게 된다.

① 수아는 절대 A공정에서 근무할 수 없다.

② 은희는 절대 B공정에서 근무할 수 없다.

③ 주미가 B공정에서 근무하면 민지는 A 또는 E공정에서 근무한다.

④ 은희가 E공정에서 근무하면 주미는 반드시 A공정에서 근무한다.

 정답 ④

 정답
해설
조건을 적용해 주원은 C공정에서 근무하며 수아는 B또는 D공정에서 근무하고, 은희는 A또는 E공정에서 근무하게 된다. 결론은 은희가 E공정에서 근무하게 되면 주미는 A, B, D공정에서 근무하게 되므로 A공정에서만 근무하는 것이 아니다.

오답
해설
① 조건에서 수아는 주원의 옆 공정에서 근무하게 되어있으므로 B공정 또는 D공정에서 근무할 수 밖에 없다.
② 은희는 양 끝에 있는 공정, A공정 또는 E공정에서 근무할 수 밖에 없다.
③ 주미가 B공정에서 근무하면 D공정에는 수아가 근무하게 되고, 민지는 은희가 근무하는 공정에서 남은 공정에서 근무하게 되므로 A 또는 E공정에서 근무한다.

22 S보안 담당 고층 건물에서는 구역에는 보안 사원인 주원, 은희, 주미, 민지가 근무하고 있다. 고층 건물은 아래층부터 위층 순서로 A, B, C, D층의 근무 구역이 있다. [조건]에 따라 각 보안 사원이 근무한다고 했을 때, 반드시 거짓인 것은?

[조건]
- 주미는 C층 또는 D층에서 근무한다.
- 은희는 B층을 제외하고 모든 층에서 근무할 수 있다.

① 민지가 A층에서 근무한다면 주원은 B층에서 근무한다.

② 주원이 민지의 아래층에서 근무한다면 주원의 위층에는 아무도 없다.

③ 주원이 주미의 위층에서 근무한다면 민지는 C층 또는 D층에서 근무할 수 있다.

④ 민지가 B층에서 근무한다면 주미가 인접한 층에서 근무하고 있다.

 정답 ③

정답해설 ㉠ 주미가 C층에서 근무한다면 은희는 A층과 D층 중, 한 곳에서 근무할 수 있으며 총 네 가지 경우로 나타낼 수 있다. 순서는 A층 – B층 – C층 – D층 순이다.
- 경우 1 : 은희 – 주원 – 주미 – 민지
- 경우 2 : 은희 – 민지 – 주미 – 주원
- 경우 3 : 주원 – 민지 – 주미 – 은희
- 경우 4 : 민지 – 주원 – 주미 – 은희

㉡ 주미가 D층에서 근무할 경우, 은희는 A층 또는 C층 중, 한 곳에서 근무할 수 있다.
- 경우 1 : 은희 – 주원 – 민지 – 주미
- 경우 2 : 은희 – 민지 – 주원 – 주미
- 경우 3 : 주원 – 민지 – 은희 – 주미
- 경우 4 : 민지 – 주원 – 은희 – 주미

[23~26] 5층으로 구성된 백화점에서 각 층에 사원인 주원, 은희, 주미, 민지, 수아가 보안업무를 하고 있다고 할 때, [조건]에 따라 알맞은 답을 고르시오.

[조건]

㉠ 주원은 의류 코너에서 근무하며 주미와 인접한 층에서 근무하지 않는다.

㉡ 주말 점심과 주말 저녁에 출근하는 사원은 평일 오전 근무자와 인접한 층이다.

㉢ 은희는 주말 점심에 가구 코너로 출근하는 사원과 인접한 층에서 근무한다.

㉣ 주미는 1층에서 근무하고 있으며 출근시간은 평일 저녁이다.

㉤ 민지는 게임코너에서 근무하고 있으며, 평일 오전에 출근하는 사람과 인접한 층이다.

㉥ 명품 코너에서 근무하는 은희는 평일 저녁에 출근하는 사원과 인접한 층에서 근무한다.

㉦ 수아는 백화점 가운데층에서 근무하며 민지와 인접한 층에서 근무하지 않는다.

㉧ 평일 저녁 근무자는 식품 코너에서 근무하며, 평일 점심에 출근하는 사원과 인접한 층이다.

23 4층에서 근무하는 사원은?

① 민지　　　　　② 수아　　　　　③ 주미　　　　　④ 주원

 정답 ④

 정답 해설 ㉣에서 주미는 1층에서 근무하고 있으며 출근시간은 평일 저녁이다. ㉥에서 은희는 평일 저녁에 출근하는 사원과 인접한 층에서 근무한다 했으므로 은희는 2층에서 근무한다. 3층은 ㉦에서 가운데층에 근무하는 수아가 되고, 민지는 수아와 인접한 층에서 근무하지 않으므로 5층이 된다. 따라서 주원은 남은 층인 4층에서 근무하고 있다.

24 주말점심에 출근하는 사원은?

① 수아　　　　　② 민지　　　　　③ 은희　　　　　④ 주미

 정답 ①

 정답 해설 ㉣에서 주미의 출근시간은 평일 저녁이다. ㉥에서 은희가 2층이라는 사실을 알 수 있고, ㉧에서 평일 저녁 근무자는 평일 점심에 출근하는 사원과 인접한 층에 있다고 했으므로 은희는 평일 점심에 출근하고 있다. ㉦으로 3층에 수아가 근무하고 있음을 알 수 있으며 ㉢에서 주말 점심에 출근하는 사원과 인접한 층에서 근무하고 있다고 했으므로 수아가 주말 점심에 출근하고 있다.

25 수아의 근무 장소는?

① 의류 코너   ② 식품 코너   ③ 명품 코너   ④ 가구 코너

 ④

 ⓒ에서 은희는 주말 점심에 가구 코너로 출근하는 사람과 인접한 층에서 근무하고 있으므로 3층에서 근무하는 수아는 가구 코너에서 근무하고 있다.

26 수아의 근무 장소와 인접한 층에서 근무하는 사원의 특징으로 옳지 않은 것은?

① 은희는 수아가 근무하는 장소의 아래층에서 근무한다.

② 위층 근무자의 출근 시간은 평일 오전이다.

③ 평일 저녁에 출근하는 사람과 인접한 층에서 근무한다.

④ 아래층 근무자의 출근 시간은 평일 점심이다.

 ③

 수아는 3층에서 근무하고 있으며 평일 저녁에 출근하는 사람과 인접한 층에서 근무하는 사원은 은희이다.

① 수아는 3층 은희는 2층에서 근무하고 있다.

② ⓛ, ⒜을 통해 민지는 수아와 인접하지 않고 5층에서 근무하며 평일 점심에 출근하는 사원과 인접해 있다고 했으므로 4층인 주원의 출근시간은 평일 오전이 된다.

④ 1층에서 근무하는 사원이 주미이며 평일 저녁에 출근한다는 조건과 ⓜ을 통해 은희가 평일 점심에 근무한다는 사실을 알 수 있다.

[27~28] 인턴사원인 주원, 은희, 주미가 각기 다른 세 개의 상장을 들고 나란히 의자에 앉아 있다고 할 때, [조건]에 따른 적절한 답을 고르시오.

[조건]
㉠ 주원, 은희, 주미는 최우수상, 우수상, 장려상 중 하나를 반드시 손에 들고 있다.
㉡ 세 명은 각각 안경, 구두, 손목시계 중 하나를 착용하고 있다.
㉢ 주원은 맨 오른쪽에 앉아 있다.
㉣ 은희는 장려상을 들고 있으며 안경은 쓰고 있지 않다.
㉤ 안경을 쓴 학생 바로 오른쪽에는 구두를 신고 있는 인턴사원이 앉아 있다.
㉥ 우수상을 들고 있는 인턴사원은 구두를 신고 있고, 주미는 손목시계를 착용하지 않았다.

27 다음 중 손목시계를 착용하고 있는 사람은?

① 주원   ② 은희   ③ 주미   ④ 주원, 주미

 정답 ②

 정답해설 조건 ㉢에서 주원은 맨 오른쪽에 앉아 있다고 했을 때, ㉣에서 은희는 장려상을 들고 있으며 안경을 쓰고 있지 않고 있다. ㉤에서는 안경을 쓴 학생이며 오른쪽에는 구두를 신고 있으므로 주미라는 것을 유추할 수 있다. 주미는 가운데 자리에 앉아 있으며 왼쪽에는 은희가 있고, 오른쪽에는 구두를 신은 주원이 앉아 있다. ㉥에서 오른쪽에 있는 주원이 구두를 신고 있다 했으며 주미는 손목시계를 착용하지 않았기 때문에 은희가 손목시계를 착용하고 있다.

28 주원의 옆에 앉아있는 사람이 들고 있는 상장은?

① 최우수상   ② 우수상   ③ 장려상   ④ 최우수상, 우수상

 정답 ①

 정답해설 주원은 오른쪽에 앉아 있고, 구두를 신은 인턴사원은 우수상을 받았다는 결론을 도출해낼 수 있다.

29 A전자에서 체육대회가 열렸다. 대회 행사로 족구 대회가 열렸고, 8개의 팀만 진출했다. 각각의 팀은 다르며 체육대회를 관람하던 주원, 은희, 주미 세 명의 사원은 4강 진출 팀을 예상했다. 8개 팀은 각 팀 대표의 제비뽑기를 통해 대진표를 작성한다. 프린터팀을 제외한 다른 팀만 4강 진출 팀으로 꼽았다면 프린터팀과 상대하는 팀은?

> 주원 : 냉장고팀, 에어컨팀, 모니터팀, 스마트폰팀
> 주미 : 반도체팀, 스마트폰팀, 모니터팀, 냉장고팀
> 은희 : 디스플레이팀, 냉장고팀, 텔레비전팀, 컴퓨터팀

① 에어컨팀　　　　② 스마트폰팀　　　　③ 컴퓨터팀　　　　④ 냉장고팀

 정답 ④

정답해설 주원이 예상한 대진인 냉장고팀, 에어컨팀, 텔레비전팀, 스마트폰팀은 서로 대결할 수 없다. 은희가 예상한 대진은 주원이 예상한 대진에서 반도체팀, 컴퓨터팀이 달라서 '에어컨팀과 디스플레이팀', '에어컨팀과 컴퓨터팀', '스마트폰팀과 디스플레이팀', '스마트폰팀과 컴퓨터팀'이 대결할 수 있다. 여기에 주미가 예상한 대진 중에서 스마트폰팀과 컴퓨터팀이 같이 있어 '스마트폰팀과 디스플레이팀', '에어컨팀과 컴퓨터팀'이 대결할 수 있다. 주미가 예상한 대진은 은희가 예상한 모니터팀과 다른 반도체팀이 있으므로 '모니터팀과 반도체팀'이 대결할 수 있다. 따라서 프린터팀의 상대는 냉장고팀이 된다.

30 사내 시설을 점검하는 엔지니어가 월요일부터 금요일까지 조건에 따른 공정 점검 계획을 실행할 요일을 생산관리팀장과 논의했다. 엔지니어가 목요일에 휴가를 냈다면 월요일부터 금요일 중에서 기계 점검을 한 총일수는?

> [조건]
> • 월요일에 공정 점검을 하면 수요일에는 공정 점검을 하지 않는다.
> • 월요일에 공정 점검을 하지 않으면 화요일이나 목요일에 공정 점검을 한다.
> • 화요일에 공정 점검을 하면 금요일에는 공정 점검을 한다.
> • 수요일에 공정 점검을 하면 목요일 또는 금요일에 공정 점검을 한다.

① 1일　　　　② 2일　　　　③ 3일　　　　④ 4일

 정답 ②

정답해설 월요일에 공정점검을 하는 경우, 첫 번째 조건에 의해 수요일에 공정 점검을 하지 않는다. 이로 인해 네 번째 조건에서 금요일에 공정 점검을 한다. 그리고 세 번째 조건의 대우로 화요일에 공정 점검을 하지 않는다. 그러므로 월요일, 금요일에 공정점검을 한다. 월요일에 공정 점검을 하지 않을 경우, 두 번째 조건에 의해 화요일에 공정 점검을 하게 된다. 이로 인해 세 번째 조건으로 금요일에 공정 점검을 하지 않는다. 그리고 네 번째 조건의 대우로 수요일에 공정 점검을 한다. 그러므로 화요일, 수요일에 공정점검을 하게 된다.

31 마을에는 A, B, C, D, E 다섯 개의 약국이 있다. 다음 조건에 따를 때 문을 연 약국은?

[조건]
- A와 B가 모두 문을 열지는 않았다.
- A가 문을 열었다면, C도 문을 열었다.
- A가 문을 열지 않았다면, B가 문을 열었거나 C가 문을 열었다.
- C는 문을 열지 않았다.
- D가 문을 열었다면, B가 문을 열지 않았다.
- D가 문을 열지 않았다면, E도 문을 열지 않았다.

① A   ② B   ③ D   ④ E

 정답 ②

정답해설
- A가 문을 열었다면, C도 문을 열었다고 하였는데, 이는 곧 C가 문을 열지 않았다면 A도 문을 열지 않았다는 의미가 된다. ②에서 C가 문을 열지 않았다고 하였으므로 A는 문을 열지 않았다.
- A가 문을 열지 않았다면, B가 문을 열었거나 C가 문을 열었다고 하였다. 그런데 A와 C모두 문을 열지 않았으므로 B가 문을 열었다.
- D가 문을 열었다면, B가 문을 열지 않았다고 하였다. 이는 곧 B가 문을 열었다면 D는 문을 열지 않았다는 의미이다. 즉, D는 문을 열지 않았다.
- 앞서 D가 문을 열지 않았다고 하였으므로 E 역시 문을 열지 않았다는 것을 알 수 있다.

32 다음 주어진 진술만을 가지고 판단할 때 항상 옳은 것은?

[조건]
- A는 B의 장모이다.
- B와 C는 부부이다.
- C는 D의 어머니이다.
- E는 A의 외손녀이다.
- C에게는 형제, 자매가 없다.

① D와 E는 남매이다.
② B는 E의 아버지이다.
③ C는 A의 사위이다.
④ A는 D의 친할아버지이다.

정답 ②

 정답해설 주어진 조건으로 확인할 수 있는 것은 B와 C는 부부이며 A는 C의 어머니, D와 E는 B와 C의 자녀라는 것이다. 또한 B는 남자, A, C, E는 여자이며, D의 성별은 판단할 수 없다.

오답해설 ① 주어진 조건만으로는 D의 성별을 판단할 수 없다.
③ C는 A의 외동딸이다.
④ A는 E와 D의 외할머니이다.

33 다음 조건에 따라 S회사에 지원한 K씨가 가지고 있는 자격증의 개수는?

[조건]
- S회사에 지원하기 위해서는 A자격증을 가지고 있어야 한다.
- C자격증을 취득하기 위해서는 B자격증을 가지고 있어야 한다.
- A자격증 시험에 지원하기 위해서는 D자격증을 가지고 있어야 한다.
- D자격증 시험에 지원하기 위해서는 E자격증을 취득하고 1년 이상의 기간이 경과하여야 한다.
- B자격증을 가지고 있는 사람은 E자격증 시험에 지원할 수 없고, E자격증을 취득하면 B자격증 시험에 지원할 수 없다.

① 2개　　　　② 3개　　　　③ 4개　　　　④ 5개

 정답 ②

정답해설 첫 번째 조건에 따라 K씨는 A자격증을 가지고 있다. 세 번째 조건에서 A자격증을 취득하기 위해서는 D자격증이 있어야 한다고 했으므로 K씨는 D자격증도 가지고 있다. 네 번째 조건에 따라 K씨는 E자격증도 가지고 있어야 한다. 다섯 번째 조건에 따라 K씨는 B자격증은 취득하지 못했음을 알 수 있다. 두 번째 조건에 따라 K씨는 C자격증도 취득할 수 없다. 따라서 K씨는 A, D, E자격증 3개를 갖고 있다.

34 다음 [조건]에 따라 회의를 개최한다면 회의를 하는 날수는?

[조건]
- A공사의 회의는 다음 주에 개최한다.
- 월요일에는 회의를 개최하지 않는다.
- 화요일과 목요일에 회의를 개최하거나 월요일에 회의를 개최한다.
- 금요일에 회의를 개최하지 않으면, 화요일에도 회의를 개최하지 않고 수요일에도 개최하지 않는다.

① 회의를 반드시 개최해야 하는 날수는 5일이다.
② 회의를 반드시 개최해야 하는 날수는 4일이다.
③ 회의를 반드시 개최해야 하는 날수는 3일이다.
④ 회의를 반드시 개최해야 하는 날수는 2일이다.

 정답 ③

 정답 해설 월요일에는 회의를 개최하지 않는다고 했으므로, 화요일과 목요일에 회의가 개최한다는 것을 알 수 있다. 마지막 명제의 대우는 '화요일에 회의를 개최하거나 수요일에 개최하면, 금요일에도 회의를 개최한다.'가 된다. 이것도 참이 되는데, 화요 일에 회의를 개최하므로 금요일에도 개최하게 된다. 따라서 A공사가 회의를 개최해야 하는 날은 '화요일, 목요일, 금요일' 의 3일이 된다.

35 제시한 문장이 항상 거짓이 되기 위해 생략한 것은?

[조건]
• A, B, C는 각각 사과, 배, 귤 중 한 가지 과일을 좋아한다.
• 몸무게가 가장 가벼운 사람은 사과를 좋아한다.
• 몸무게가 가장 무거운 사람은 C이다.
• 키가 가장 큰 사람은 배를 좋아한다.
• B는 두 번째로 키가 크다.

① B가 좋아하는 음식은 사과 또는 배이다.
② 키가 큰 순서와 몸무게가 무거운 순서는 동일하다.
③ A가 귤을 좋아하면 C의 키가 가장 크다.
④ C가 귤을 좋아하면 A의 몸무게가 가장 가볍다.

 정답 ④

 정답 해설 몸무게가 가장 무거운 사람은 C이므로 A 또는 B는 각각 두 번째 또는 세 번째로 몸무게가 무겁다. 또한 B는 두 번째로 키 가 크므로 A 또는 C는 각각 첫 번째 또는 세 번째로 키가 크다. 이때 몸무게가 가장 가벼운 사람은 사과를 좋아하며, 키가 가장 큰 사람은 배를 좋아하므로 키가 가장 큰 사람에 따라 가능한 경우는 두 가지로 나뉜다.
첫째, A의 키가 가장 큰 경우 A는 배를 좋아하며 B는 두 번째로 키가 크므로 C는 가장 키가 작다. C의 몸무게가 가장 무 거우며 A는 배를 좋아하므로 B의 몸무게가 가장 가볍다. 그러므로 B는 사과를 좋아하고 C는 나머지 귤을 좋아한다.
둘째, C의 키가 가장 큰 경우 C는 배를 좋아하며 B는 두 번째로 키가 크므로 A는 가장 키가 작다. C의 몸무게가 가장 무 거우며 C는 배를 좋아하며 A와 B는 알 수 없다.
따라서 C가 귤을 좋아하면 A의 몸무게가 두 번째로 무거우므로 항상 거짓인 설명이다.

[36~40] 제시한 [조건]을 바탕으로 A, B에 대해 바르게 설명한 것을 고르시오.

36

[조건]
- A는 영어보다 수학을 좋아한다.
- B는 수학을 과학보다 좋아한다.
- C는 영어를 과학보다 좋아한다.

[결론]
A : A는 영어, 수학, 과학 중 수학을 가장 좋아한다.
B : B는 영어, 수학, 과학 중 영어를 가장 좋아한다.

① A만 옳다. ② B만 옳다.
③ A, B 모두 옳다. ④ A, B 모두 알 수 없다.

 ④

 'A 보다 B를 좋아한다.'를 A<B로 표시하면 다음과 같이 나타낼 수 있다.
- A : 수학>영어
- B : 수학>과학
- C : 영어>과학

주어진 조건으로는 A의 경우에는 과학의 선호도를, B의 경우 영어의 선호도를, C의 경우 수학의 선호도를 알 수 없다. A와 B는 세 과목(영어, 과학, 수학) 중에서 가장 좋아하는 과목을 말하고 있으므로 말의 옳고 그름을 알 수 없다.

▶ 핵심정리

문장추리 문제 풀이 시 유의점

㉠ 모든 A는 모든 B이다.
   모든 B는 모든 C이다.
   → 모든 A는 모든 C이다.
㉡ A는 B이다.
   A는 C이다.
   → 모든 B는 모든 C라고 할 수는 없다.

37

[조건]
- 두꺼비는 개구리보다 무겁다.
- 개구리와 독수리의 무게는 같다.

[결론]
A : 두꺼비는 독수리보다 가볍다.
B : 두꺼비는 독수리보다 무겁다.

① A만 옳다. ② B만 옳다.
③ A, B 모두 옳다. ④ A, B 모두 틀렸다.

  정답 ②

정답
해설 'A가 B보다 무겁다'를 A>B로 표시했을 때, 두꺼비, 개구리, 독수리의 무게를 정리하면 다음과 같다. 두꺼비는 개구리보다
무겁고, 개구리와 독수리의 무게는 같다. 따라서 '두꺼비는 독수리보다 무겁다.'라는 B의 말만 옳다.

38

[조건]
- 주원의 아버지는 야구 코치이다.
- 주원의 어머니는 야구 코치이다.

[결론]
A : 주원은 야구코치이다.
B : 주원은 회사원이다.

① A만 옳다. ② B만 옳다.
③ A, B 모두 옳다. ④ A, B 모두 알 수 없다.

 정답 ④

정답
해설 주원의 아버지와 어머니가 야구 코치라는 조건만으로는 주원의 직업을 파악할 수 없다. 따라서 A와 B의 말에 대한 옳고
그름을 판단할 수 없다.

39

[조건]

• 사랑이는 가족 중에서 가장 늦게 일어난다.

• 사랑이의 아버지는 언제나 오전 6시에 일어난다.

[결론]

A : 사랑이는 매일 오전 7시에 일어난다.

B : 사랑이는 가족 중에서 가장 늦게 잠자리에 든다.

① A만 옳다.　　　　　　　　　　② B만 옳다.

③ A, B 모두 옳다.　　　　　　　　④ A, B 모두 알 수 없다.

 정답 ④

 정답 해설 주어진 조건만으로는 사랑이가 일어나는 시간과 가족 중 사랑이가 잠자리에 드는 순서를 알 수 없다. 따라서 A와 B의 말은 옳은지 그른지 판단할 수 없다.

40

[조건]

• 성모는 영수보다 어리다.

• 영수는 길수보다 어리다.

[결론]

A : 성모는 길수보다 어리다.

B : 성모, 영수, 길수 중 길수의 나이가 가장 많다.

① A만 옳다.　　　　　　　　　　② B만 옳다.

③ A, B 모두 옳다.　　　　　　　　④ A, B 모두 틀렸다.

 정답 ③

 제시된 조건을 통해 길수, 영수, 성모 순으로 나이가 많음을 알 수 있다. 따라서 A와 B의 말은 모두 옳다.

41

3개의 방에 아래와 같은 안내문에 붙어 있다. 그중 2개의 방에는 각각 보물과 괴물이 들어있고, 나머지 방은 비어있다. 3개의 안내문 중 하나만 참이라고 할 때, 가장 올바른 결론은?

[조건]

㉠ 방 A의 안내문 : 방 B에는 괴물이 들어있다.

㉡ 방 B의 안내문 : 이 방은 비어있다.

㉢ 방 C의 안내문 : 이 방에는 보물이 들어있다.

---

① 방 A에는 반드시 보물이 들어있다.

② 방 B에는 보물이 들어 있을 수 있다.

③ 괴물을 피하려면 방 B를 택하면 된다.

④ 방 C에는 반드시 괴물이 들어있다.

  ①

 ㉠ 방 A의 안내문이 참일 경우 방 B에는 괴물이 들어있다. 또한 방 C는 비어 있는 것이 되므로 보물이 있는 곳은 방 A가 된다.

㉡ 방 B의 안내문이 참일 경우 방 C에는 보물이 없다. 그러므로 보물이 들어있는 곳은 방 A가 된다.

㉢ 방 C의 안내문이 참일 경우 방 A와 방 B중 하나는 비어있고 다른 하나는 괴물이 있어야 한다. 그러나 이때 방 A가 거 짓이어야 하는데 이를 충족시키기 위해서는 방 B에는 괴물이 없어야 한다. 그러나 이는 다시 방 B가 비어있으면 안 된 다는 점에서 모순이다.

결론은 반드시 참이 되는 것은 방 A 또는 방 B의 안내문이 된다. 그러므로 방 A나 방 B의 안내문이 참인 두 경우 모두 방 A에는 보물이 들어 있다는 결론을 얻을 수 있으므로 올바른 결론이다.

 ② 방 A의 안내문이 참일 경우 방 B에는 괴물이 들어있고, 방 B의 안내문이 참일 경우 방 B는 비어 있어야 한다. 따라서 올바른 결론으로 보기 어렵다.

③ 방 A의 안내문이 참일 경우 방 B에는 괴물이 있게 된다.

④ 방 A의 안내문이 참일 경우 방 C는 비어 있어야 한다. 따라서 올바른 결론이 될 수 없다.

42 학과 교수가 수요일~금요일에 걸쳐 시험을 본다고 한 경우, 다음 [조건]을 만족시킨다면 주원은 무슨 요일에 시험일과 시험을 보는 사람을 알맞게 나열한 것은? (단, 시험은 하루에 두 명씩 볼 수 있다.)

[조건]
- 수아는 목요일에 시험을 본다.
- 정원은 수요일에 시험을 보지 않는다.
- 주미는 수아와 시험을 보지 않는다.
- 은희는 정원과 시험을 본다.
- 주원은 주미와 시험을 보지 않는다.

① 수요일, 주미　　② 목요일, 수아　　③ 금요일, 정원　　④ 수요일, 은희

정답 ②

구분	수요일	목요일	금요일
수아		○	
정원			○
주미	○		
은희			○
주원		○	

조건에 따르면 위 표처럼 구분이 된다. 따라서 시험은 하루에 두 명씩 볼 수 있으므로 주원은 수아와 같이 목요일에 시험을 본다.

43

S사 연구원 9명(A, B, C, D, E, F, G, H, I)을 3명씩 3개 T/F팀으로 편성하여, 3개의 신규 프로젝트(P1, P2, P3)를 추진하고자 한다. T/F팀당 1개의 프로젝트만을 추진하고, 연구원 9명은 반드시 1개의 T/F팀에 배정된다. 다음 중 같은 팀을 구성할 수 있는 연구원끼리 올바르게 짝지은 것은?

[조건]
- C와 H는 같은 팀이다.
- E와 F는 같은 팀이다.
- D와 I는 다른 팀이다.
- G는 P2를 추진해야 한다.
- B는 D와 G 중 적어도 한 명과 같은 프로젝트를 추진해야 한다.

① A, D, G ② A, F, I ③ B, D, E ④ C, D, H

 정답 ④

 정답 해설 다섯 번째 조건에서

- B와 D가 같은 팀일 때,

B, D, A	C, H, G 또는 I	E, F, G/I
B, D, G	C, H, A 또는 I	E, F, A/I

- B와 G가 같은 팀일 때,

B, G, A	C, H, D 또는 I	E, F, D/I
B, G, D	C, H, A 또는 I	E, F, A/I
B, G, I	C, H, A 또는 D	E, F, A/D

따라서 보기에서 같은 팀을 구성할 수 있는 연구원은 C, D, H의 경우뿐이다.

44

'갑'이 집에서 회사로 가는 길에는 A, B, C, D 4개의 약국이 있다. 다음 [조건]을 고려할 때, 집에서 가까운 약국을 순서대로 알맞게 나열한 것은? (집과 회사는 일직선이며, 약국은 각각 떨어져 있다.)

[조건]
- A는 C보다 회사에서 가깝고, B보다는 회사에서 멀다.
- D는 C보다 회사에서 가깝고 B보다 멀다.
- A는 회사에서 두 번째로 가깝다.

① C – A – B – D
② C – D – A – B
③ D – A – B – C
④ D – B – A – C

 정답 ②

 정답 해설
첫 번째 문장에서 A는 C보다 회사에서 가깝고 B보다는 멀다고 했으므로, 집에서 가까운 약국을 순서대로 나열하면 집 – C – A – B – 회사가 된다.
두 번째 문장에서 D는 C보다 집에서 멀고 B보다 집에서 가깝다는 것이므로, 집 – C – D – A – B – 회사 또는 집 – C – A – D – B – 회사의 순서가 된다. 그런데, 세 번째 문장에서 A는 회사에서 두 번째로 가깝다(집에서 세 번째로 멀다)고 했으므로, 집에서 가까운 순서대로 나열하면 집 – C – D – A – B – 회사가 된다.

45

유치원생 A가 기둥을 가지고 놀이 활동을 하고 있다. A가 기둥을 세우면서 놀았다고 한다면 맨 뒤에 있는 기둥은?

유치원생 A는 각각의 파란색, 빨간색, 노란색, 초록색, 보라색 사각기둥을 가지고 놀고 있다. 파란색, 노란색, 보라색 기둥의 순으로 나란히 세워 놓은 다음, 빨간색 기둥을 노란색 기둥보다 앞에, 초록색 기둥을 빨간색 기둥보다 뒤에 세워 놓았다.

① 파란색 기둥이 맨 뒤에 있다.
② 노란색 기둥이 맨 뒤에 있다.
③ 초록색 기둥이 맨 뒤에 있다.
④ 어떤 기둥이 맨 뒤에 있는지 알 수 없다.

 정답 ④

정답 해설
빨간색 기둥의 위치는 노란색 기둥 앞일 수도 있고, 파란색 기둥 앞일 수도 있다. 초록색 기둥의 위치는 빨간색 기둥 뒤일 수도 있고, 파란색 기둥 뒤일 수도 있고, 노란색 기둥 뒤일 수도 있고, 보라색 기둥 뒤일 수도 있다. 따라서 어느 기둥이 맨 뒤에 있는지 알 수 없다.

46 나란히 이웃하여 살고 있는 주미, 수아, 정원은 서로 다른 애완동물(개, 고양이, 원숭이)을 기르고 있으며, 서로 다른 직업을 가지고 있다. [조건]에 따라 참이 되는 것은?

> [조건]
> • 주미는 미용사이다.
> • 가운데 집에 사는 사람은 개를 키우지 않는다.
> • 교사와 공무원의 집은 서로 이웃해 있지 않다.
> • 노란 지붕 집은 공무원의 집과 이웃해 있다.
> • 파란 지붕 집에 사는 사람은 고양이를 키운다.
> • 수아는 빨간 지붕 집에 산다.

① 주미는 빨간 지붕 집에 살지 않고, 수아는 개를 키우지 않는다.

② 노란 지붕 집에 사는 사람은 원숭이를 키우지 않는다.

③ 주미는 파란 지붕 집에 살고, 수아는 개를 키운다.

④ 주미는 고양이를 키우지 않는다.

 정답 ④

 정답 해설 주미는 미용사이며, 교사와 공무원의 집은 서로 이웃해 있지 않으므로 미용사인 주미는 가운데 위치한 집에 살며, 개를 키우지 않는다. 노란 지붕 집은 공무원의 집과 이웃해 있으므로 주미의 집 지붕은 노란색이다. 수아는 빨간 지붕 집에서 살고 있으므로 파란 지붕 집에 사는 사람은 정원이며 고양이를 키운다. 한편 주미는 개를 키우지 않으므로 개를 키우는 사람은 수아, 원숭이를 키우는 사람은 주미이다.

오답 해설 ① 주미는 노란 지붕 집에서 살고, 수아는 개를 키우고 있다.
② 노란 지붕 집에 사는 사람은 주미이며 원숭이를 키운다.
③ 주미는 노랑 지붕 집에 산다.

47 세 문구점이 학교 앞 골목을 따라 서로 이웃하고 있다. 세 문구점 A, B, C는 규모에 따라 임의의 순서로 각각 소형, 중형, 대형으로 구분되며, 골목에서 세 집을 바라볼 때 다음과 같다. [조건]에 맞추어 사실을 말하고 있는 것은?

[조건]

• A 문구점은 맨 왼쪽에 있다.

• 대형 문구점은 A 문구점과 접해 있지 않다.

• 팩스를 보낼 수 있는 문구점은 중형 문구점의 바로 오른쪽에 있다.

• 소형 문구점에서는 코팅을 할 수 있다.

• C 문구점에서는 복사를 할 수 있다.

---

① C 문구점은 중형이다.

② B 문구점에서 코팅을 할 수 있다.

③ 중형 문구점의 바로 오른쪽에 C 문구점이 있다.

④ A 문구점의 바로 오른쪽 문구점에서 팩스를 보낼 수 있다.

 정답 ①

 정답 해설

• A 문구점은 맨 왼쪽에 있다.

• 대형 문구점은 A 문구점과 접해 있지 않다.

• 팩스를 보낼 수 있는 문구점은 중형 문구점의 바로 오른쪽에 있다.

A 문구점		
중형		대형
	팩스	

또는

A 문구점		
	중형	대형
		팩스

• 소형 문구점에서는 코팅을 할 수 있다.

• C 문구점에서는 복사를 할 수 있다.

A 문구점	C 문구점	B 문구점
소형	중형	대형
코팅	복사	팩스

[47~56] 제시한 [조건]을 바탕으로 A, B에 대해 바르게 설명한 것을 고르시오.

48

[조건]
- 농구선수가 야구선수보다 손이 크다.
- 배구선수는 농구선수보다 손이 크다.
- 역도선수는 야구선수보다 손이 작다.

[결론]
A : 농구선수의 손이 가장 크다.
B : 야구선수의 손이 가장 작다.

① A만 옳다. ② B만 옳다.
③ A, B 모두 옳다. ④ A, B 모두 틀렸다.

 정답 ④

 주어진 조건에 따라 정리하면 배구선수, 농구선수, 야구선수, 역도선수 순으로 손이 크다. 따라서 손이 가장 큰 것은 배구선수이며, 손이 가장 작은 것은 역도선수이다. 따라서 A와 B의 말은 모두 옳지 않다.

49

[조건]
- 책을 많이 읽는 사람은 감수성이 풍부하다.
- 감수성이 풍부한 사람은 발라드를 즐겨 듣는다.
- 20대 여성들은 모두 발라드를 즐겨 듣는다.

[결론]
A : 책을 가장 많이 읽는 독자층은 20대 여성이다.
B : 10대 여성들은 댄스 음악을 즐겨 듣는다.

① A만 옳다. ② B만 옳다.
③ A, B 모두 옳다. ④ A, B 모두 알 수 없다.

 정답 ④

 제시한 조건을 정리하면 다음과 같다.
- 책을 많이 읽는 사람 → 감수성이 풍부한 사람 → 발라드를 즐겨 듣는 사람
- 20대 여성들 → 발라드를 즐겨 들음

따라서 A와 B의 말은 주어진 조건만으로는 판단할 수 없다.

50

[조건]
- 물개를 좋아하는 사람은 하마도 좋아한다.
- 하마를 좋아하지 않는 사람은 악어도 좋아하지 않는다.
- 악어를 좋아하지 않는 사람은 물소도 좋아하지 않는다.

[결론]
A : 하마를 좋아하지 않는 사람은 물소도 좋아하지 않는다.
B : 악어를 좋아하는 사람은 하마를 좋아한다.

① A만 옳다.　　　　　　　　　② B만 옳다.
③ A, B 모두 옳다.　　　　　　　④ A, B 모두 틀렸다.

 정답　③

 정답해설　조건들을 정리하면 다음과 같다.
하마를 좋아하지 않음 → 악어를 좋아하지 않음 → 물소를 좋아하지 않음
'하마를 좋아하지 않음(p) → 악어를 좋아하지 않음(q)'이 참이므로 그 대우인 '악어를 좋아함(~q) → 하마를 좋아함(~p)'
역시 참이 된다. 따라서 A와 B의 말은 모두 옳다.

51

[조건]
- 악어는 뱀보다 예쁘다.
- 악어는 물개보다 예쁘지 않다.

[결론]
A : 물개는 뱀보다 예쁘다.
B : 악어, 뱀, 물개 가운데 누가 더 예쁜지 알 수 없다.

① A만 옳다.　　　　　　　　　② B만 옳다.
③ A, B 모두 옳다.　　　　　　　④ A, B 모두 틀렸다.

 정답　①

 정답해설　주어진 조건에 따르면 물개, 악어, 뱀 순서로 예쁘다는 것을 알 수 있다. 따라서 A의 말만 옳다.

52

[조건]
- 민지의 수학 점수는 수아의 점수보다 15점이 낮다.
- 정원의 수학 점수는 민지의 수학 점수보다 5점이 높다.

[결론]
A : 민지, 수아, 정원 중 수아의 수학 점수가 가장 높다.
B : 민지, 수아, 정원 중 정원의 수학 점수가 가장 낮다.

① A만 옳다. ② B만 옳다.
③ A, B 모두 옳다. ④ A, B 모두 틀렸다.

 정답 ①

 정답해설 세 사람의 수학 점수를 정리하면 다음과 같다.
- 민지의 점수+15(점) = 수아의 점수
- 민지의 점수+5(점) = 정원의 점수

이를 통해서 수아, 정원, 민지의 순서로 수학 점수가 높음을 알 수 있다. 따라서 A의 말만 옳다.

53

[조건]
- 모든 주부는 요리하는 것을 좋아한다.
- 은희는 요리하는 것을 좋아하지 않는다.

[결론]
A : 은희는 선생님이다.
B : 은희는 회사원이다.

① A만 옳다. ② B만 옳다.
③ A, B 모두 옳다. ④ A, B 모두 알 수 없다.

 정답 ④

 정답해설 주어진 조건으로 알 수 있는 것은 은희가 주부가 아니라는 사실뿐이며, 은희의 직업은 알 수 없다. 따라서 A와 B의 말은 옳은지 그른지 판단할 수 없다.

54

[조건]
- C사의 모든 근로자들은 반드시 사내식당에서 아침을 먹는다.
- 사내식당의 아침 메뉴는 된장찌개 아니면 김치찌개이다.
- 사내식당의 오늘 아침 메뉴는 된장찌개가 아니다.

[결론]

A : C사의 인턴인 수아는 오늘 아침 김치찌개를 먹었다.

B : C사의 대리인 은희는 오늘 아침 된장찌개를 먹었다.

① A만 옳다.　　　　　　　　　　② B만 옳다.

③ A, B 모두 옳다.　　　　　　　　④ A, B 모두 틀렸다.

 정답 ①

 정답해설 사내식당의 아침 메뉴는 된장찌개이거나 김치찌개인데 오늘의 아침 메뉴는 된장찌개가 아니므로 오늘 C사 구내식당의 아침 메뉴는 김치찌개임을 알 수 있다. 따라서 오늘 아침 은희가 된장찌개를 먹었다고 말하는 B는 옳지 않다.

55

[조건]
- a, b, c, d가 벤치에 일렬로 앉는다고 할 때, a의 왼쪽에는 b가 앉는다.
- b의 왼쪽에는 d가 앉아있다.
- c의 오른쪽에는 d가 앉아있다.

[결론]

A : 벤치의 오른쪽 끝에 앉은 사람은 a이다.

B : c와 a사이에는 두 사람이 앉는다.

① A만 옳다.　　　　　　　　　　② B만 옳다.

③ A, B 모두 옳다.　　　　　　　　④ A, B 모두 틀렸다.

 정답 ③

 정답해설 a, b, c, d가 벤치에 앉는 순서는 다음과 같다.
왼쪽 [c – d – b – a] 오른쪽
따라서 A와 B의 말은 모두 옳다.

56

[조건]
- 어린이를 좋아하는 사람은 동물을 좋아한다.
- 산을 좋아하는 사람은 나무를 좋아하며 꽃을 좋아한다.
- 꽃을 좋아하는 사람은 어린이를 좋아한다.

[결론]
A : 나무를 좋아하는 사람은 산을 좋아한다.
B : 꽃을 좋아하는 사람은 나비를 좋아한다.

① A만 옳다.   ② B만 옳다.
③ A, B 모두 옳다.   ④ A, B 모두 알 수 없다.

 정답 ②

 정답해설 제시된 조건만으로는 나무를 좋아하는 사람이 산을 좋아하는지 알 수 없다.

57

버스 정류장에 세 사원이 나란히 서 있다. 세 사원은 임의의 순서로 각각 단색, 체크무늬, 줄무늬 티셔츠를 입고 있으며, 각기 다른 종류의 신발을 신고 있다. 맞은편에서 사원들을 바라본 상황이 다음과 같을 때 이에 맞추어 사실을 말하고 있는 것은?

- 정원은 주원의 바로 왼쪽에 서 있다.
- 정원은 운동화를 신고 있다.
- 샌들을 신은 사원은 슬리퍼를 신은 사원의 바로 오른쪽에 서 있다.
- 은희가 입고 있는 티셔츠는 줄무늬가 아니다.
- 줄무늬 티셔츠를 입은 사원과 단색 티셔츠를 입은 사원은 서로 떨어져 있다.

① 주원은 단색 티셔츠를 입고 있다.
② 은희가 슬리퍼를 신고 있다.
③ 은희가 체크무늬 티셔츠를 입고 있다.
④ 정원은 줄무늬 티셔츠를 입고 있다.

정답 ④

정답해설
- 정원은 주원의 바로 왼쪽에 서 있다.
- 정원은 운동화를 신고 있다.

정원	주원	
운동화		

또는

	정원	주원
	운동화	

- 샌들을 신은 사원은 슬리퍼를 신은 사원의 바로 오른쪽에 서 있다.

정원	주원	
운동화	슬리퍼	샌들

- 주원이 입고 있는 티셔츠는 줄무늬가 아니다.
- 줄무늬 티셔츠를 입은 사원과 단색 티셔츠를 입은 사원은 서로 떨어져 있다.

정원	주원	은희
운동화	슬리퍼	샌들
줄무늬	체크무늬	단색

58 인사과 김 팀장은 월요일부터 토요일 중 하루 또는 이틀에 걸쳐서 사원들이 근무 평가를 치르게 할 예정이다. 이에 대한 사원들의 다음 진술을 통해 추론할 수 있는 근무 평가일은?

- 주원 : 목요일에 근무 평가를 본다면 월요일에도 근무 평가를 본다고 들었다.
- 은희 : 월요일에 근무 평가를 본다면 수요일에는 근무 평가를 보지 않는다고 들었다.
- 주미 : 월요일에 근무 평가를 보지 않는다면 화요일이나 수요일에 근무 평가를 본다고 들었다.
- 민지 : 금요일과 토요일에는 근무 평가를 보지 않는다고 들었다.
- 수아 : 화요일에 근무 평가를 본다면 금요일에도 근무 평가를 본다고 들었다.

① 화요일
② 월요일과 목요일
③ 수요일
④ 화요일과 수요일

 정답 ②

정답해설 민지의 진술에 의하면 금요일과 토요일에는 근무 평가를 보지 않으며, 수아의 진술에 의하면 화요일에도 근무 평가를 보지 않는다. 또한 주원과 은희, 주미의 진술을 종합해 볼 때 근무 평가는 월요일과 목요일에 보며, 수요일에는 근무 평가를 보지 않는다는 것을 추론할 수 있다.

59

세 슈퍼마켓 E, F, G는 직선도로를 따라서 서로 이웃하고 있다. 이들 슈퍼마켓의 간판은 초록색, 파란색, 빨간색이며 슈퍼마켓 앞에서 슈퍼마켓을 바라볼 때 다음과 같이 되어 있다. 아래와 같은 조건을 만족시킬 때 가운데 위치하는 슈퍼마켓과 간판의 색이 바르게 연결된 것을 고른 것은?

[조건]
• 파란색 간판은 왼쪽 끝에 있는 슈퍼마켓의 것이다.
• F슈퍼마켓은 E슈퍼마켓의 오른쪽에 있다.
• G슈퍼마켓의 간판은 빨간색이다.

① E슈퍼마켓 – 초록색
② E슈퍼마켓 – 빨간색
③ F슈퍼마켓 – 초록색
④ F슈퍼마켓 – 빨간색

 정답 ③

 정답해설 파란색 간판은 왼쪽 끝에 있는 슈퍼마켓의 것이다.

파란색		

F슈퍼마켓은 E슈퍼마켓의 오른쪽에 있다.

파란색		
E슈퍼마켓	F슈퍼마켓	

혹은

파란색		
	E슈퍼마켓	F슈퍼마켓

G슈퍼마켓의 간판은 빨간색이다.

파란색	초록색	빨간색
E슈퍼마켓	F슈퍼마켓	G슈퍼마켓

따라서 가운데 위치하는 슈퍼마켓과 간판의 색은 F슈퍼마켓 – 초록색이다.

60

우수사원 평가회의에서 수상자 주원, 은희, 주미, 수아가 연단 위에 있는 네 개의 의자에 일렬로 앉으려고 한다. [조건]에 따라 주미가 왼쪽에서 몇 번째 자리에 앉는 것으로 적절한 것은?

[조건]
- 수아가 오른쪽에서 두 번째 의자에 앉아야 한다.
- 주원은 은희의 바로 오른쪽, 수아의 바로 왼쪽에 앉아야 한다.

① 첫 번째   ② 두 번째   ③ 세 번째   ④ 네 번째

 정답 ④

정답 해설 이들이 앉아 있는 순서는 왼쪽에서 오른쪽 순으로, 아래와 같다.
은희, 주원, 수아, 주미

61

주원, 은희, 주미, 민지, 수아는 다섯 개의 의자에 일렬로 한 사람씩 앉아 있다. 맨 왼쪽 의자에는 은희가 앉아 있고, 왼쪽에서 세 번째 의자에 민지가 앉아 있다. 주원의 오른쪽 옆에 수아가 앉아 있다면 왼쪽에서 두 번째 의자에 앉는 사람은?

① 주원   ② 은희   ③ 주미   ④ 민지

 정답 ③

정답 해설 은희, 주미, 민지, 주원, 수아 순으로 앉아 있으므로 왼쪽에서 두 번째 의자에는 주미가 앉아 있다.

62 다음과 같이 다섯 개의 트럼프 카드 ♠, ♥, ♣, ◆, J를 일렬로 배치했을 때 항상 참인 것은?

> • ♥는 ♠보다 오른쪽에 있다.
> • ♠는 왼쪽에서 두 번째에 위치한다.
> • ♣와 J는 이웃해 있다.

① ♥는 정중앙에 있다.
② ◆는 가장 왼쪽에 있다.
③ J는 가장 오른쪽에 있다.
④ ♣와 J는 각각 3, 4번째에 있다.

 정답 ②

 정답 해설

첫 번째	두 번째	세 번째	네 번째	다섯 번째
◆	♠	♥	♣ 혹은 J	J 혹은 ♣
◆	♠	♣ 혹은 J	J 혹은 ♣	♥

63 수아는 금고의 비밀번호 네 자리를 기억해내려 한다. 비밀번호에 대한 단서가 다음과 같을 때, 사실이 아닌 것은?

> [단서]
> • 비밀번호를 구성하고 있는 어떤 숫자도 소수가 아니다.
> • 6과 8중 한 숫자만 비밀번호에 해당한다.
> • 비밀번호는 짝수로 시작한다.
> • 비밀번호는 큰 수부터 작은 수 순서로 나열되어 있다.
> • 같은 숫자는 두 번 이상 포함되지 않는다.

① 비밀번호는 짝수이다.
② 비밀번호의 앞에서 두 번째 숫자는 4이다.
③ 비밀번호는 1을 포함하지만 9는 포함하지 않는다.
④ 제시된 모든 단서를 만족시키는 비밀번호는 세 가지이다.

정답 ④

단서를 정리해보면 다음과 같다.

- 첫 번째 조건에 따라 비밀번호에 소수(2, 3, 5, 7)은 포함되지 않으므로 비밀번호를 구성하는 숫자는 0, 1, 4, 6, 8, 9이다.
- 세 번째 조건과 네 번째 조건에서 비밀번호를 구성하는 숫자에서 9가 제외된다는 것을 알 수 있다. 따라서 0, 1, 4, 6, 8 이 비밀번호를 구성하는 숫자가 된다.
- 다섯 번째 조건에 따라 모든 숫자가 한 번씩만 사용된다는 것을 알 수 있다.
- 두 번째 조건에서 6이나 8은 하나만 들어간다고 했으므로 가능한 비밀번호는 '8410' 또는 '6410' 두 가지이다.

64 의료보험 가입이 의무화되었을 때, 다음 조건을 모두 충족하는 상품은?

[조건]
㉠ 정기적금에 가입하면 변액보험에 가입한다.
㉡ 주식형 펀드와 해외펀드 중 하나만 가입한다.
㉢ 의료보험에 가입하면 변액보험에 가입하지 않는다.
㉣ 해외펀드에 가입하면 주택마련저축에 가입하지 않는다.
㉤ 연금저축, 주택마련저축, 정기적금 중에 최소한 두 가지는 반드시 가입한다.

① 변액보험에 가입한다.
② 정기적금에 가입한다.
③ 주식형 펀드에 가입한다.
④ 연금저축에 가입하지 않는다.

 ③

 의료보험 가입이 필수이므로 이 전제 조건을 토대로 세부 조건을 순서대로 확인해야 한다.

의료보험 가입을 통해 확인할 수 있는 조건으로는 ㉢이 있다. 의료보험에 가입 시 변액보험에 가입하지 않는데 의료보험은 필수이므로 변액보험에는 가입하지 않는다.

㉠ 정기적금에 가입하면 변액보험에 가입한다고 하였는데, 이는 곧 변액보험에 가입하지 않으면 정기적금에 가입하지 않는다는 의미가 된다. ㉢을 통해 변액보험에 가입하지 않음을 알 수 있으므로 정기적금에도 가입하지 않는다.

㉤ 연금저축, 주택마련저축, 정기적금 중 최소한 두 가지는 반드시 가입한다고 하였는데 이미 정기적금에 가입하지 않는다고 하였으므로 나머지 두 가지인 연금저축과 주택마련저축에는 가입한다.

㉣ 해외펀드에 가입할 경우 주택마련저축에 가입하지 않는다고 하였는데, 이는 곧 주택마련저축에 가입하면 해외펀드에는 가입하지 않는다는 의미가 된다. 그런데 이미 주택마련저축에 가입한다고 하였으므로 해외펀드에는 가입하지 않는다.

㉡ 주식형 펀드와 해외펀드 중 하나만 가입한다고 하였는데 해외펀드에는 가입하지 않으므로 주식형 펀드에 가입하게 된다.

가입함	가입하지 않음
• 의료보험 • 연금저축 • 주택마련저축 • 주식형 펀드	• 변액보험 • 정기적금 • 해외펀드

[65~67] 다음에 주어진 조건을 모두 충족했을 때 반드시 참인 것을 고르시오.

65

[조건]

㉠ I시에는 행복동과 다원동, 두 개의 동이 있다.

㉡ 아파트에 사는 사람들은 모두 오른손잡이이다.

㉢ 행복동 소재 아파트에 사는 사람들은 모두 배려심이 많다.

㉣ 행복동 소재 아파트에 살지 않는 사람들은 모두 풍족하다.

㉤ 다원동 소재 아파트에 살지 않는 사람들은 배려심이 많지 않다.

㉥ I시에 사는 정원은 왼손잡이다.

① 정원은 풍족하지 않다.

② 정원은 배려심이 많은 사람이 아니다.

③ 만일 정원이 풍족하지 않다면, 정원은 배려심이 많지 않다.

④ 만일 정원이 다원동에 산다면, 정원은 배려심이 많다.

 정답 ③

 정답 해설 ㉡, ㉥ 아파트에 사는 사람들은 모두 오른손잡이이다. 그러므로 왼손잡이인 정원은 아파트에 살지 않는다.

㉣ 아파트에 살지 않는 정원이 행복동의 주민이라면 그는 풍족할 것이다.

㉤ 아파트에 살지 않는 정원이 다원동의 주민이라면 그는 배려심이 많지 않을 것이다.

정원이 행복동에 살고 있다면 그는 풍족할 것이다. 그런데 정원은 풍족하지 않다는 전제가 주어졌으므로 정원이 살고 있는 곳은 다원동이다. 정원이 다원동에 산다면 그는 배려심이 많지 않을 것이므로 이 문장은 참이다.

오답 해설 ① 정원이 행복동에 살고 있다면 풍족할 것이므로 정원은 풍족하지 않다고 주장하는 ①은 거짓이 된다. 만약 정원이 다원동에 살고 있을 경우 그가 풍족한지 풍족하지 않은지에 대해서는 주어진 조건만으로는 알 수 없다.

② 정원이 다원동에 살고 있다는 전제가 주어졌다면 참이다. 그러나 정원이 행복동에 살고 있는 경우를 생각해야 한다. 행복동에서 아파트에 사는 사람은 모두 배려심이 많다. 이 명제의 대우는 '배려심이 많지 않은 사람은 행복동의 아파트에 살지 않는다.'가 된다. 이것이 곧 '행복동에서 아파트에 살지 않는 사람은 배려심이 없다.'는 결론으로 이어지지는 않는다. 그러므로 정원이 행복동에 살 경우 그가 배려심이 많은지 많지 않은지의 여부는 판단할 수 없다.

④ 정원이 다원동에 살고 있다면 그는 배려심이 많지 않을 것이다.

66

[조건]
㉠ A종 공룡은 모두 가장 큰 B종 공룡보다 크다.
㉡ 일부 C종 공룡은 가장 큰 B종 공룡보다 작다.
㉢ B종 공룡은 모두 가장 큰 D종 공룡보다 크다.

① 가장 작은 A종 공룡만한 D종 공룡이 있다.
② 어떤 A종 공룡은 가장 큰 C종 공룡보다 작다.
③ 가장 작은 C종 공룡만한 D종 공룡이 있다.
④ 어떤 C종 공룡은 가장 작은 A종 공룡보다 작다.

 정답 ④

 정답해설 모든 A종 공룡>모든 B종 공룡>모든 D종 공룡
A종 공룡은 모두 가장 큰 B종 공룡보다 크고 일부 C종 공룡은 가장 큰 B종 공룡보다 작다고 하였으므로, 어떤 C종 공룡은 가장 작은 A종 공룡보다 작다는 내용은 참임을 알 수 있다.

오답해설 ① 모든 A종 공룡이 모든 D종 공룡보다 크다고 했으므로 가장 작은 A종 공룡만한 D종 공룡이 있다는 명제는 거짓이다.
② 주어진 조건만으로는 C종 공룡의 크기 범위를 확정할 수 없다.
③ 주어진 조건만으로는 가장 작은 C종 공룡의 크기 범위를 확정할 수 없다.

67

[조건]
㉠ 모든 금속은 전기가 통한다.
㉡ 광택이 난다고 해서 반드시 금속은 아니다.
㉢ 전기가 통하지 않고 광택이 나는 물질이 존재한다.
㉣ 광택이 나지 않으면서 전기가 통하는 물질이 존재한다.
㉤ 어떤 금속은 광택이 난다.

① 금속이 아닌 물질은 모두 전기가 통하지 않는다.
② 전기도 통하고 광택도 나는 물질이 존재한다.
③ 광택을 내지 않고 금속인 물질이 존재한다.
④ 전기가 통하는 물질은 모두 광택이 난다.

정답 ②

 정답 해설 ② 어떤 금속은 광택을 내며, 모든 금속은 전기가 통하므로 참이다.

 오답 해설 ①, ④ 한 명제가 참이라 할지라도 그 명제의 역과 이가 반드시 참이 될 수는 없다.

③ 광택을 내지 않는 금속도 있다는 내용의 명제가 참인 조건으로 주어지지 않은 이상, ⓪을 '금속에는 광택이 나는 것과 나지 않는 것이 있다.'로 해석할 수 없다. 즉, '어떤 금속'은 금속 중의 일부를 말하고 있지만, 그렇다고 그 금속 이외의 다른 모든 금속들이 광택이 없다고 확정할 수 없으므로 ③은 반드시 참이 될 수 없다.

68 다음 진술이 모두 참이라고 할 때, 꼬리가 없는 포유동물 A에 관한 설명 중 반드시 참인 것은?

> ㉠ 모든 포유동물은 물과 육지 중 한 곳에서만 산다.
> ㉡ 물에 살면서 육식을 하지 않는 포유동물은 다리가 없다.
> ㉢ 육지에 살면서 육식을 하는 포유동물은 모두 다리가 있다.
> ㉣ 육지에 살면서 육식을 하지 않는 포유동물은 모두 털이 없다.
> ㉤ 육식동물은 모두 꼬리가 있다.

① A는 털이 있다.

② A는 다리가 없다.

③ A는 육식을 한다.

④ 만약 A가 물에 산다면, A는 다리가 없다.

 정답 ④

 정답 해설 포유동물 A는 꼬리가 없다고 하였으므로, ㉤에 따라 포유동물 A는 육식동물은 아니라는 것을 알 수 있다. ㉡에서 "물에 살면서 육식을 하지 않는 포유동물은 모두 다리가 없다"라고 하였으므로, 만약 A가 다리가 없다면 A는 물에 산다는 것을 알 수 있다. 따라서 ④는 반드시 참이 된다.

69 제시한 문장이 항상 참이 되기 위해 생략한 조건은?

> • A는 D보다 앞서 들어왔으나 E보다 늦게 들어왔다.
> • B는 D보다 앞서 들어왔으나 C보다 늦게 들어왔다.
> • C는 A보다 늦게 들어왔다.

① B는 A보다 빨리 들어왔다.

② C는 E보다 빨리 들어왔다.

③ D는 A보다 빨리 들어왔다.

④ B는 E보다 늦게 들어왔다.

 정답 ④

 정답
해설
E – A – D와 C – B – D순으로 들어왔고 A – C이므로
E – A – C – B – D 순으로 들어왔다.

70
7층 건물에 설치된 엘리베이터 안에는 A, B, C, D, E, F가 타고 있다. 엘리베이터가 1층에서 올라가기 시작하였는데, F는 A보다 늦게 내렸지만 D보다 빨리 내렸다. E는 B보다 한 층 더 가서 내렸고 D보다는 세 층 전에 내렸다. D가 마지막 7층에서 내린 것이 아니라고 할 때, 다음 중 홀수층에서 내린 사람을 맞게 연결한 것은? (모두 다른 층에 살고 있으며, 1층에서 내린 사람은 없다.)

	3층	5층	7층
①	A	D	C
②	B	D	C
③	B	F	C
④	E	F	C

 정답 ④

정답
해설
F는 A보다 늦게 내렸고 D보다는 빨리 내렸으므로, 내린 순서는 'A – F – D'이다.
E는 B보다 한 층 더 가서 내렸고 D보다는 세 층 전에 내렸으므로, 'B – E – ( ) – ( ) – D'가 된다.
D가 마지막 7층에서 내린 것이 아니므로, C가 7층에 내린 것이 된다.
이를 종합하면, 2층부터 내린 순서는 'B(2층) – E(3층) – A(4층) – F(5층) – D(6층) – C(7층)'가 된다.
따라서 홀수 층에서 내린 사람은 'E(3층), F(5층), C(7층)'가 된다.

71 어느 종합병원은 월요일에서 금요일까지 5일 동안 진료한다. 내과는 월요일과 수요일에 진료한다. 평일에 이틀 진료하는 외과는 내과가 진료하는 날에는 진료하지 않으며, 이틀을 연속해서 진료하지 않는다. 안과는 외과가 진료하는 날에는 진료하지 않으며, 내과와는 하루가 겹치는데 이틀을 연속해서 진료하지 않는다. 그렇다면 안과가 진료할 수 없는 요일은?

① 월요일　　　　　② 화요일　　　　　③ 수요일　　　　　④ 목요일

정답 ②

정답해설 외과는 내과가 진료하는 날에는 진료하지 않으므로 화요일, 목요일, 금요일에 진료할 수 있으나, 이틀을 연속해서 진료하지 않으므로 화요일과 목요일, 화요일과 금요일에 진료할 수 있다. 안과는 외과가 진료할 수 있는 날에는 진료하지 않으므로 외과가 반드시 진료하는 화요일에는 진료할 수 없다.

○ : 진료함, × : 진료하지 않음, ? : 알 수 없음

구분	월	화	수	목	금
내과	○		○		
외과		○		?	?
안과	?	×	?	?	?

72 고등학교 선후배 사이인 주원, 민지, 수아는 모두 성(김씨, 이씨, 박씨)이 다르며 변호사, 교사, 공무원으로 각자 하는 일도 다르다. 이들 중 두 명의 나이는 27세, 나머지 한 사람의 나이는 28세일 때 이들의 성씨, 나이, 이름, 직업을 알맞게 나열한 것은?

> • 주원은 교사인 사람과 나이가 같다.
> • 이씨는 박씨보다 나이가 어리며 주원과 동갑이다.
> • 변호사는 수아에게 누나라고 한다.

① 김씨 – 27세 – 주원 – 공무원
② 이씨 – 27세 – 민지 – 교사
③ 이씨 – 28세 – 민지 – 변호사
④ 박씨 – 27세 – 수아 – 공무원

②

문제와 제시된 조건에 따라 살펴보면 다음과 같다.

세 번째 조건에 따라 수아는 28세이며, 직업은 교사 또는 공무원이라는 것을 알 수 있다. 주원과 민지는 27세이며, 한 사람은 변호사이다.

첫 번째 조건에 의해 주원은 변호사이며, 민지는 교사, 수아는 공무원이라는 것을 알 수 있다.

두 번째 조건에 의해 수아는 박씨이며, 민지는 이씨, 주원은 김씨라는 것을 알 수 있다.

따라서 이를 정리하면 '김주원 – 27세 – 변호사', '이민지 – 27세 – 교사', '박수아 – 28세 – 공무원'이 된다.

73

갑, 을, 병, 정, 무는 흰색, 분홍색, 노란색, 파란색, 검정색의 옷을 입고 있다. 다섯 명의 상의 색과 하의 색은 겹치지 않는다. 또한 각자가 입고 있는 상의와 하의의 색도 겹치지 않는다면 정이 입고 있는 하의 색은?

> • 병은 분홍색 상의와 흰색 하의를 입고 있다.
> • 갑의 상의 색과 병의 하의 색은 같다.
> • 정은 파란색 상의를 입고 있으며, 병의 옷 색과 겹치지 않는다.
> • 무는 검정색 하의를 입고 있으며, 갑의 옷 색과 겹치지 않는다.
> • 을은 검정색 상의를 입고 있으며, 정의 옷 색과 겹치지 않는다.

① 흰색　　　　　　② 분홍색　　　　　　③ 파란색　　　　　　④ 노란색

 ④

구분	상의	하의
갑	흰색	파란색
을	검정색	분홍색
병	분홍색	흰색
정	파란색	노란색
무	노란색	검정색

74 주원, 은희, 주미, 민지는 신제품의 반응을 조사하기 위해 통행인이 많은 네 지역으로 외근을 나갔다. 각자의 선호도에 따라 외근 지역을 정한다고 할 때, 각자의 외근 지역을 바르게 짝지은 것은?

- 주원은 코엑스를 좋아하지 않지만 종로는 좋아한다.
- 은희는 홍대 앞을 좋아한다.
- 주미는 명동을 별로 싫어하지 않지만 종로는 싫어한다.
- 민지는 명동을 싫어한다.

① 주원 : 홍대 앞   ② 은희 : 명동
③ 주미 : 종로   ④ 민지 : 코엑스

 정답 ④

정답해설

	주원	은희	주미	민지
코엑스	×			○
홍대 앞		○		
종로	○		×	
명동			△	×

75 명절 선물세트 코너에 각기 다른 종류의 선물세트가 나란히 놓여 있다. 선물세트 A, B, C, D, E에는 임의의 순서로 각각 한우, 홍삼, 굴비, 곶감, 한과가 들어 있으며, 선물세트 코너의 앞에서 선물세트를 바라볼 때 다음과 같다. 조건에 따랐을 때, 참인 것은?

[조건]
- B 선물세트는 맨 가운데에 놓여 있다.
- 굴비가 들어 있는 선물세트는 맨 왼쪽에 놓여 있다.
- D 선물세트의 바로 왼쪽에는 E 선물세트가 놓여 있다.
- E 선물세트에는 홍삼이 들어 있다.
- C 선물세트에 굴비는 들어 있지 않다.
- 한우가 들어 있는 선물세트의 바로 오른쪽 선물세트에는 한과가 들어 있다.

① B 선물세트에는 한우가 들어 있다.

② D 선물세트의 바로 왼쪽 선물세트에는 곶감이 들어 있다.

③ B 선물세트의 바로 왼쪽에는 D 선물세트가 놓여 있다.

④ C 선물세트의 바로 오른쪽 선물세트에는 한과가 들어 있다.

 정답 ④

정답 해설 • B 선물세트는 맨 가운데에 굴비가 들어 있는 선물세트는 맨 왼쪽에 놓여 있다.

		B 선물세트		
굴비				

• D 선물세트의 바로 왼쪽에는 E 선물세트가 놓여 있다.

E 선물세트	D 선물세트	B 선물세트		
굴비				

		B 선물세트	E 선물세트	D 선물세트
	굴비			

• E 선물세트에는 홍삼이 들어 있다.

A 선물세트	C 선물세트	B 선물세트	E 선물세트	D 선물세트
굴비			홍삼	

• C 선물세트에 굴비는 들어 있지 않다.

A 선물세트	C 선물세트	B 선물세트	E 선물세트	D 선물세트
굴비			홍삼	

• 한우가 들어 있는 선물세트의 바로 오른쪽 선물세트에는 한과가 들어 있다.

A 선물세트	C 선물세트	B 선물세트	E 선물세트	D 선물세트
굴비	한우	한과	홍삼	곶감

76 나란히 접해 있는 네 개의 우리에 애완동물이 각각 한 마리씩 들어 있다. 네 애완동물은 임의의 순서로 각각 빨간 리본, 노란 리본, 파란 리본, 초록 리본을 달고 있으며, 네 개의 우리 앞에서 애완동물을 바라볼 때 다음과 같다. 이에 맞추어 사실을 말하고 있는 것은?

- 맨 오른쪽 우리의 애완동물은 빨간 리본을 달고 있다.
- 페럿은 기니피그의 바로 오른쪽에 있다.
- 미니 토끼는 파란 리본을 달고 있다.
- 미니 돼지는 초록 리본을 달고 있다.
- 파란 리본을 단 애완동물은 노란 리본을 단 애완동물의 바로 왼쪽에 있다.

① 기니피그는 빨간 리본을 달고 있다.
② 기니피그는 미니 돼지의 바로 오른쪽에 있다.
③ 미니 돼지의 바로 왼쪽에는 미니 토끼가 있다.
④ 미니 토끼의 바로 오른쪽 애완동물은 노란 리본을 달고 있다.

 정답 ④

정답해설 • 맨 오른쪽 우리의 애완동물은 빨간 리본을 달고 있다.

			빨간 리본

- 페럿은 기니피그의 바로 오른쪽에 있다.
- 미니 토끼는 파란 리본을 달고 있다.
- 미니 돼지는 초록 리본을 달고 있다.

미니 토끼	미니 돼지	기니피그	페럿
파란 리본	초록 리본		빨간 리본

또는

미니 돼지	미니 토끼	기니피그	페럿
초록 리본	파란 리본		빨간 리본

- 파란 리본을 단 애완동물은 노란 리본을 단 애완동물의 바로 왼쪽에 있다.

미니 돼지	미니 토끼	기니피그	페럿
초록 리본	파란 리본	노란 리본	빨간 리본

77

주원, 은희, 주미, 민지, 수아의 직업은 연예인, 모델, 교사, 소설가, 웹툰 작가 중 하나이다. 다음 조건에 따를 때, 은희의 직업은?(단, 각자의 직업은 모두 다르다.)

[조건]
- 주원은 연예인도 소설가도 아니다.
- 은희는 모델이 아니다.
- 주미는 웹툰 작가이다.
- 민지는 연예인도 모델도 아니다.
- 수아는 교사이다.

① 연예인　　　　② 교사　　　　③ 소설가　　　　④ 웹툰 작가

 정답 ①

정답
해설
먼저, 세 번째와 다섯 번째 조건에서 주미는 웹툰 작가고 수아는 교사라는 것을 알 수 있다. 그런데, 첫 번째 조건에서 주원은 연예인도 소설가도 아니라고 했으므로, 주원은 모델이 된다는 것을 알 수 있다.

다음으로, 주원과 주미, 수아가 각각 모델, 웹툰 작가, 교사이므로 민지의 직업은 연예인이나 소설가 중 하나이다. 그런데 네 번째 조건에서 민지는 연예인이 아니라고 했으므로 민지의 직업은 소설가가 된다. 따라서 은희의 직업은 연예인이된다.

구분	연예인	모델	교사	소설가	웹툰 작가
주원	×	○		×	
은희	○	×			
주미					○
민지	×	×		○	
수아			○		

78

결혼식에 하객으로 초대받은 세 사람이 나란히 정장을 입었다. 세 사람은 임의의 순서로 각각 갈색 드레스, 상아색 드레스, 파란 드레스를 입었으며, 맞은편에서 이들을 볼 때 다음과 같다. 이에 맞추어 참을 말하고 있는 조건은?

> • 맨 왼쪽 사람은 상아색 드레스를 입었다.
> • 수아는 은희의 바로 오른쪽에 있다.
> • 민지는 갈색 드레스를 입었다.

① 은희는 파란 드레스를 입었다.

② 은희는 민지의 바로 오른쪽에 있다.

③ 수아는 상아색 드레스를 입었다.

④ 민지는 수아의 바로 오른쪽에 있다.

 ④

정답해설 • 맨 왼쪽 사람은 상아색 드레스를 입었다.

상아색 드레스		

• 수아는 은희의 바로 오른쪽에 있다.

은희	수아	
상아색 드레스		

또는

	은희	수아
상아색 드레스		

• 민지는 갈색 드레스를 입었다.

은희	수아	민지
상아색 드레스	파란 드레스	갈색 드레스

79

학생 일곱 명의 키에 대한 다음 진술 중에서 하나의 진술은 거짓일 때 주미보다 큰 학생은?

> A : 은희는 주미와 키가 같고 민영보다는 크다.
> B : 은희는 민지와 키가 같고 수아보다는 작다.
> C : 정원과 영진은 수아보다 크다.
> D : 영진은 민영보다 작다.
> E : 정원은 민지보다는 작고 은희보다는 크다.

① 민영   ② 영진   ③ 수아   ④ 민지

정답 ④

정답
해설 제시된 A∼E의 진술 중 B가 거짓일 때 모순이 생기지 않는다. B를 제외한 나머지가 참이라고 할 때 학생 일곱 명의 키를 모두 비교하면 '민지>정원>주미 = 은희>민영>영진>수아'이다. 따라서 주미보다 키가 큰 학생은 민지, 정원이다.

80

주원, 은희, 주미, 민지 네 명은 휴가 때 각각 부산, 대구, 강릉, 제주도를 가고 싶어 한다. 다음 조건을 보고, 가는 사람과 갈 지역을 짝지은 것으로 적절한 것은?

> • 주원은 부산과 대구를 가고 싶지 않아 한다.
> • 은희는 자주 가는 제주도보다 다른 지역으로 가고 싶어 한다.
> • 주미는 부산을 가고 싶어 한다.
> • 민지는 강릉을 가고 싶어 한다.

① 주원 – 강릉

② 은희 – 대구

③ 은희 – 제주도

④ 주미 – 제주도

정답 ②

정답
해설

구분	부산	대구	강릉	제주도
주원	×	×	×	○
은희	×	○	×	×
주미	○	×	×	×
민지	×	×	○	×

02

단어유추

GLOBAL SAMSUNG APTITUDE TEST

단어유추는 제시된 두 쌍의 단어와 동일한 관계의 단어를 만드는 문제와 제시된 단어 쌍과 다른 관계인 단어 쌍을 고르는 문제의 유형이다.

관계추리

01 다음 제시된 단어가 서로 동일한 관계인 단어는?

> 땅 : (　　　) = 비행기 : 대

① 대지　　　　　　② 공터　　　　　　③ 요지　　　　　　④ 필지

정답 ④

정답해설 땅과 비행기는 반의어에 해당하며 대는 물건 등을 세는 단위이므로 빈칸에는 세는 단위를 의미하는 단어가 들어가야 한다. 필지(筆地)는 논, 밭, 대지 등을 세는 단위이므로 빈칸에 들어갈 단어로 적절하다.

오답해설
① 대지(大地) : 대자연의 넓고 큰 땅.
② 공터 : 빈 땅, 빈 터, 공처(空處)
③ 요지(要地) : 중요한 역할을 하는 곳, 핵심이 되는 곳.

▶ 핵심정리

단어추리 출제 유형
㉠ 출제 유형으로 동등관계 속에서 빈칸에 들어갈 단어를 찾는 문제, 단어의 관계가 다른 것을 찾는 문제 등이 있으며 관계는 동의어와 반의어를 중심으로 출제된다.
㉡ 동의어 : 형태는 다르지만 동일한 의미를 가지는 두 개 이상의 단어로 둘 이상의 단어가 많은 부분이 서로 일치하며 대치할 수 있는 단어이다.
㉢ 반의어 : 서로 상반되는 의미를 가지는 두 개 이상의 단어이다. 상호관련이 있는지, 중간 요소 및 존재가 있는가에 따라 나뉜다.
 • 상관개념 : 개념 사이에 상호의존도가 큰 것을 말한다. 예를 들어 '스승과 제자', '남편과 아내' 등 한 쪽이 없으면 존재할 수 없는 개념이다.
 • 모순개념 : 중간적 존재나 요소가 없는 것을 의미한다. 즉, '있음과 없음', '삶과 죽음' 등이 있다.
 • 반대개념 : 중간적 존재나 요소가 있는 것을 의미한다. '크다와 적다', '길다와 짧다' 등이 있다.

02 다음 단어의 관계 중에서 나머지와 다른 하나는?

① 부상 – 함지   ② 범상 – 심상   ③ 시정 – 여염   ④ 은닉 – 은폐

 정답 ①

**정답
해설** 유의어와 반의어에 대해 물어보는 문제이다. '부상 – 함지'는 반의어이고 나머지는 유의어이다.
- 부상(扶桑) : 해가 뜨는 동쪽 바다.
- 함지(咸池) : 해가 지는 서쪽의 큰 못.

**오답
해설** ② 중요하지 않고 흔한 것 – 대수롭지 않고 흔한
③ 시장에서 장사하는 무리 – 백성의 집이 모여 있는 곳
④ 남의 물건 또는 범인을 감춤 – 덮어 감춤

▶ **핵심정리**

전문 용어 문제 풀이
문제에 낯선 단어 또는 전문용어가 나왔을 때, 일단 연상, 분석, 유추 등을 통해 추론할 수 있도록 한다. 한국어의 대부분은 한자어이기 때문에 상식적으로 알고 있던 단어와 연관 짓거나 분석, 유추하면 정답을 찾는데 도움이 된다.

03 다음 단어 중에서 대응 관계가 나머지와 다른 것은?

① 실존주의 – 구토
② 하드보일드 – 누구를 위하여 종은 울리나
③ 르네상스 – 천지창조
④ 고전주의 – 앙드로마크

 정답 ③

 **정답
해설** 천지창조는 르네상스 시대의 미술가인 미켈란젤로가 로마 시스티나 성당 천장에 그린 벽화이다. 나머지는 문예사조와 대표적인 문학작품을 관계 지은 것이다.

**오답
해설** ① 「구토」는 사르트르(Jean – Paul Sartre)가 쓴 실존주의 문학 작품이다.
② 「누구를 위하여 종은 울리나」는 헤밍웨이(Ernest Hemingway)가 쓴 하드보일드 문학 작품이다.
④ 「앙드로마크」는 라신(Jean – Baptiste Racine)이 쓴 고전주의 문학 작품이다.

04 다음 단어 중에서 대응 관계가 나머지와 다른 것은?

① 망각 – 기억 　　② 계합 – 일치 　　③ 미담 – 추문 　　④ 친근 – 소원

 정답 ②

 정답해설 계합과 일치는 사물이나 현상이 서로 꼭 들어맞음을 뜻하는 유의 관계이다. 나머지는 모두 반의 관계이다.

오답해설 ① 어떤 사실을 잊음 – 어떤 사실을 의식 속에 간직함
③ 사람을 감동시킬 만큼 아름다운 이야기 – 추하고 좋지 못한 소문
④ 사귀어 지내는 사이가 가까움 – 지내는 사이가 두텁지 아니하고 거리가 있어서 서먹서먹함

[05~06] 다음 제시된 단어가 서로 동일한 관계인 단어를 고르시오

05

> 몽구리 : 중대가리 = 고리눈 : (　　)

① 갈무리 　　② 환안 　　③ 품 　　④ 짜깁기

 정답 ②

 정답해설 몽구리와 중대가리는 바싹 깎은 머리를 의미하며 고리눈은 동물의 눈동자 둘레에 흰 테가 둘린 눈이다. 빈칸에 들어갈 환안(環眼)은 고리눈과 유의어이기 때문에 빈칸에 들어갈 적절한 단어가 된다.

오답해설 ① 갈무리 : 일을 처리하여 마무리함.
③ 품 : 어떤 일에 드는 힘이나 수고, 삯을 받고 하는 일
④ 짜깁기 : 직물의 찢어진 곳을 그 감의 올을 살려 본디대로 흠집 없이 짜서 깁는 일

06

> 책 : 편집 = 집 : (　　)

① 망치 　　② 건축 　　③ 구성 　　④ 제조

정답 ②

정답해설 책은 편집이라는 과정을 거쳐 출간되고, 집은 건축이라는 총괄적인 과정을 통해 완성된다.

[07~08] 다음 단어의 관계 중에서 나머지와 다른 하나를 고르시오.

07 ① 선걸음 – 선길   ② 아람치 – 낭탁
     ③ 샛별 – 개밥바라기   ④ 소드락질 – 노략질

정답 ③

정답해설 샛별은 새벽에 동쪽하늘에서 반짝이는 금성을 의미하며 개밥바라기는 저녁에 서쪽하늘에 보이는 금성을 의미하므로 서로 반의어 관계이다.

오답해설 ① 이미 내디뎌 걷는 그대로의 걸음
② 개인이 사사로이 차지하는 몫
④ 남의 재물 따위를 빼앗는 것

08 ① 거리 – 벼 100섬   ② 쌈 – 바늘24개
     ③ 제 – 탕약 스무 첩   ④ 매 – 젓가락 한 쌍

정답 ①

정답해설 거리는 오이나 가지 따위를 묶어 세는 단위로, 한 거리는 오이 또는 가지 50개를 의미한다.

[09~10] 제시한 단어 중에서 관계가 같은 것을 고르시오.

09 ① 분산되다 : 집중하다   ② 사각사각 : 하늘하늘
     ③ 선거 : 국회의원   ④ 무턱대고 : 다짜고짜로

정답 ④

정답해설 무턱대고와 다짜고짜로의 의미는 사정을 신경 쓰지 않고 덤빈다는 의미가 있는 유의어 관계이다.
• 무턱대고 : 잘 헤아려 보지도 아니하고 마구
• 다짜고짜로 : 일의 앞 뒤 상황이나 사정 따위를 미리 알아보지 아니하고 단박에 들이덤빔

오답해설 ① '분산되다'는 갈라져 흩어진다는 의미이며 '집중하다'는 한 곳을 중심으로 모이는 것을 의미한다.
② '사각사각'은 벼 등을 베거나, 눈을 밟거나, 사과 따위를 씹을 때 나는 소리이며 하늘하늘은 힘없이 늘어진 모양을 의미한다.

10

① 최인훈 : 이태준
② 폭풍의 언덕 : 제인 에어
③ 셰익스피어 : 햄릿
④ 이상화 : 현진건

정답 ③

정답해설 셰익스피어는 영국의 극작가이자 시인으로 작품에는 「햄릿」, 「리어 왕」, 「베니스의 상인」, 「한 여름 밤의 꿈」 등이 있다.

오답해설 ① 최인훈과 이태준은 소설가로 대표적인 작품으로 최인훈은 「광장」, 이태준은 「복덕방」이 있다.
② 폭풍의 언덕은 에밀론 브론테의 소설이며 제인 에어는 샬럿 브론테의 소설이다.
④ 이상화는 민족주의 시인으로 대표적인 시로 「빼앗긴 들에도 봄은 오는가」가 있으며 현진건은 소설가로 대표적인 작품
으로는 「빈처」, 「술 권하는 사회」가 있다.

[11~12] 다음 단어 중에서 관계가 다른 것을 고르시오.

11

① 한글 : 글자
② 민화 : 회화
③ 고래 : 포유류
④ 한국인 : 외국인

정답 ④

정답해설 한국인은 '우리나라 국적을 가졌거나 한민족의 혈통·정신을 가진 사람'을, 외국인은 '우리나라의 국적을 갖지 않은 사람'
을 의미한다. 따라서 두 단어는 같은 범주에 속하지 않는다.

오답해설 ① 한글은 글자의 범주에 포함된다.
② 민화는 '옛날에 실용을 목적으로 무명인이 그렸던 그림'을 의미하므로 회화의 범주에 포함된다.
③ 고래는 포유류의 범주에 포함된다.

12

① 밥 : 식사
② 이름 : 존함
③ 생일 : 생신
④ 집 : 댁

정답 ①

정답해설 밥 : 식사는 높임말 관계가 아니기 때문에 관계가 다르다.

[13~15] 양쪽이 서로 동일한 관계가 성립하는 가장 적절한 단어를 고르시오.

13

> 한비자 : 법가 = 공자 : (　　　)

① 유가   ② 음양가   ③ 도가   ④ 명가

 정답 ①

 정답해설 유가는 중국의 춘추 시대의 사상가 공자의 사상을 바탕으로 발전한 학파로 당시 시대를 무도(無道)한 세계로 규정하고 도가 있는 세상으로 만드는 것을 이상으로 삼고 이를 해결할 수 있는 실마리를 주(周) 나라의 문물을 되살리는 데에서 찾으려 했다.

오답해설 ② 천문, 역수 풍수지리 등을 연구하는 학파.
③ 노자, 장자의 허무·무위의 설을 받드는 학파.
④ 제자백가 중 하나인 학파로, 명목(名目)과 실제(實際)가 일치해야 함을 주장했다.

14

> 시나리오 : (　　　) = 영화 : 배우

① 노프렛   ② 트리트먼트   ③ 채플릿   ④ 올백

 정답 ②

정답해설 트리트먼트는(Treatment)는 시나리오 용어로서 장소에 따라 등장인물과 주요 사건 등을 써 놓은 원고이며 시나리오의 범주에 속한다. 나머지는 헤어스타일 용어이다.

15

> 정산 : 개산 = (　　　) : 소원

① 연화   ② 미결   ③ 해람   ④ 긴밀

정답 ④

 정산(精算)은 정밀하게 계산하는 것을 의미하며, 개산(槪算)은 대강 하는 계산을 의미하기 때문에 반의어 관계이다.
- 긴밀(緊密) : 서로의 관계가 매우 가까워 빈틈이 없다.
- 소원(疏遠) : 지내는 사이가 두텁지 않고 거리가 있어 서먹서먹하다.

 ① 연화(軟化) : 단단한 것이 부드럽고 무르게 됨.
② 미결(未決) : 아직 결정하거나 해결하지 아니함.
③ 해람(解纜) : 배가 항구를 떠남.

[16~20] 다음 짝지은 단어의 관계가 다른 하나를 고르시오

16
① 필부필부 – 갑남을녀
② 일호지천 – 무릉도원
③ 일석이조 – 이심전심
④ 일벌백계 – 읍참마속

 정답 ③

 일석이조(一石二鳥)는 한 개의 돌을 던져 두 마리의 새를 떨어뜨린다는 의미로, 한 가지 일로 두 가지 이익을 얻는 것을 의미한다. 이심전심(以心傳心)은 마음과 마음이 통한다는 의미로 말을 하지 않아도 의미가 전달된다는 뜻이다.

 ① 필부필부(匹夫匹婦), 갑남을녀(甲男乙女) : 보통 평범한 사람을 이르는 말이다.
② 일호지천(一壺之天), 무릉도원(武陵桃源) : 현세와 다른 또 다른 세계를 이르는 말이다.
④ 일벌백계(一罰百戒), 읍참마속(泣斬馬謖) : 법대로 처단하여 질서를 바로잡는 것을 이르는 말이다.

17
① 공부 : 관아
② 벼슬 : 관직
③ 계란 : 달걀
④ 동요 : 안정

정답 ④

정답해설 동요(動搖)는 어수선하고 떠들썩하여 갈팡질팡하는 것을 의미하며 안정은 흔들리지 않고 안전하게 자리를 잡는 것을 의미한다. 동요와 안정은 반의어 관계이며 나머지는 유의어 관계에 속한다.

오답해설 ① 공부(公府), 관아(官衙) : 벼슬아치들이 모여 나랏일을 처리하던 곳.
② 벼슬, 관직(官職) : 관리가 국가로부터 위임받은 일정한 직무나 직책.

18　① 어린이 – 아이　　② 애인 – 애기
　　③ 감주 – 박주　　④ 결빙 – 해빙

 정답 ①

 정답해설　어린이와 아이는 유의어 관계로 어린이는 아이를 격식 있게 갖추어 이르는 말이다. 나머지는 반의어 관계이다.

 오답해설　② 애인(愛人)은 남을 사랑한다는 뜻이며 애기(愛己)는 내 자신을 사랑한다는 뜻이다.
　　③ 감주(甘酒)는 맛이 좋은 술을 뜻하고, 박주(薄酒)는 맛이 좋지 못한 술을 뜻한다.
　　④ 결빙(結氷)은 물이 어는 것을 뜻하며 해빙(解氷)은 물이 녹음을 뜻한다.

19　① 조합 : 단체　　② 정면 : 후면
　　③ 정수 : 우물물　　④ 개울 : 내

 정답 ②

 정답해설　정면은 똑바로 마주 보이는 면을 뜻하고, 후면은 향하고 있는 방향의 반대쪽 면을 뜻한다. 반의어 관계이며 나머지는 유의어 관계이다.

 오답해설　① 조합, 단체는 여럿을 한데 모아 한 덩어리로 짜는 것을 의미한다.
　　③ 정수(井水), 우물물은 우물에서 나오는 물로 유의어이다.
　　④ 개울, 내는 골짜기나 들에 흐르는 작은 물줄기로 유의어 관계이다.

20　① 가뿐하다 – 묵직하다　　② 촘촘하다 – 성기다
　　③ 박식하다 – 해박하다　　④ 굳다 – 녹다

 정답 ③

 정답해설　박식하다와 해박하다는 지식이 넓고 아는 것이 많다는 의미이며 나머지는 반의어 관계이다.

오답해설　① 가뿐하다는 들기 좋을 정도로 가볍다는 의미이며 묵직하다는 다소 큰 물건이 보기보다 제법 무거운 것을 의미한다.
　　② 촘촘하다는 틈이나 간격이 매우 좁거나 작은 것을, 성기다는 물건의 사이가 뜬 것을 뜻한다.
　　④ 굳다는 무른 물질이 단단해지는 것을 의미하며 녹다는 굳은 물질이 녹거나 풀리는 것을 의미한다.

[21~25] 다음 제시한 단어를 통해 관련되는 단어로 적절한 것을 고르시오.

21

산산하다 : (　　　) = 신선하다 : 새롭다

① 푸르다　　　　② 생생하다　　　　③ 쌀쌀하다　　　　④ 시원하다

정답 ④

정답해설
• 시원하다 : 덥거나 춥지 아니하고 알맞게 서늘하다.
• 산산하다 : 시원한 느낌이 들 정도로 사늘하다.
• 신선하다, 새롭다 : 새롭고 산뜻하다.

오답해설
① 푸르다 : 맑은 가을 하늘이나 깊은 바다, 풀의 빛깔과 같이 밝고 선명하다.
② 생생하다 : 시들거나 상하지 아니하고 생기가 있다.
③ 쌀쌀하다 : 날씨나 바람 따위가 음산하고 상당히 차갑다.

22

인색 : 인석 = (　　　) : 표준

① 전거　　　　② 정렬　　　　③ 정도　　　　④ 형식

정답 ①

정답해설
• 전거(典據) : 규칙이나 법칙으로 삼는 근거.
• 표준(標準) : 사물의 정도나 성격 따위를 알기 위한 기준.
• 인석(吝惜), 인색(吝嗇) : 재물을 아끼는 태도가 몹시 지나침.

오답해설
② 정렬(整列) : 가지런하게 줄지어 늘어섬.
③ 정도(程度) : 사물의 성질이나 가치를 우열 따위에서 봄.
④ 형식(形式) : 사물이 외부로 나타나 보이는 모양.

23

지록위마 : (　　　) = 토사구팽 : 토끼

① 뱀　　　　② 범　　　　③ 사슴　　　　④ 자라

정답 ③

정답해설 지록위마는 사슴, 토사구팽은 토끼와 관련 있는 사자성어로 구성되어 있다.
- 지록위마(指鹿爲馬) : '사슴을 가리켜 말이라고 한다.'라는 뜻으로 사실이 아닌 것을 사실로 만들어 강압으로 인정하게 만든다는 의미이다.
- 토사구팽(兎死狗烹) : '사냥하러 가서 토끼를 잡으면, 사냥하던 개는 쓸모없게 되어 삶아 먹는다.'는 의미로 필요할 때 요긴하게 써먹다가 필요 없으면 버린다는 의미이다.

24

(   ) : 현무암 = 석굴암 : 화강암

① 뗀석기   ② 돌하르방   ③ 고려청자   ④ 청동거울

 정답 ②

정답해설 돌하르방은 제주도 특유의 석상으로 현무암을 깎아 만든다. 싱긋 웃는 입과 동공이 없이 불룩 튀어나온 눈, 크고 넓적한 코, 미세하게 웃는 모습이 특징이다.

 오답해설
① 뗀석기 : 돌을 깨뜨려 만든 도구로 구석기 시대에 사용했다.
③ 고려청자 : 고려시대에 만든 푸른빛을 띠는 자기(瓷器)를 통틀어 이르는 말이다.
④ 청동거울 : 유리로 만든 거울이 보급되기 이전에 널리 사용된 청동(靑銅)으로 만든 거울이다.

25

어류 : (   ) = 파충류 : 이구아나

① 해파리   ② 명태   ③ 고래   ④ 상어

 정답 ②

 정답해설 명태는 대구과의 바닷물고기로 등은 푸른 갈색, 배는 은빛을 띠는 물고기이며 한국의 동해 및 오호츠크해 일본 북부에 분포한다.

 오답해설
① 해파리 : 강장동물로 몸은 삿갓모양이며 갓 밑에 많은 촉수가 있고 그 밑에 입이 있는 동물이다.
③ 고래 : 포유류로 물고기와 비슷한 모양을 하고 있는 동물이다. 앞발이 진화하여 지느러미 모양을 하고 있다.
④ 상어 : 연골어류에 속하는 동물로 방패 비늘로 덮여 있으며 지느러미가 발달하고 날카로운 이빨로 사냥한다.

[26~30] 다음 제시된 단어 중 다른 것을 고르시오.

26

① 죽살이 : 생사

② 지청구 : 꾸중

③ 해찰하다 : 해치다

④ 마수걸이 : 떨이

 정답 ④

 정답해설
• 마수걸이 : 맨 처음으로 물건을 파는 일 또는 맨 처음으로 부딪는 일
• 떨이 : 팔다 조금 남은 물건을 다 떨어서 싸게 파는 일

오답해설
① 죽살이, 생사 : 죽음과 삶을 아울러 이르는 말
② 지청구, 꾸중 : 아랫사람의 잘못을 꾸짖는 말
③ 해찰하다, 해치다 : 마음에 썩 내키지 않아 이것저것 집적대 해침

27

① 겉잠 – 귀잠

② 가멸다 – 가난하다

③ 미명 – 황혼

④ 가달 – 야수

정답 ④

정답해설
가달, 야수 : 몹시 사나운 사람을 이르는 말이다.

오답해설
① 겉잠은 깊이 들지 않은 잠, 귀잠은 아주 깊이 든 잠이다.
② 가멸다는 재산 따위가 넉넉하고 많은 것, 가난하다는 살림살이가 넉넉하지 못한 것이다.
③ 미명(未明)은 아직 날이 밝지 않음을, 황혼(黃昏)은 해가 지고 어스름해지는 것이다.

28

① 페니실린 : 플레밍

② 라듐 : 마리 퀴리

③ X선 : 뢴트겐

④ 베릴륨 : 찰스 배비지

 정답 ④

 정답해설
찰스 배비지는 영국의 수학자로 수의 계산과 오차에서 기계에 의한 계산과 수치표의 작성을 생각해 계산기 이론을 연구하여 프로그램이 가능한 컴퓨터의 기초적인 이론을 확립했다.

오답해설
① 페니실린은 영국의 알렉산더 플레밍이 발견한 최초의 항생제로 세균에 의한 감염을 치료하는 약물이다.
② 라듐은 마리 퀴리가 발견한 원소로, 기호는 'Ra'이다. 우라늄과 토륨의 자연 방사성 붕괴로 생성되며 외부 방사선 치료 등에 사용하고 있다.
③ 뢴트겐은 독일의 물리학자로 기존의 광사선보다 더 큰 투과력을 가진 방사선의 존재를 발견하고 X선이라 명명했다.

29

① 일촉즉발 – 누란지위
③ 일낙천금 – 금의환향
② 망양보뢰 – 망우보뢰
④ 인익기익 – 인기기기

 정답 ③

 정답 해설
• 일낙천금(一諾千金) : 한 번 승낙하면 그것이 천금과 같다는 뜻으로 약속을 반드시 지킴을 이르는 말이다.
• 금의환향(錦衣還鄉) : 비단옷을 입고 고향에 돌아온다는 의미로 출세하여 고향에 돌아옴을 이르는 말이다.

 오답 해설
① 일촉즉발(一觸卽發), 누란지위(累卵之危) : 조그만 자극에도 큰일이 벌어질 것 같은 아슬아슬한 상태를 이르는 말이다.
② 망양보뢰(亡羊補牢), 망우보뢰(亡牛補牢) : 이미 어떤 일을 실패한 뒤에 뉘우쳐도 소용이 없음을 이르는 말이다.
④ 인익기익(人溺己溺), 인기기기(人飢己飢) : 다른 사람의 고통을 자기의 고통으로 여겨 그들의 고통을 덜어주기 위해 최선을 다함을 이르는 말이다.

30

① 가게 기둥에 입춘이라 : 사모에 갓끈
② 가는 말이 고와야 오는 말이 곱다 : 엑하면 떽 한다
③ 다람쥐 쳇바퀴 돌 듯 : 돌다 보아도 마름
④ 삼밭에 쑥대 : 누운 소 타기

 정답 ④

 정답 해설
• 삼밭에 쑥대 : 쑥이 삼밭에 섞여 자라면 삼대처럼 곧아진다는 의미로 환경에 따라 영향을 받음을 비유하는 말
• 누운 소 타기 : 하기가 매우 쉬운 것을 비유적으로 이르는 말이다.

 오답 해설
① 가게 기둥에 입춘이라, 사모에 갓끈 : 제격에 어울리지 않음
② 가는 말이 고와야 오는 말이 곱다, 엑하면 떽 한다 : 자기가 남에게 말이나 행동을 좋게 하여야 남도 자기에게 좋게 한다는 말.
③ 다람쥐 쳇바퀴 돌 듯, 돌다 보아도 마름 : 별다른 진보 없이 같은 일을 되풀이한다는 말.

[31~35] 다음 제시한 단어를 통해 동등하거나 관련되는 단어로 적절한 것을 고르시오.

31

해포 : 새여 = 미쁘다 : (   )

① 개부심   ② 웅숭그리다   ③ 에두르다   ④ 믿음직하다

 정답 ④

 정답해설
- 해포, 새여(歲餘) : 한 해가 조금 넘는 동안을 이른다.
- 미쁘다 : 믿음성이 있다.

오답해설
① 개부심 : 장마로 큰 물이 난 뒤, 한동안 쉬었다가 다시 퍼붓는 비를 뜻한다.
② 웅숭그리다 : 춥거나 두려워 몸을 궁상맞게 몹시 웅그리다.
③ 에두르다 : 바로 말하지 않고 짐작하여 알아듣도록 둘러대다.

32

뜨악하다 : (   ) = 짭짤하다 : 싱겁다

① 반갑다   ② 느껍다   ③ 애꿎다   ④ 가멸다

 정답 ①

 정답해설
짭짤하다와 싱겁다는 서로 반의어 관계에 해당하므로 빈칸에는 반갑다가 적절하다.
- 짭짤하다 : 감칠맛이 있게 조금 짬.
- 싱겁다 : 음식의 간이 보통 정도에 이르지 못하고 약함.
- 뜨악하다 : 마음이나 분위기가 맞지 않아 서먹하다. 또는 사귀는 사이가 떠서 서먹함.
- 반갑다 : 그리워하던 사람을 만나거나 원하는 일이 이루어져서 마음이 즐겁고 기쁨.

오답해설
② 느껍다 : 어떤 느낌이 마음에 북받쳐서 벅참.
③ 애꿎다 : 아무런 잘못 없이 억울함.
④ 가멸다 : 재산이나 자원 따위가 넉넉하고 많음.

33

백열등 : 에디슨 = (   ) : 캐리어

① 냉장고   ② 에어컨   ③ 전화기   ④ 세탁기

정답 ②

 정답해설 발명품과 발명품을 개발한 인물을 관계 지었다. 백열등은 토머스 에디슨이 발명하였고, 에어컨은 윌리스 캐리어(Willis H. Carrier)가 발명하였다.

오답해설 ① 냉장고 : 미국의 발명가인 올리버 에번스(Oliver Evans)가 설계도를 남긴 이래, 영국에서 미국으로 이주한 기술자인 제이콥 퍼킨스(Jacob Perkins)가 얼음 기계로 특허를 받았다.
③ 전화기 : 미국의 과학자이자 발명가인 그레이엄 벨(Graham Bell)이 발명하였다.
④ 세탁기 : 전기를 사용한 세탁기는 19세기 미국의 제임스 킹(James King)이 드럼을 사용한 세탁기를 처음으로 발명하였다.

34

감탄고토 : 달면 삼키고 쓰면 뱉는다 = (　　　　) : 두 손뼉이 맞아야 소리가 난다

① 고장난명　　　　② 원화소복　　　　③ 인자무적　　　　④ 일필휘지

 정답 ①

 정답해설 '감탄고토(甘呑苦吐)'는 속담인 '달면 삼키고 쓰면 뱉는다'와 같은 의미를 가진 유의어이다. '고장난명(孤掌難鳴)'은 '두 손뼉이 맞아야 소리가 난다'와 유의어 관계이다.

오답해설 ② 원화소복(遠禍召福) : 화를 물리치고 복을 불러들인다.
③ 인자무적(仁者無敵) : 어진 사람은 모든 사람이 사랑하므로 세상에 적이 없다.
④ 일필휘지(一筆揮之) : 글씨를 단숨에 죽 내리 쓰다.

35

심야 : (　　　　) = 역경 : 순경

① 여광　　　　② 여단　　　　③ 백주　　　　④ 청천

 정답 ③

정답해설 역경(逆境)과 순경(順境)은 서로 반의어 관계로 빈칸에 들어갈 단어는 백주(白晝)이다.
• 역경(逆境) : 일이 순조롭지 않아 매우 어렵게 된 처지나 환경.
• 순경(順境) : 일이 마음먹은 대로 잘되어 가는 경우.

오답해설 ① 여광(餘光) : 해나 달이 진 뒤에 남은 은은한 빛.
② 여단(黎旦) : 희미하게 날이 밝아 오는 빛 또는 그런 무렵.
④ 청천(靑天) : 푸른 하늘.

[36~40] 다음 제시된 단어 중 관계가 다른 하나를 고르시오.

36

① 견문발검 : 문어
② 당랑거철 : 사마귀
③ 삼인성호 : 호랑이
④ 새옹지마 : 말

정답 ①

정답해설 한자성어와 상징하는 동물끼리 관계 지은 것이다. 견문발검(見蚊拔劍)은 '모기를 보고 칼을 뺀다.'는 뜻으로 보잘 것 없는 작은 일에 지나치게 큰 대책을 세움을 뜻한다.

오답해설 ② 당랑거철(螳螂拒轍) : 사마귀가 수레바퀴를 막는다는 의미로 제 분수를 모르고 강적에게 대항함을 의미한다.
③ 삼인성호(三人成虎) : 세 사람이면 없던 호랑이도 만들어 낸다는 의미로 여러 사람의 거짓말이 진실이 됨을 의미한다.
④ 새옹지마(塞翁之馬) : 옛 중국에서 노인이 소유하고 있던 말이 도망갔다가 몇 달 후에 단짝이 된 말을 데리고 돌아왔던 일화에서 세상만사의 변화가 많음을 의미한다.

37

① 매진 : 맥진
② 위엄 : 위신
③ 귀감 : 모범
④ 고답 : 세속

정답 ④

정답해설 고답(高踏)은 현실과 동떨어져 고상하게 여기는 것을 의미하며 세속(世俗)은 세상의 일반적인 풍속을 의미하는 반의어 관계이다.

오답해설 ① 매진(邁進), 맥진(驀進) : 어떤 일을 돌아볼 겨를 없이 힘차게 나아감.
② 위엄(威嚴), 위신(威信) : 존경할 만한 위세가 있어 점잖고 엄숙한 태도.
③ 귀감(龜鑑), 모범(模範) : 거울로 삼아 본받을 만한 모범.

38

① 길조 – 흉조
② 노회 – 순진
③ 천지 – 건곤
④ 객체 – 주체

정답 ③

정답해설 천지(天地)와 건곤(乾坤)은 하늘과 땅을 아울러 이르는 유의어 관계로 나머지는 모두 반의어 관계이다.

오답해설 ① 길조(吉兆)는 좋은 일이 있을 조짐, 흉조(凶兆)는 불길한 징조를 뜻한다.
② 노회(老獪)는 경험이 많고 교활함을, 순진(純眞)은 세상 물정에 어두워 어수룩함을 뜻한다.

39

① 한 쌈 : 바늘 스물네 개

② 한 강다리 : 쪼갠 장작 백 개비

③ 한 톳 : 김 10장

④ 한 거리 : 오이 오십 개

 정답 ③

정답
해설
톳은 김을 세는 단위로 한 톳은 김 100장을 이른다.

오답
해설
① 쌈 : 1. 바늘을 묶어 세는 단위(한 쌈은 바늘 스물네 개) 2. 옷감, 피혁 따위를 알맞은 분량으로 싸 놓은 덩이를 세는 단위. 3. 금의 무게를 나타내는 단위. 한 쌈은 금 백 냥쭝이다.

② 강다리 : 쪼갠 장작을 묶어 세는 단위. 한 강다리는 쪼갠 장작 백 개비를 이른다.

④ 거리 : 오이나 가지 따위를 묶어 세는 단위. 한 거리는 오이나 가지 오십 개를 이른다.

40

① 달리는 말에 채찍질 : 주마가편

② 밑구멍으로 호박씨 깐다 : 표리부동

③ 누워서 침 뱉기 : 타산지석

④ 모르면 약이요 아는 게 병 : 식자우환

 정답 ③

정답
해설
• 누워서 침 뱉기 : 남을 해치려고 하다가 도리어 자기가 해를 입게 된다는 것을 비유적으로 이르는 것을 의미한다. 유사한 성어로는 자승자박(自繩自縛)이 있다.

• 타산지석 : 다른 사람의 하찮은 언행이라도 자기의 덕을 닦는데 도움이 됨을 의미한다.

 오답
해설
① 달리는 말에 채찍질, 주마가편(走馬加鞭) : 기세가 한창 좋을 때 더 힘을 주는 것.

② 밑구멍으로 호박씨 깐다, 표리부동(表裏不同) : 겉으로는 점잖고 의젓하나 남이 보지 않는 곳에서는 엉뚱한 짓을 하는 경우를 이르는 말.

④ 모르면 약이요 아는 게 병, 식자우환(識字憂患) : 전혀 모르면 차라리 마음이 편하나 조금 알고 있는 것은 걱정거리만 된다는 말.

다음 제시한 단어를 추론하여 관련 있는 단어로 적절한 것을 고르시오.

41

새살궂다 : 수선스럽다 = 추레하다 : (   )

① 어줍다　　　　　② 찹찹하다　　　　　③ 훌치다　　　　　④ 꾀죄죄하다

 정답 ④

 정답해설
• 새살궂다, 수선스럽다 : 성질이 차분하지 못하고 가벼워 말이나 행동이 실없고 부산하다.
• 추레하다, 꾀죄죄하다 : 옷차림이나 모양새가 매우 지저분하고 궁상스럽다.

오답해설
① 어줍다 : 말이나 행동이 익숙지 않아 서투르고 어설프다.
② 찹찹하다 : 포개어 쌓은 물건이 엉성하지 아니하고 차곡차곡 가지런하게 가라앉아 있다.
③ 훌치다 : 촛불이나 등잔불 따위의 불꽃이 바람에 쏠리다.

42

노가리 : (   ) = 개호주 : 범의 새끼

① 돌고기의 새끼　　　② 숭어의 새끼　　　③ 가오리의 새끼　　　④ 명태의 새끼

 정답 ④

 정답해설
노가리는 명태의 어린 새끼를 이르는 말로써 잡은 명태를 말린 것을 북어라고 불리는 것과 달리 노가리를 잡아서 말린 것도 노가리라고 부른다.

 오답해설
① 가사리는 잉엇과의 민물고기인 돌고기의 새끼를 이르는 말이다.
② 동어는 가물칫과의 민물고기인 숭어의 새끼를 이르는 말이다.
③ 간자미는 가오리의 새끼를 이르는 말로 몸이 가로로 넓적한 마름모 모양이 특징이다.

43

소나기 : 가랑비 = (   ) : 머줍다

① 설피다　　　　　② 들차다　　　　　③ 빠르다　　　　　④ 켕기다

정답 ③

정답해설 '소나기'는 갑자기 세차게 쏟아지다가 곧 그치는 비를, '가랑비'는 가늘게 내리는 비를 의미하므로 반의어 관계이다. '머줍다'는 동작이 둔하고 느린 것을 의미하므로 '빠르다'가 적절하다.

오답해설 ① 설피다 : 찌거나 엮은 것이 거칠고 성기다.
② 들차다 : 뜻이 굳세고 몸이 튼튼하다.
④ 켕기다 : 단단하고 팽팽하게 되다.

44

| 닭 : 병아리 = ( ) : 꺼병이 |

① 메추라기 　　② 꿩 　　③ 딱따구리 　　④ 부엉이

정답 ②

정답해설 닭과 병아리의 관계는 성체(成體)인 닭과 새끼 닭인 병아리이다. 꺼병이는 꿩의 어린 새끼를 의미한다.

45

| 시집 : 장가 = 그늘 : ( ) |

① 양지 　　② 처량 　　③ 아양 　　④ 메별

정답 ①

정답해설 '장가'는 남자가 결혼하는 것을 의미하며, '시집'은 여자가 결혼하는 것을 의미한다. 장가와 시집의 관계는 반대의 의미를 가지고 있다. 그늘의 의미는 어두운 부분을 의미하므로 반대어로 양지(陽地)가 적절하다.

오답해설 ② 처량(凄凉) : 마음이 구슬퍼질 정도로 외롭고 쓸쓸함.
③ 아양 : 귀염을 받으려고 알랑거리는 말 또는 그런 짓
④ 메별(袂別) : 소매를 잡고 헤어진다는 뜻으로 섭섭히 헤어짐을 이르는 말

[46~50] 다음 제시된 단어를 추론하여 관계가 다른 하나를 고르시오.

46

① 다문다문 – 가끔
② 사부자기 – 중히
③ 언뜻언뜻 – 얼핏얼핏
④ 아름아름 – 우물쭈물

 정답 ②

정답 해설
사부자기의 의미는 별로 힘들이지 않고 가볍게라는 의미이며 중히는 책임이나 임무 따위가 무겁게라는 의미이므로 사부자기와 중히는 반의어 관계이다. 나머지는 모두 유의어 관계이다.

오답 해설
① 다문다문, 가끔 : 시간적으로 잦지 않고 좀 드문 모양.
③ 언뜻언뜻, 얼핏얼핏 : 지나는 결에 잇따라 잠깐씩 나타나는 모양.
④ 아름아름, 우물쭈물 : 말이나 행동을 분명히 하지 못하고 우물쭈물하는 모양

47

① 파스타 : 이탈리아
② 카레 : 인도
③ 케밥 : 터키
④ 프레첼 : 프랑스

정답 ④

정답 해설
요리와 요리를 만든 나라를 관련지은 것이다. 프레첼은 밀가루, 소금, 설탕 등을 넣어 만든 하트 모양의 독일 빵으로 독일 식문화에서 중요한 역할을 하고 있다.

오답 해설
① 파스타 : 이탈리아의 대표 요리로 밀가루와 물을 주재료로 한 반죽에 소금물에 넣고 삶아 만드는 요리다.
② 카레 : 인도 요리 중에서 널리 알려진 요리로 여러 종류의 향신료를 넣어 만든 스튜(Stew)이다.
③ 케밥 : 작게 썬 고기 조각을 구워먹는 터키의 전통 요리이다.

48

① 능멸 – 추앙
② 긴장 – 해이
③ 힐난 – 지탄
④ 내포 – 외연

정답 ③

정답 해설
힐난과 지탄은 유의어 관계이고, 다른 나머지는 반의어 관계이다. 힐난의 의미는 트집을 잡아 거북할 만큼 따지고 드는 것이며 지탄의 의미는 잘못을 지적하여 비난하는 것이다.

오답 해설
① 능멸(凌蔑)은 업신여기어 깔본다는 의미이고, 추앙(推仰)은 높이 받들어 우러러본다는 의미이다.
② 긴장(緊張)은 마음을 조이고 정신을 바짝 차린다는 의미를, 해이(解弛)는 긴장이나 규율 따위가 풀려 마음이 느슨해진 것을 의미한다.
④ 내포(内包) 어떤 성질이나 뜻 따위를 속에 품는 것을, 외연(外延)은 일정한 개념이 적용되는 사물의 전 범위를 의미한다.

49

① 강원도 포수 : 지리산 포수

② 거지가 말 얻은 격 : 비렁뱅이 비단 얻은 격

③ 겉 다르고 속 다르다 : 겨 묻은 개가 똥 묻은 개를 나무란다

④ 광에서 인심 난다 : 쌀독에서 인심 난다

 정답 ③

 정답
해설
유사한 의미를 가진 속담을 관계 지었다. '겉 다르고 속 다르다'와 '겨 묻은 개가 똥 묻은 개를 나무란다'는 유의어 관계에 속하지 않는다.
- 겉 다르고 속 다르다 : 겉으로 드러나는 행동과 마음속으로 품고 있는 생각이 서로 달라서 사람의 됨됨이가 바르지 못함.
- 겨 묻은 개가 똥 묻은 개를 나무란다 : 결점이 있기는 마찬가지이면서, 조금 덜한 사람이 더한 사람을 흉볼 때에 변변하지 못하다고 지적하는 말.

 오답
해설
① 강원도 포수, 지리산 포수 : 산이 험한 강원도에서 사냥을 떠나면 돌아오지 못하는 수가 많았으므로 간 후에 다시 돌아오지 않거나, 매우 늦게 돌아오는 사람을 비유하는 말.
② 거지가 말 얻은 격, 비렁뱅이 비단 얻은 격 : 자기 분수에 넘치는 것을 얻어 가지고 자랑함을 비웃는 말.
④ 광에서 인심 난다, 쌀독에서 인심 난다 : 자신이 넉넉해야 다른 사람도 도울 수 있음을 비유하는 말.

50

① 가담항설 – 도청도설

② 가정맹어호 – 가렴주구

③ 고립무원 – 사면초가

④ 괄목상대 – 호가호위

 정답 ④

정답
해설
서로 유사한 성어(成語)들을 관련지었으며 괄목상대와 호가호위를 제외한 나머지는 유의 관계인 성어들이다.
- 괄목상대(刮目相對) : 눈을 비비고 다시 보며 상대를 대한다는 의미로, 다른 사람의 학식이나 업적이 크게 진보함.
- 호가호위(狐假虎威) : 여우가 호랑이의 위세를 빌려 호기를 부린다는 의미로 남의 힘을 빌려 위세를 부림.

오답
해설
① 가담항설(街談巷說), 도청도설(道聽塗說) : 길거리나 세상 사람들 사이에 떠도는 이야기.
② 가정맹어호(苛政猛於虎), 가렴주구(苛斂誅求) : 가혹하게 세금을 거두거나 백성의 재물을 억지로 빼앗는 것.
③ 고립무원(孤立無援), 사면초가(四面楚歌) : 적에게 둘러싸인 상태나 누구의 도움도 받을 수 없는 고립 상태에 빠짐.

일정 규칙에 따라 배열된 숫자 또는 문자의 배열을 보고 숨겨진 원리를 찾는 문제가 출제된다.

[01~10] 다음에 나열된 숫자들의 일정한 규칙을 찾아 빈칸에 들어갈 알맞은 것을 고르시오.

01

5 8 3 10 1 ( )

① 9   ② 22   ③ 12   ④ 1

정답 ③

정답해설 규칙은 +3, − 5, +7, − 9, +11로 적용되며 따라서 빈칸에 들어갈 알맞은 것은 12이다.

02

50 40 32 26 22 ( )

① 20   ② 19   ③ 18   ④ 17

정답 ①

정답해설 규칙은 − 10, − 8, − 6, − 4, − 2로 적용되며 따라서 빈칸에 들어갈 알맞은 것은 20이다.

03

20 25 29 32 34 ( )

① 32   ② 33   ③ 34   ④ 35

정답 ④

정답
해설 규칙은 +5, +4, +3, +2, +1로 적용되며 따라서 빈칸에 들어갈 알맞은 것은 35이다.

04

6 8 4 10 2 ( )

① 10   ② 11   ③ 12   ④ 13

정답 ③

정답
해설 규칙은 +2, − 4, +6, − 8, +10으로 적용되며 따라서 빈칸에 들어갈 알맞은 것은 12이다.

05

1 6 36 216 ( )

① 80   ② 120   ③ 1,296   ③ 1,438

정답 ③

정답
해설 규칙은 ×6으로 적용되며 따라서 빈칸에 들어갈 알맞은 것은 1,296이다.

06

6 7 9 12 16 ( )

① 19   ② 20   ③ 21   ④ 22

정답 ③

정답
해설 규칙은 +1, +2, +3, +4, +5로 적용되며 따라서 빈칸에 들어갈 알맞은 것은 21이다.

07

1 8 64 512 (   )

① 414　　　　　② 3,186　　　　　③ 4,000　　　　　④ 4,096

정답 ④

정답해설 규칙은 ×8로 적용되며 따라서 빈칸에 알맞은 것은 4,096이다.

08

200 180 165 (   ) 150

① 155　　　　　② 154　　　　　③ 153　　　　　④ 152

정답 ①

정답해설 규칙은 −20, −15, −10, −5로 적용되며 따라서 빈칸에 알맞은 것은 155이다.

09

7 10 16 25 37 (   )

① 50　　　　　② 51　　　　　③ 52　　　　　④ 53

정답 ③

정답해설 규칙은 +3, +6, +9, +12, +15로 적용되며 따라서 빈칸에 알맞은 것은 52이다.

10

120 60 54 27 ( )

① 21   ② 22   ③ 23   ④ 24

정답 ①

정답해설 규칙은 ÷2, − 6, ÷2, − 6으로 적용되며 따라서 빈칸에 알맞은 것은 21이다.

[11~20] 다음에 나열된 문자의 일정한 규칙을 찾아 빈칸에 들어갈 알맞은 것을 고르시오.

11

A B E J ( )

① O   ② P   ③ Q   ④ R

정답 ③

정답해설 규칙은 +1, +3, +5, +7로 적용되며 따라서 빈칸에 알맞은 것은 Q이다.

핵심정리

알파벳 문자

알파벳을 숫자수열로 바꾼다. 26을 초과하는 수는 다시 A부터 순환하는 것으로 간주하고 표를 참고하여 문제를 해결한다.

1	2	3	4	5	6	7	8	9	10	11	12	13	14	15
A	B	C	D	E	F	G	H	I	J	K	L	M	N	O
16	17	18	19	20	21	22	23	24	25	26	27	28	29	30
P	Q	R	S	T	U	V	W	X	Y	Z	A	B	C	D

12

B D F H (　)

① J　　　　　② K　　　　　③ L　　　　　④ M

🔘정답 ①

➕정답해설 알파벳을 숫자수열로 바꾼다. 규칙은 +2로 적용되며 따라서 빈칸에 알맞은 것은 J이다.

13

F J H L J (　)

① N　　　　　② O　　　　　③ P　　　　　④ Q

🔘정답 ①

➕정답해설 알파벳을 숫자수열로 바꾼다. 규칙은 +4, -2, +4, -2로 적용되며 따라서 빈칸에 알맞은 것은 N이다.

14

A D G J (　)

① L　　　　　② M　　　　　③ N　　　　　④ O

🔘정답 ②

➕정답해설 알파벳을 숫자수열로 바꾼다. 규칙은 +3으로 적용되며 따라서 빈칸에 알맞은 것은 M이다.

15

ㅁ ㅊ ㅅ ㅎ ㅋ ( )

① ㅇ   ② ㅈ   ③ ㅊ   ④ ㅋ

정답 ①

정답해설 한글 자음을 숫자수열로 바꾼다. 규칙은 ×2, − 3, ×2, − 3으로 적용되며 따라서 빈칸에 알맞은 것은 ㅇ이다.

▶ **핵심정리**

한글 문자

한글 자음은 다음과 같은 숫자와 대응하므로 숫자수열로 바꾼다.

1	2	3	4	5	6	7	8	9	10	11	12	13	14
ㄱ	ㄴ	ㄷ	ㄹ	ㅁ	ㅂ	ㅅ	ㅇ	ㅈ	ㅊ	ㅋ	ㅌ	ㅍ	ㅎ

16

ㄹ ㅊ ㅂ ㅌ ㅇ ( )

① ㅋ   ② ㅌ   ③ ㅍ   ④ ㅎ

정답 ④

정답해설 한글 자음을 숫자수열로 바꾼다. 규칙은 +6, − 4, +6, − 4로 적용되며 따라서 빈칸에 알맞은 것은 ㅎ이다.

17

나 라 바 아 차 ( )

① 카   ② 타   ③ 파   ④ 하

정답 ②

정답해설 한글을 숫자수열로 바꾼다. 규칙은 +2로 적용되며 따라서 빈칸에 알맞은 것은 타이다.

18

라 다 자 아 차 (   )

① 자　　　　　② 차　　　　　③ 카　　　　　④ 타

정답 ①

정답해설 한글을 숫자수열로 바꾼다. 규칙은 −1, ×3, −1, ×3으로 적용되며 따라서 빈칸에 알맞은 것은 자이다.

19

다 나 라 다 바 (   )

① 마　　　　　② 사　　　　　③ 아　　　　　④ 자

정답 ①

정답해설 한글을 숫자수열로 바꾼다. 규칙은 −1, ×2, −1, ×2로 적용되며 따라서 빈칸에 알맞은 것은 마이다.

20

라 마 자 나 (   )

① 카　　　　　② 타　　　　　③ 파　　　　　④ 하

정답 ②

정답해설 한글을 숫자수열로 바꾼다. 규칙은 +1, +4, +7, +10으로 적용되며 따라서 빈칸에 알맞은 것은 타이다.

04

과학추리

GLOBAL SAMSUNG APTITUDE TEST

물리, 화학, 지구과학, 생물 관련 문제가 주로 출제된다.

01 **질량이 1kg, 2kg, 3kg인 물체 A~C가 같은 높이 h에 있을 때, 각각의 물체에 작용하는 중력의 크기가 가장 작은 것은?**

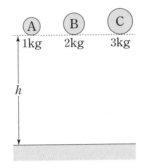

① A ② B ③ C ④ 알 수 없다.

 ①

 중력은 1kg당 9.8N이 작용하므로 A, B, C 중 무게가 가장 적게 나가는 A의 중력의 크기가 가장 작다.

02 **질량 5kg인 물체를 마찰이 없는 수평면 위에 놓고, 수평 방향으로 일정한 힘을 작용하였다. 이 물체의 가속도가 $2m/s^2$일 때, 작용한 힘의 크기는?**

① 4N ② 6N ③ 8N ④ 10N

 ④

가속도의 법칙을 이용하면 $F=ma$이므로 힘$=5kg \times 2m/s^2$

∴ 힘$=10N$

03 탄소 화합물에 대한 설명으로 옳지 않은 것은?

① 탄소 화합물은 생명체 내에서만 합성이 가능하다.

② 탄소 화합물이 연소되면 이산화탄소와 물이 생성된다.

③ 탄소와 탄소 사이에는 2중 결합과 3중 결합도 가능하다.

④ 탄소는 다른 탄소와 결합하여 다양한 탄소 골격을 형성할 수 있다.

 정답 ①

 정답해설 화학 공업 기술이 발달하여 현재는 합성 섬유, 플라스틱, 약품 등 다양한 탄소 화합물이 생체 밖에서 인공적으로 합성되고 있다.

04 사과를 실로 묶어 천장에 매달았을 때, 지구가 사과를 당기는 힘에 대한 반작용은?

① 실이 사과를 당기는 힘

② 실이 천장을 당기는 힘

③ 사과가 실을 당기는 힘

④ 사과가 지구를 당기는 힘

 정답 ④

 정답해설 한 물체에 힘이 작용하면 그 물체에서는 받은 힘과 크기는 같고 방향이 반대인 힘이 작용한다는 것이 작용 반작용 법칙이다. 그러므로 지구가 사과를 당기는 힘의 반작용은 사과가 지구를 당기는 힘이다.

05 요리를 할 때 생선 비린내를 잡기 위해 레몬즙을 뿌려 준다. 이때 레몬즙의 액성은?

① 산성　　　　② 염기성　　　　③ 중성　　　　④ 알 수 없다

 정답 ①

 정답해설 비린내 나는 생선은 염기성 물질이므로 중화 반응을 이용하기 위해서는 산성 물질을 뿌려 주어야 한다.

06 다음 설명에 해당하는 지질 시대는?

> • 말기에 양서류가 번성하였다.
> • 대기에 오존층이 형성되며 육지에도 식물이 살기 시작하였다.

① 선캄브리아대   ② 고생대   ③ 중생대   ④ 신생대

 정답 ②

정답해설 고생대에는 기후가 온난하고 오존층이 형성됨에 따라 생물이 육상으로 진출하여 양서류와 양치식물이 출현하였다. 대표적인 화석으로는 삼엽충, 방추충 등이 있다.

07 다음과 같은 특징을 가진 영양소는?

> • 구성 원소는 탄소, 수소, 산소, 질소 등이다.
> • 주로 세포의 원형질, 효소의 주성분이다.
> • 소화 과정을 거쳐서 아미노산으로 흡수된다.

① 물   ② 지방   ③ 단백질   ④ 탄수화물

 정답 ③

정답해설 제시된 내용들은 단백질에 대한 설명이다.

08 깊이에 따른 해수에 대한 설명으로 옳지 않은 것은?

① 가장 바깥부터 혼합층 − 수온 약층 − 심해층의 순서로 깊어진다.

② 혼합층은 깊이에 따라 수온이 다르게 나타난다.

③ 수온 약층은 급격히 수온이 낮아지는 층이다.

④ 심해층은 수온이 낮고 일정하다.

 정답 ②

정답해설 혼합층에서는 바람에 의해 해수가 잘 섞이기 때문에 깊이에 상관없이 수온이 거의 일정하게 유지된다.

▶ 핵심정리

해수 깊이에 따른 수온 분포

• 혼합층 – 수온 약층 – 심해층 순으로 깊어짐

• 혼합층 : 수온이 높고 일정

• 수온 약층 : 수온이 급격히 낮아지고 대류 억제

• 심해층 : 수온이 낮고 일정

09 그림은 마찰이 없는 수평면에서 크기가 다른 두 힘이 한 물체에 작용하고 있는 것을 나타낸 것이다. 이 물체의 가속도 크기는?

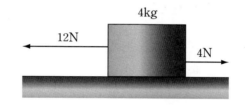

① 1m/s^2　　　　② 2m/s^2　　　　③ 3m/s^2　　　　④ 4m/s^2

 정답 ②

정답 해설　물체를 기준으로 오른쪽 방향으로는 4N, 왼쪽 방향으로는 12N이 작용하고 있으므로 알짜힘은 왼쪽 방향으로 8N이다.

$$F = ma, \ a = \frac{F}{m} = \frac{8\text{N}}{4\text{kg}} = 2(\text{m/s}^2)$$

10 다음 설명에 해당하는 것은?

• 바깥쪽부터 지각 – 맨틀 – 외핵 – 내핵으로 구분된다.

• 대륙 지각과 해양 지각으로 구분된다.

• 핵은 철이 주성분이고 지각과 맨틀은 규산염 물질로 구성된다.

• 맨틀의 대류로 인해 지진이나 화산이 발생한다.

① 지권　　　　② 수권　　　　③ 기권　　　　④ 생물권

정답 ①

 정답해설 다음 설명에 해당하는 것은 지권이다.

오답해설 ② 수권 : 혼합층 – 수온 약층 – 심해층 순으로 깊어짐, 해수, 빙하, 지하수, 하천수 등으로 분포됨, 바닷물에 염류 녹아 있음
③ 기권 : 질소(78%), 산소(21%), 아르곤, 이산화탄소 등으로 구성됨, 대류권 – 성층권 – 중간권 – 열권 순으로 올라감, 대기의 온실 효과로 지표면의 온도 유지함
④ 생물권 : 지권, 수권, 기권에 걸쳐 분포

11 다음 중 광합성에 대한 설명으로 적절한 것은?

① 미토콘드리아에서 일어난다.

② 포도당을 합성하는 반응이다.

③ 화학 에너지가 빛에너지로 전환된다.

④ 녹색 파장의 빛에서만 일어난다.

 정답 ②

 정답해설 광합성은 포도당을 합성하는 반응이다.

 오답해설 ① 광합성은 엽록체에서 일어난다.
③ 광합성은 빛에너지가 화학 에너지로 저장된다.
④ 광합성은 가시광선 중 적색광과 청자색광에서 가장 잘 일어난다.

12 다음은 지구계를 구성하는 두 권 사이의 상호작용의 예이다. 상호작용하는 두 권을 옳게 짝지은 것은?

화산폭발로 분출된 화산재가 햇빛을 가려 기온이 낮아졌다.

① 지권 – 기권   ② 생물권 – 기권   ③ 수권 – 지권   ④ 외권 – 수권

 정답 ①

 정답해설 화산폭발로 인해 화산재가 분출되었으므로 지권에 영향을 미쳤고, 햇빛을 가려 기온이 내려갔으므로 기권에도 영향을 미쳤다.

13 만유인력에 대한 설명으로 옳지 않은 것은?

① 만유인력은 떨어져 있는 물체 사이에서도 작용한다.

② 만유인력의 크기는 각 물체의 질량의 곱에 반비례한다.

③ 중력은 지구와 지구 위의 물체 사이에 작용하는 힘이다.

④ 만유인력의 크기는 두 물체 사이의 거리에 제곱에 반비례한다.

 정답 ②

만유인력의 크기는 두 물체의 질량의 곱에 비례한다.

14 반응 속도에 영향을 미치는 요인 중 다음 설명과 가장 관계있는 것은?

> • 10% 염산 용액이 5% 염산 용액보다 마그네슘과 더 빠르게 반응한다.
>
> • 촛불을 산소가 들어 있는 용기 속에 넣으면 더 잘 타오른다.

① 촉매   ② 농도   ③ 온도   ④ 표면적

 정답 ②

제시된 내용들은 '농도'가 반응 속도에 영향을 미치는 사례들이다. 10% 염산 용액은 5% 염산 용액보다 농도가 진하기 때문에 일정한 부피에 들어가 있는 입자 수가 많으므로 충돌 횟수가 많아져서 반응 속도가 빨라진다. 또한 촛불은 산소와 반응하여 불꽃이 일어나는 연소 작용인데, 산소가 든 병의 산소 농도는 공기 중의 산소 농도보다 더 높기 때문에 촛불이 활발히 타오르게 된다.

15 지구 내부의 구조를 바깥쪽에서부터 중심부 쪽으로 바르게 나열한 것은?

① 지각 – 외핵 – 내핵 – 맨틀   ② 지각 – 맨틀 – 외핵 – 내핵

③ 내핵 – 외핵 – 지각 – 맨틀   ④ 내핵 – 맨틀 – 지각 – 외핵

 정답 ②

지구의 내부는 지표에서부터 지각, 맨틀, 외핵, 내핵의 순서로 층상 구조를 갖는다.

16 수평면 위에 놓인 물체에 수평 방향으로 10N의 힘을 가하였을 때, 가속도의 크기가 $5m/s^2$이 었다. 이 물체의 질량은?

① 1kg   ② 2kg   ③ 5kg   ④ 10kg

정답 ②

정답 해설 물체에 작용하는 힘은 물체의 질량과 물체의 가속도에 비례한다. 즉, $F=ma$이다. $F=10$이고 $a=5$이므로 $10=m \times 5$, 질량 m은 2kg이 된다.

17 그림은 은하의 후퇴 속도와 거리의 관계를 나타낸 것이다. A~D 중 후퇴 속도가 가장 느린 은 하는?

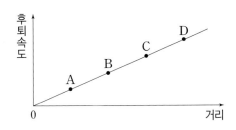

① A   ② B   ③ C   ④ D

정답 ①

정답 해설 허블 법칙에 의해 우리 은하로부터 멀리 있는 은하일수록 후퇴 속도가 빠르다. 그러므로 주어진 그래프에서 후퇴 속도가 가장 느린 은하는 거리가 가장 가까운 A이다.

▶ **핵심정리**

허블 법칙
- 은하의 후퇴 속도는 거리에 비례
- 은하까지의 거리와 우주의 나이 계산 가능
- 우주가 팽창하고 있다는 증거

18 다음 중 뉴턴 법칙에 대한 설명으로 옳은 것은?

① 질량이 큰 물체일수록 관성이 크다.

② 물체의 가속도는 힘에 반비례하고 질량에 비례한다.

③ 버스가 급출발할 때 몸이 뒤로 쏠리는 것은 작용 반작용 때문이다.

④ 무게는 측정하는 장소에 관계 없이 항상 같은 값을 가진다.

 ①

 질량이 큰 물체일수록 관성이 크다.

 ② 가속도는 힘에 비례하고 질량에 반비례한다.
③ 관성 때문이다.
④ 무게는 물체에 작용하는 중력의 크기를 말하는데 측정하는 장소에 따라 값이 달라진다.

19 다음 중 중화 반응만을 모두 고른 것은?

> ㄱ. 사과를 깎아 두면 갈색으로 변한다.
>
> ㄴ. 비린내 나는 생선에 레몬즙을 뿌려 준다.
>
> ㄷ. 표백제를 넣어 옷의 얼룩을 제거한다.
>
> ㄹ. 비누로 머리를 감은 후 식초를 떨어뜨린 물로 헹군다.

① ㄱ, ㄴ   ② ㄱ, ㄷ   ③ ㄴ, ㄹ   ④ ㄷ, ㄹ

 ③

 비린내 나는 생선(염기성)에 레몬즙(산성)을 뿌리는 것과 비누(염기성)로 머리를 감은 후 식초(산성)를 떨어뜨린 물로 헹구는 것은 중화 반응을 이용한 예이다.

20 다음 중 전기 에너지의 수송 과정에 대한 설명으로 옳지 않은 것은?

① 송전선에서 손실되는 전기 에너지를 줄이기 위해 1차 변전소에서는 전기 에너지의 전압을 높인다.

② 도시에 고압선이 지나가면 위험하므로 2차 변전소에서는 전압을 낮춘다.

③ 같은 전력을 공급할 때 송전 전압을 100배 높이면 송전선에 흐르는 전류 역시 100배가 된다.

④ 손실되는 전력을 줄이기 위해서 송전선에 흐르는 전류의 세기를 작게 한다.

정답 ③

정답해설 송전 전압을 100배 증가시키면 송전선에 흐르는 전류는 $\dfrac{1}{100}$ 배로 감소한다.

GLOBAL SAMSUNG APTITUDE TEST

지각

단순지각

GLOBAL SAMSUNG APTITUDE TEST

나열된 기호의 공통점 또는 차이점을 빠르게 인지하는 문제가 출제된다.

[01~10] 문제에 제시된 왼쪽과 오른쪽의 문장, 문자, 숫자, 기호의 대응이 같으면 ①을 다르면 ②를 선택하시오.

01

sunnontussumsejhak – sunnontussumsejhak

① ②

🔍 정답 ①

02

월월일목화금수월금화토 – 월월일복화금수월금화토

① ②

🔍 정답 ②

➕ 정답 해설 월월일목화금수월금화토 – 월월일목화금수월금화토

03

すおうえんのしけんあたしなま - すおうえんのしけんあたしなま

① ②

정답 ①

04

일력은쵸콜레이트를늘인다 - 일력은초콜레이트를늘인다

① ②

정답 ②

정답
해설 일력은쵸콜레이트를늘인다 - 일력은초콜레이트를늘인다

05

○◎●○◎◎●○●○◎ - ○◎●○◎◎●○●○◎

① ②

정답 ①

06

853512845614274348 - 853512345614274348

① ②

정답 ②

정답
해설 853512845614274348 - 853512345614274348

07

말승조인연테상스코은상 – 말승조인연태상스코은상

① ②

정답 ②

정답해설 말승조인연테상스코은상 – 말승조인연태상스코은상

08

#$@%^_+−/?*×★←∵ – #$@%^_+−/?*×◆←∵

① ②

정답 ②

정답해설 #$@%^_+−/?*×★←∵ – #$@%^_+−/?*×◆←∵

09

ヌツンスシヌソシヌツ – ヌツンスシヌソシヌツ

① ②

정답 ①

10

dojuokynlwsosaguymn – dojuokyniwsosaguymn

① ②

정답 ②

정답해설 dojuokynlwsosaguymn – dojuokyniwsosaguymn

PART 03

[11~20] 다음 중 나머지 셋과 다른 것을 고르시오.

11
① weiudkjsczn ② weiudkjsczn
③ weiubkjsczn ④ weiudkjsczn

 정답 ③
 정답해설 weiubkjsczn

12
① 무궁고공행진상승 ② 무궁고공행진상승
③ 무궁고궁행진상승 ④ 무궁고공행진상승

 정답 ③
정답해설 무궁고궁행진상승

13
① きいざしきでじ ② きいざしきてじ
③ きいざしきてじ ④ きいざしきてじ

 정답 ①
정답해설 きいざしきでじ

14
① 07246863224783 ② 07246863224783
③ 07246863224783 ④ 07246863224763

 정답 ④
 정답해설 07246863224763

15
① 記人之善忘人之過　　② 記人之善忘人之過
③ 記人之善盲人之過　　④ 記人之善忘人之過

정답 ③

정답해설 記人之善<u>盲</u>人之過

16
① →←↓←↓↓→↑　　② →←↓←↓↓←↑
③ →←↓←↓↓→↑　　④ →←↓←↓↓→↑

정답 ②

정답해설 →←↓←↓↓<u>←</u>↑

17
① gofhsknjdqkrlds　　② gofhsknjdqkrlds
③ gofhskjndqkrlds　　④ gofhsknjdqkrlds

정답 ③

정답해설 gofhsk<u>jn</u>dqkrlds

18
① 쏭알빙글쏭달글빙　　② 쏭알빙글쏭달글빙
③ 쏭알빙글쏭달글빙　　④ 쏭알빙글쏭달글빙

정답 ①

정답해설 쏭알빙글쏭달글빙

19
① 14239548104258
② 14239458104258
③ 14239548104258
④ 14239548104258

 정답 ②

 정답
해설 14239458104258

20
① □◆○■◎●★◇
② □◆○■◎●★◇
③ □◆○◎■●★◇
④ □◆○■◎●★◇

 정답 ③

 정답
해설 □◆○◎■●★◇

블록세기

GLOBAL SAMSUNG APTITUDE TEST

블록의 개수를 구하는 문제와 색칠된 블록에 대해 식별능력을 추론하는 문제가 출제된다.

[01~10] 다음 그림을 보고 블록의 개수를 고르시오.

01

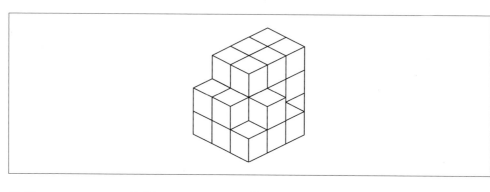

① 23　　　　　② 24　　　　　③ 25　　　　　④ 26

정답 ④

02

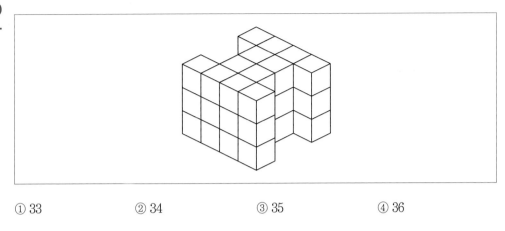

① 33   ② 34   ③ 35   ④ 36

정답 ④

03

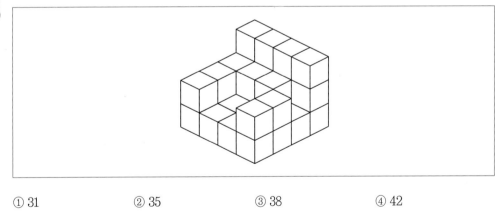

① 31   ② 35   ③ 38   ④ 42

정답 ①

04

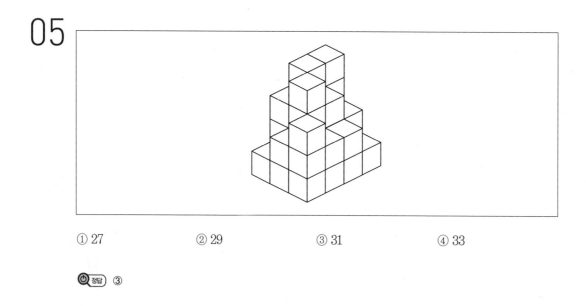

① 35　　　　② 41　　　　③ 48　　　　④ 52

정답 ②

05

① 27　　　　② 29　　　　③ 31　　　　④ 33

정답 ③

06

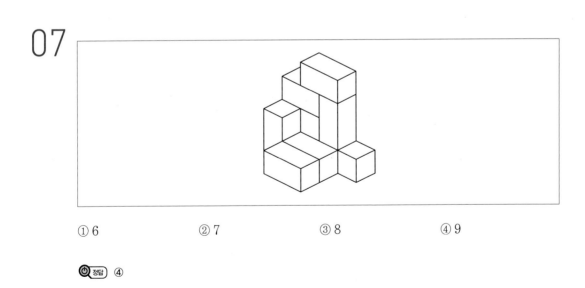

① 31　　　　　② 32　　　　　③ 33　　　　　④ 34

정답 ④

07

① 6　　　　　② 7　　　　　③ 8　　　　　④ 9

정답 ④

08

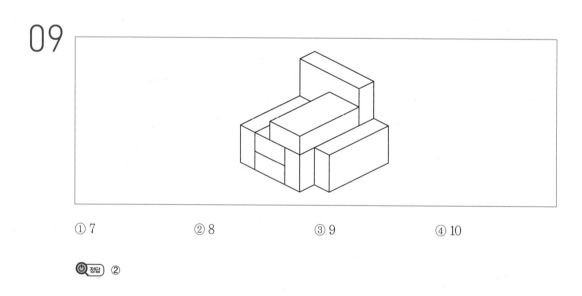

① 9   ② 10   ③ 11   ④ 12

정답 ③

09

① 7   ② 8   ③ 9   ④ 10

정답 ②

10

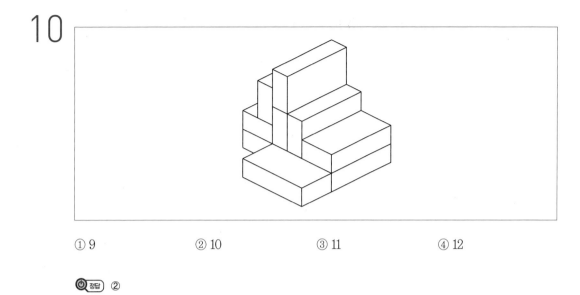

① 9   ② 10   ③ 11   ④ 12

정답 ②

[11~13] 다음 블록을 아래에서 봤을 때 블록의 개수는 몇 개인지 고르시오.

11

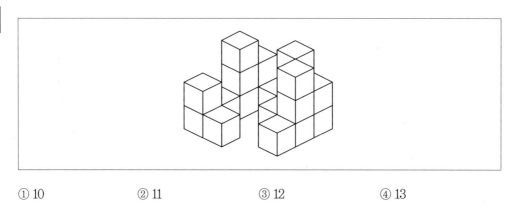

① 10 　　　　　② 11 　　　　　③ 12 　　　　　④ 13

정답 ②

12

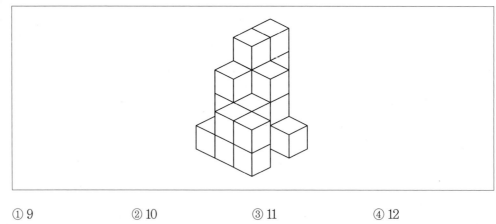

① 9 　　　　　② 10 　　　　　③ 11 　　　　　④ 12

정답 ①

13

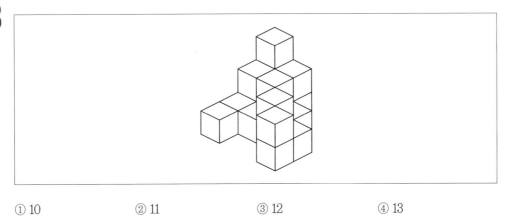

① 10   ② 11   ③ 12   ④ 13

[14~16] 다음 블록에서 블록을 추가로 쌓아 육면체로 만들려면 블록을 몇 개 추가해야 하는지 고르시오.

14

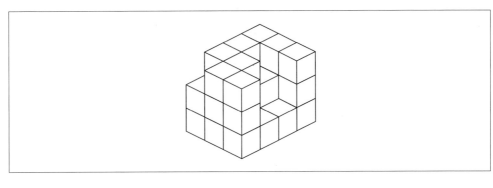

① 4   ② 5   ③ 6   ④ 7

15

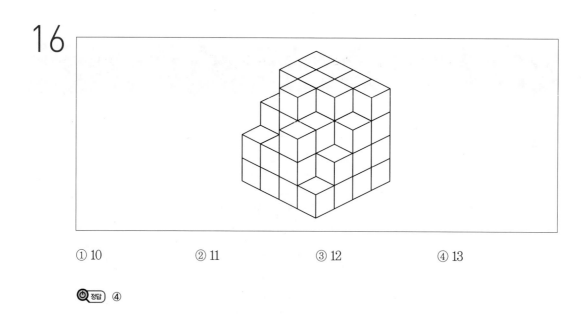

① 5 ② 6 ③ 7 ④ 8

정답 ③

16

① 10 ② 11 ③ 12 ④ 13

정답 ④

[17~18] 다음 블록에서 밑면을 제외한 페인트를 칠한 면에 맞닿는 블록의 개수는 몇 개인지 고르시오.

17

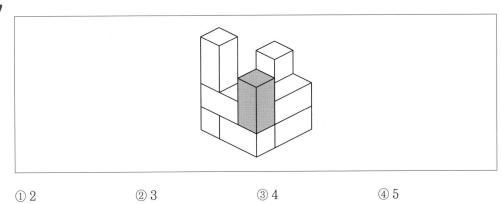

① 2   ② 3   ③ 4   ④ 5

정답 ①

18

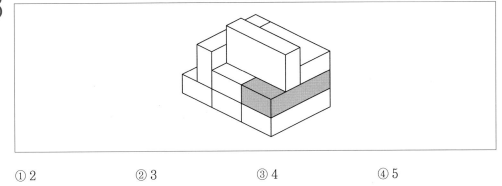

① 2   ② 3   ③ 4   ④ 5

정답 ②

[19~20] 다음 블록에서 밑면을 제외하고 페인트를 칠할 때 색칠되는 모든 면의 개수를 고르시오. (단, 페인트로 칠할 수 없는 면은 제외한다.)

19

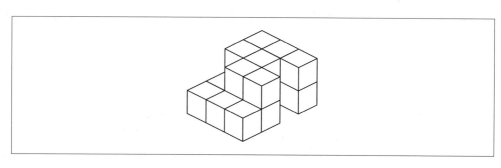

① 41   ② 42   ③ 43   ④ 44

정답 ①

정답해설 겉에 보이는 면 6+6+7+7+11 = 37(개)에 서로 마주보고 있는 안쪽 면 4개에도 페인트를 칠해야 하므로 37+4=41(개)이다.

20

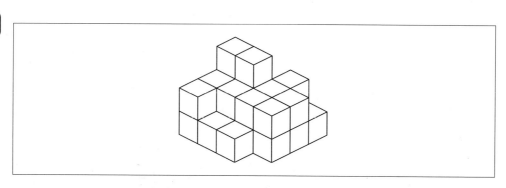

① 48   ② 49   ③ 50   ④ 51

정답 ④

정답해설

그림찾기

GLOBAL SAMSUNG APTITUDE TEST

제시된 도형이나 그림과 같은 것 혹은 다른 것을 찾는 유형이 출제된다.

[01~10] 다음 제시된 도형이나 그림과 같은 것을 고르시오.

01

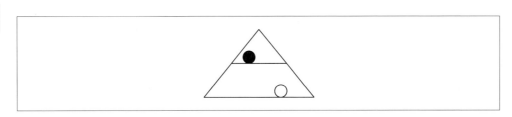

① 　　　　②

③ 　　　　④

 정답 ①

정답해설 제시된 그림을 시계 방향으로 90° 회전하고 있는 모습인 ①번이 정답이다.

02

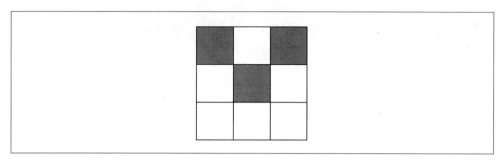

①

②

③

④

 정답 ④

정답
해설 제시된 그림을 시계 반대 방향으로 90° 회전하고 있는 모습인 ④번이 정답이다.

03

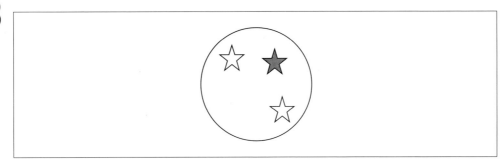

①

②

③

④

 정답 ①

정답
해설 제시된 그림을 시계 방향으로 90° 회전하고 있는 모습인 ①번이 정답이다.

04

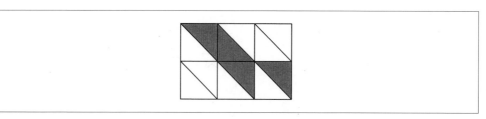

①

②

③

④

 ④

 제시된 그림을 180° 회전한 모습인 ④번이 정답이다.

05

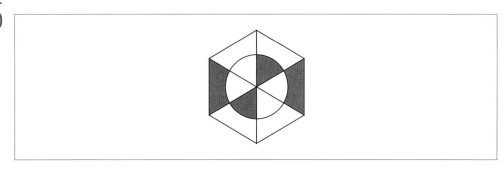

①

②

③

④

 정답 ②

정답
해설 제시된 그림을 시계 반대 방향으로 90° 회전한 모습인 ②번이 정답이다.

06

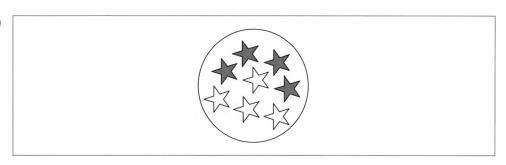

①   ②

③   ④

 정답 ④

 제시된 그림을 시계 방향으로 90° 회전하고 있는 모습인 ④번이 정답이다.

07

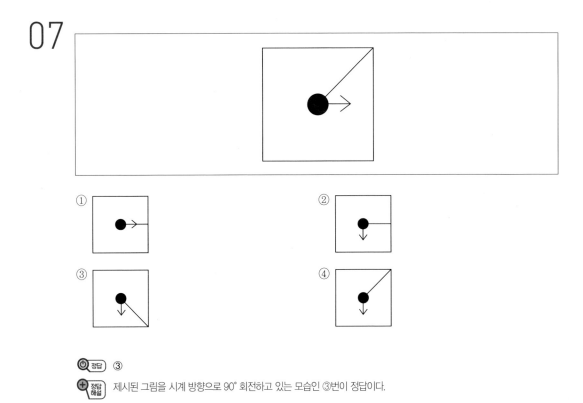

① ② ③ ④

정답 ③

정답
해설 제시된 그림을 시계 방향으로 90° 회전하고 있는 모습인 ③번이 정답이다.

08

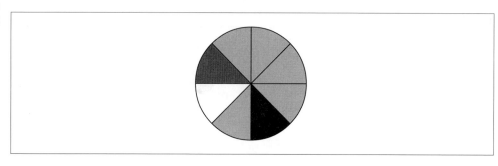

①

②

③

④

 ①

 제시된 그림을 시계 반대 방향으로 90° 회전하고 있는 모습인 ①번이 정답이다.

09

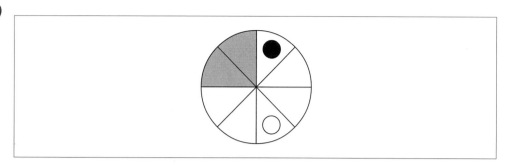

①

②

③

④

 정답 ④

 정답
해설 제시된 그림을 시계 반대 방향으로 90° 회전하고 있는 모습인 ④번이 정답이다.

10

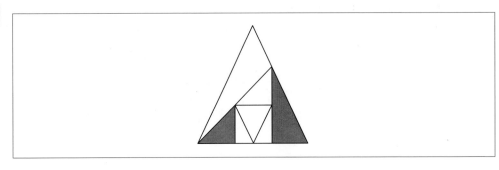

①

②

③

④

 정답 ①

 정답
해설 제시된 그림을 시계 방향으로 90° 회전한 모습인 ①번이 정답이다.

다음 제시된 도형이나 그림과 다른 것을 고르시오.

11

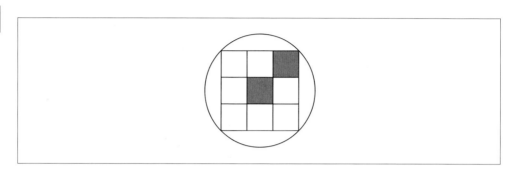

①

②

③

④

 ④

제시된 그림과 다른 것은 ④번이다.

 ① 제시된 그림을 시계 반대 방향으로 90° 회전한 모습이다.

② 제시된 그림을 시계 방향으로 90° 회전한 모습이다.

③ 제시된 그림을 180° 회전한 모습이다.

12

①

②

③

④

 ④

 제시된 그림과 다른 것은 ④번이다.

 ① 제시된 그림을 시계 방향으로 90° 회전한 모습이다.
② 제시된 그림을 시계 반대 방향으로 90° 회전한 모습이다.
③ 제시된 그림을 180° 회전한 모습이다.

13

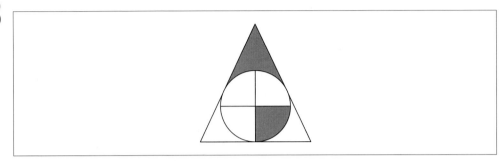

①

②

③

④

 정답 ①

 정답해설 제시된 그림과 다른 것은 ①번이다.

 오답해설 ② 제시된 그림을 시계 방향으로 90° 회전한 모습이다.
③ 제시된 그림을 시계 반대 방향으로 90° 회전한 모습이다.
④ 제시된 그림을 180° 회전한 모습이다.

14

①

②

③

④

정답 ③

정답해설 제시된 그림과 다른 것은 ③번이다.

오답해설 ① 제시된 그림을 시계 방향으로 90° 회전한 모습이다.
② 제시된 그림을 시계 반대 방향으로 90° 회전한 모습이다.
④ 제시된 그림을 180° 회전한 모습이다.

15

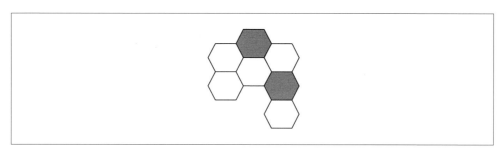

①

②

③

④

 ②

 제시된 그림과 다른 것은 ②번이다.

① 제시된 그림을 시계 방향으로 90° 회전한 모습이다.
③ 제시된 그림을 시계 반대 방향으로 90° 회전한 모습이다.
④ 제시된 그림을 180° 회전한 모습이다.

16

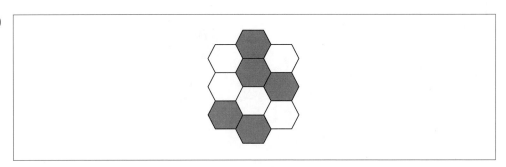

①

②

③

④

 정답 ④

 정답 해설 제시된 그림과 다른 것은 ④번이다.

 오답 해설 ① 제시된 그림을 시계 방향으로 90° 회전한 모습이다.
② 제시된 그림을 시계 반대 방향으로 90° 회전한 모습이다.
③ 제시된 그림을 180° 회전한 모습이다.

17

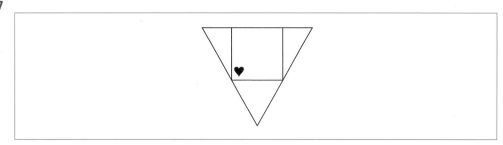

①

②

③

④

 정답 ③

 정답
해설 제시된 그림과 다른 것은 ③번이다.

오답
해설 ① 제시된 그림을 시계 방향으로 90° 회전한 모습이다.
② 제시된 그림을 시계 반대 방향으로 90° 회전한 모습이다.
④ 제시된 그림을 180° 회전한 모습이다.

18

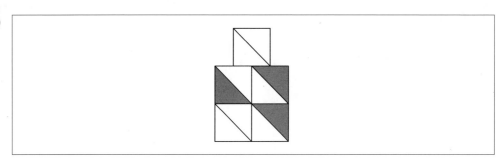

①

②

③

④

 정답 ②

 정답
해설 제시된 그림과 다른 것은 ②번이다.

 오답
해설 ① 제시된 그림을 시계 방향으로 90° 회전한 모습이다.
③ 제시된 그림을 시계 반대 방향으로 90° 회전한 모습이다.
④ 제시된 그림을 180° 회전한 모습이다.

19

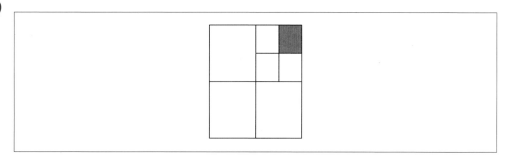

①   ②

③   ④

 ②

 제시된 그림과 다른 것은 ②번이다.

① 제시된 그림을 시계 방향으로 90° 회전한 모습이다.
③ 제시된 그림을 시계 반대 방향으로 90° 회전한 모습이다.
④ 제시된 그림을 180° 회전한 모습이다.

20

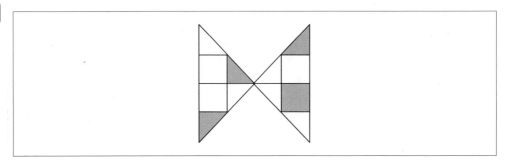

①

②

③

④

 ①

 제시된 그림과 다른 것은 ①번이다.

 ② 제시된 그림을 시계 방향으로 90° 회전한 모습이다.

③ 제시된 그림을 시계 반대 방향으로 90° 회전한 모습이다.

④ 제시된 그림을 180° 회전한 모습이다.

조각들이 완성된 그림이 되도록 순서대로 배열하는 문제가 출제된다.

[01~20] 다음 조각들을 완성된 그림이 되도록 순서대로 배열한 것을 고르시오.

01

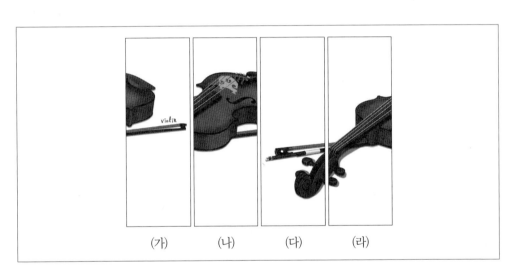

(가)　　(나)　　(다)　　(라)

① (다) – (라) – (나) – (가)

② (라) – (가) – (나) – (다)

③ (가) – (다) – (라) – (나)

④ (다) – (가) – (라) – (나)

 정답 ①

 정답
해설

02

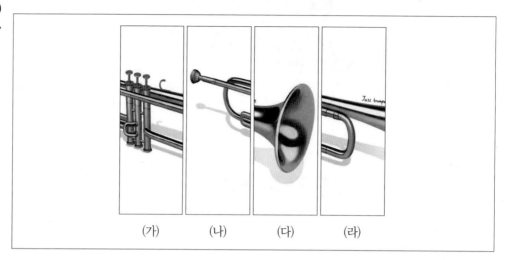

(가)　　(나)　　(다)　　(라)

① (가) – (다) – (나) – (라)
② (나) – (가) – (라) – (다)
③ (다) – (라) – (나) – (가)
④ (라) – (나) – (다) – (가)

  정답 ②

03

(가)   (나)   (다)   (라)

① (가) – (다) – (나) – (라)
② (라) – (나) – (가) – (다)
③ (다) – (가) – (라) – (나)
④ (나) – (라) – (가) – (다)

 정답 ④

 정답
해설

04

(가)   (나)   (다)   (라)

① (가) – (다) – (라) – (나)

② (라) – (가) – (다) – (나)

③ (다) – (나) – (가) – (라)

④ (나) – (다) – (라) – (가)

 정답 ②

 정답
해설

05

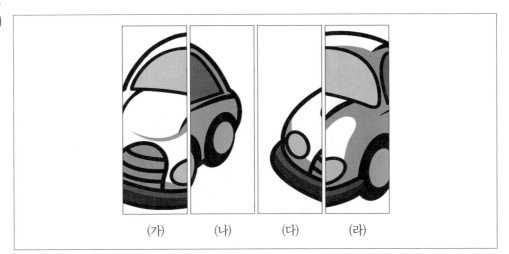

(가)　(나)　(다)　(라)

① (가) – (라) – (나) – (다)

② (다) – (가) – (라) – (나)

③ (나) – (다) – (가) – (라)

④ (라) – (나) – (다) – (가)

 정답 ②

06

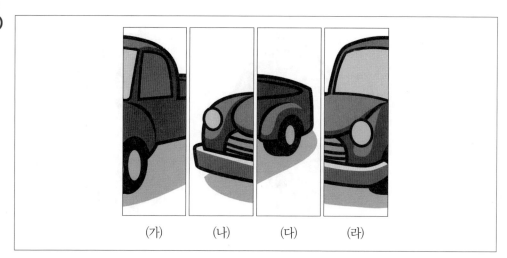

① (나) – (라) – (가) – (다)
② (가) – (나) – (라) – (다)
③ (다) – (가) – (라) – (나)
④ (라) – (다) – (나) – (가)

정답 ①

정답
해설

07

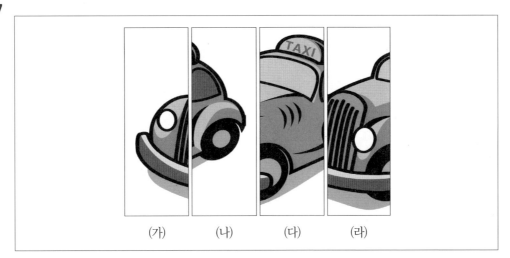

(가)   (나)   (다)   (라)

① (나) – (가) – (다) – (라)

② (다) – (나) – (가) – (라)

④ (라) – (가) – (다) – (나)

④ (가) – (라) – (다) – (나)

 ④

08

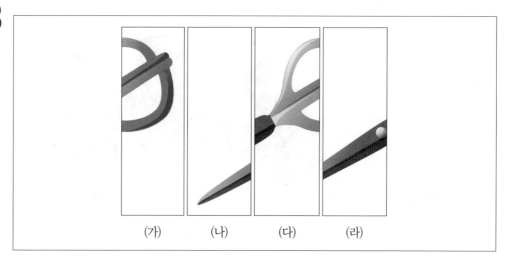

(가)	(나)	(다)	(라)

① (가) – (다) – (라) – (나)

② (나) – (라) – (다) – (가)

③ (다) – (가) – (라) – (나)

④ (라) – (나) – (가) – (다)

 ②

09

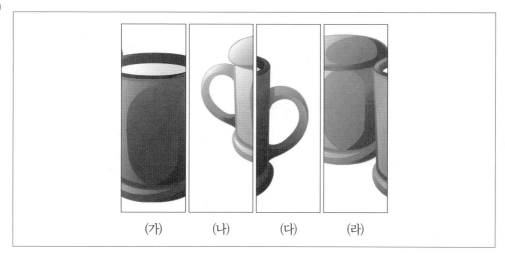

(가)　　(나)　　(다)　　(라)

① (나) – (라) – (가) – (다)
② (가) – (다) – (나) – (라)
③ (라) – (나) – (가) – (다)
④ (다) – (가) – (라) – (나)

정답 ①

정답
해설

10

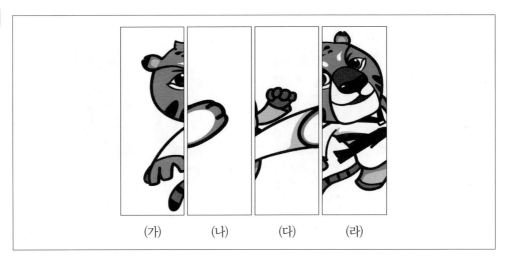

(가)　(나)　(다)　(라)

① (나) – (다) – (라) – (가)
② (다) – (가) – (나) – (라)
③ (라) – (나) – (가) – (다)
④ (가) – (라) – (다) – (나)

 ④

11

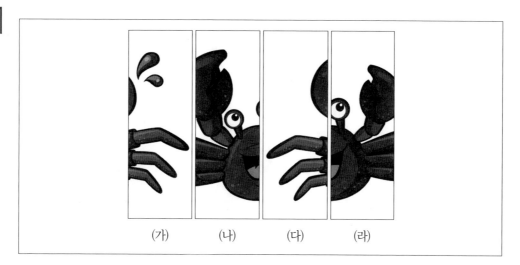

(가)　(나)　(다)　(라)

① (가) – (라) – (다) – (나)
② (나) – (가) – (라) – (다)
③ (다) – (나) – (라) – (가)
④ (라) – (다) – (나) – (가)

 정답 ③

 정답
해설

12

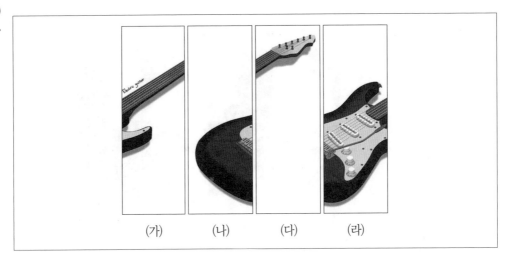

(가) (나) (다) (라)

① (가) – (다) – (나) – (라)

② (나) – (라) – (가) – (다)

③ (다) – (라) – (가) – (나)

④ (라) – (나) – (가) – (다)

 정답 ②

 정답
해설

13

(가)　　　(나)　　　(다)　　　(라)

① (가) – (라) – (다) – (나)
② (나) – (가) – (다) – (라)
③ (라) – (나) – (다) – (가)
④ (다) – (가) – (라) – (나)

 정답 ④

 정답
해설

14

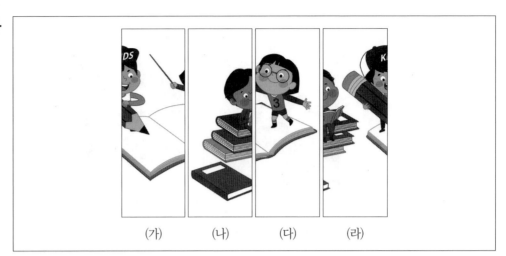

(가)   (나)   (다)   (라)

① (나) – (라) – (가) – (다)

② (라) – (다) – (나) – (가)

③ (다) – (가) – (라) – (나)

④ (가) – (라) – (다) – (나)

 정답   ①

 정답
해설

15

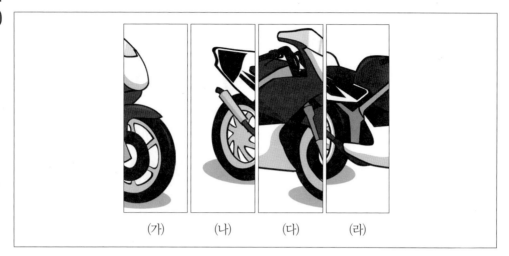

(가)　(나)　(다)　(라)

① (가) – (나) – (다) – (라)

② (다) – (나) – (라) – (가)

③ (나) – (라) – (다) – (가)

④ (라) – (가) – (나) – (다)

정답　③

정답해설

16

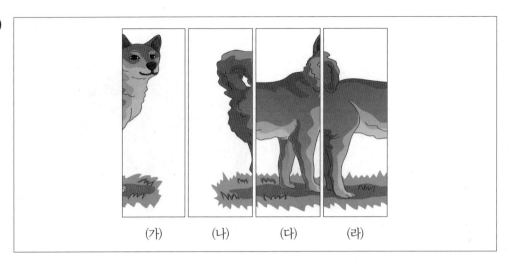

(가)   (나)   (다)   (라)

① (가) – (다) – (나) – (라)

② (나) – (라) – (다) – (가)

③ (라) – (다) – (가) – (나)

④ (다) – (나) – (라) – (다)

 정답 ②

 정답
해설

17

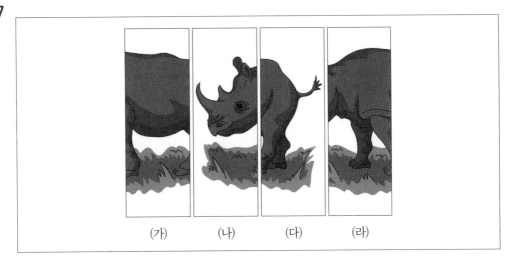

(가)　(나)　(다)　(라)

① (가) – (다) – (나) – (라)

② (다) – (가) – (라) – (나)

③ (라) – (나) – (다) – (가)

④ (나) – (라) – (가) – (다)

 정답 ④

 정답
해설

18

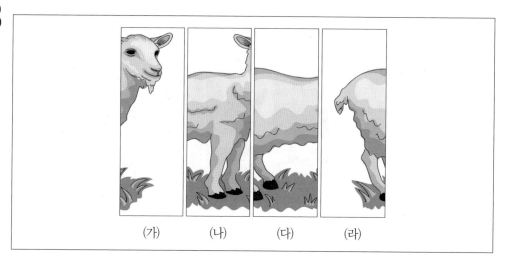

① (라) – (다) – (나) – (가)

② (가) – (나) – (라) – (다)

③ (나) – (가) – (라) – (다)

④ (다) – (라) – (가) – (나)

 정답 ①

 정답 해설

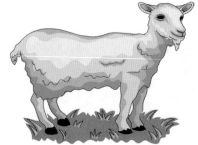

19

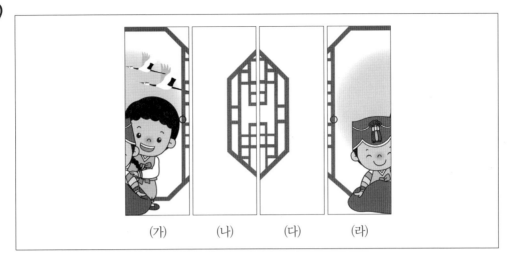

(가)   (나)   (다)   (라)

① (가) - (다) - (라) - (나)

② (나) - (라) - (가) - (다)

③ (라) - (나) - (다) - (가)

④ (다) - (가) - (나) - (라)

 정답 ②

 정답
해설

20

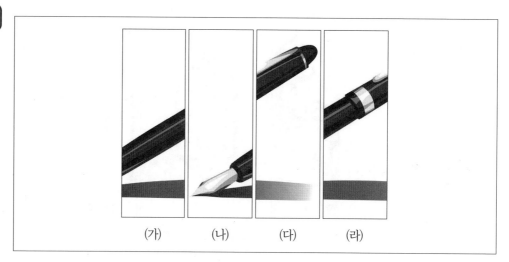

| (가) | (나) | (다) | (라) |

① (가) − (라) − (다) − (나)

② (라) − (나) − (가) − (다)

③ (나) − (가) − (라) − (다)

④ (다) − (나) − (라) − (가)

 정답 ③

 정답 해설

핵심
노트

1. 응용수리

(1) 일차방정식의 활용

① 속력 · 거리 · 시간

㉠ 속력 $=\dfrac{거리}{시간}$

㉡ 거리 $=$ 속력 $\times$ 시간

㉢ 시간 $=\dfrac{거리}{속력}$

㉣ 평균 속력 $=\dfrac{총\ 거리}{총\ 시간}$

② 농도

㉠ 소금물의 농도$(\%)=\dfrac{소금의\ 양}{소금물의\ 양}\times100$

㉡ 소금의 양$(\mathrm{g})=\dfrac{소금물의\ 농도}{100}\times$ 소금물의 양

㉢ 소금물의 양$(\mathrm{g})=$ 소금의 양 $+$ 물의 양

③ 일률

전체 작업량을 1로 놓고, 단위 시간 동안 한 일의 양을 기준으로 식을 세움

㉠ 일률 $=\dfrac{일의\ 양}{일하는\ 데\ 걸린\ 시간}$

㉡ 작업속도 $=\dfrac{1}{걸리는\ 시간}$

㉢ 걸리는 시간 $=\dfrac{일의\ 양(=1)}{작업속도}$

④ 정가에 관한 문제

㉠ 정가 $=$ 원가 $+$ 이익

㉡ 판매가 $=$ 정가 $-$ 할인 금액

　⑩ 원가 x원에 $a\%$의 이익을 붙이면 $x\left(1+\dfrac{a}{100}\right)$원이 된다.

　　원가 x원에 $a\%$의 할인을 하면 $x\left(1-\dfrac{a}{100}\right)$원이 된다.

⑤ 시계

㉠ 시침이 1시간 동안 이동하는 각도 : $\dfrac{360°}{12}=30°$

ⓒ 시침이 1분 동안 이동하는 각도 : $\dfrac{30°}{60}=0.5°$

ⓒ 분침이 1분 동안 이동하는 각도 : $\dfrac{360°}{60}=6°$

⑥ 수

ㄱ 연속한 두 자연수 : $x,\ x+1$

ㄴ 연속한 세 자연수 : $x-1,\ x,\ x+1$

ㄷ 연속한 두 짝수(홀수) : $x,\ x+2$

ㄹ 연속한 세 짝수(홀수) : $x-2,\ x,\ x+2$

ㅁ 십의 자릿수가 x, 일의 자릿수가 y인 두 자리 자연수 : $10x+y$

ㅂ 백의 자릿수가 x, 십의 자릿수가 y, 일의 자릿수가 z인 세 자리 자연수 : $100x+10y+z$

⑦ 부등식의 성질

ㄱ 부등식의 양 변에 같은 수를 더하거나 양 변에 같은 수를 빼도 부등호의 방향은 바뀌지 않는다.

$a<b$이면 $a+c<b+c,\ a-c<b-c$

ㄴ 부등식의 양 변에 같은 양수를 곱하거나 양 변을 같은 양수로 나누어도 부등호의 방향은 바뀌지 않는다.

$a<b,\ c>0$이면 $a\times c<b\times c,\ \dfrac{a}{c}<\dfrac{b}{c}$

ㄷ 부등식의 양 변에 같은 음수를 곱하거나 양 변을 같은 음수로 나누면 부등호의 방향은 바뀐다.

$a<b,\ c<0$이면 $a\times c>b\times c,\ \dfrac{a}{c}>\dfrac{b}{c}$

(2) 경우의 수와 확률

① 경우의 수

ㄱ 어떤 사건이 일어날 수 있는 모든 가짓수

ㄴ 합의 법칙 : 두 사건 A와 B가 동시에 일어나지 않을 때, 사건 A가 일어나는 경우의 수를 m, 사건 B가 일어나는 경우의 수를 n이라 하면, 사건 A 또는 B가 일어나는 경우의 수는 $(m+n)$이다.

ㄷ 곱의 법칙 : 사건 A가 일어나는 경우의 수를 m, 사건 B가 일어나는 경우의 수를 n이라 하면, 사건 A와 B가 동시에 일어나는 경우의 수는 $(m\times n)$이다.

② 순열·조합

ㄱ 순열

• 정의 : 서로 다른 n개에서 r개를 순서대로 나열하는 경우의 수

• 계산식 : ${}_n\mathrm{P}_r=\dfrac{n!}{(n-r)!}$

• 성질 : ${}_n\mathrm{P}_n=n!,\ 0!=1,\ {}_n\mathrm{P}_0=1$

ㄴ 조합

• 정의 : 서로 다른 n개에서 r개를 순서에 상관없이 나열하는 경우의 수

- 계산식 : $_nC_r = \dfrac{n!}{(n-r)! \times r!}$
- 성질 : $_nC_r = {}_nC_{n-r}$, $_nC_0 = {}_nC_n = 1$

ⓒ 확률

- 사건 A가 일어날 확률 $= \dfrac{\text{사건 A가 일어나는 경우의 수}}{\text{모든 경우의 수}}$

- 여사건의 확률 : 사건 A가 일어날 확률이 p일 때, 사건 A가 일어나지 않을 확률은 $(1-p)$이다.

- 확률의 덧셈 : 두 사건 A, B가 동시에 일어나지 않을 때 A가 일어날 확률을 p, B가 일어날 확률을 q라고 하면, 사건 A 또는 B가 일어날 확률은 $(p+q)$이다.

- 확률의 곱셈 : A가 일어날 확률을 p, B가 일어날 확률을 q라고 하면, 사건 A와 B가 동시에 일어날 확률은 $(p \times q)$이다.

(3) 도형

① 피타고라스의 정리

직각삼각형 ABC에서 직각을 낀 두 변의 길이를 각각 a, b라 하고, 빗변의 길이를 c라고 할 때, $a^2 + b^2 = c^2$

② 도형의 내각

ⓐ n각형의 내각의 크기의 합 : $180° \times (n-2)$

ⓑ 정n각형에서 한 내각의 크기 : $\dfrac{180° \times (n-2)}{n}$

③ 각뿔과 원뿔

ⓐ 각뿔의 부피(V) : 각뿔의 밑넓이를 s, 각뿔의 높이를 h라고 할 때,

$$V = \frac{1}{3}sh$$

ⓑ 원뿔의 부피(V) : 밑면의 반지름을 r, 원뿔의 높이를 h라고 할 때,

$$V = \frac{1}{3}\pi r^2 h$$

ⓒ 원뿔의 겉넓이(S) : 밑면의 반지름을 r, 모선의 길이를 l이라고 할 때,

$$S = \pi r(r+l)$$

ⓓ 구의 부피(V) : 반지름을 r이라고 할 때,

$$V = \frac{4}{3}\pi r^3$$

ⓔ 구의 겉넓이(S) : 반지름을 r이라고 할 때,

$$S = 4\pi r^2$$

2. 자료해석

(1) 통계

① 의미

집단현상에 대한 구체적인 양적 기술을 반영하는 숫자를 의미한다. 특히 사회집단 또는 자연집단의 상황을 숫자로 나타낸 것이다.

② 기능

㉠ 많은 수량적 자료를 처리가능하고 쉽게 이해할 수 있는 형태로 축소시킨다.

㉡ 표본을 통해 연구대상 집단의 특성을 유추한다.

㉢ 의사결정의 보조수단이 된다.

㉣ 관찰 가능한 자료를 통해 논리적으로 어떠한 결론을 추출 · 검증한다.

③ 통계치

㉠ 빈도 : 어떤 사건이 일어나거나 증상이 나타나는 정도

㉡ 빈도 분포 : 어떤 측정값의 측정된 회수 또는 각 계급에 속하는 자료의 개수

㉢ 평균 : 모든 사례의 수치를 합한 후에 총 사례수로 나눈 값

㉣ 중앙값 : 크기에 의하여 배열하였을 때 정확하게 중간에 있는 값

㉤ 백분율 : 전체의 수량을 100으로 하여 생각하는 수량이 몇이 되는지를 가리키는 수(퍼센트)

(2) 도표

① 의미

선, 그림, 원 등으로 그림을 그려서 내용을 시각적으로 표현하여 다른 사람이 한 눈에 자신의 주장을 알아볼 수 있게 한 것

② 종류

구분	목적	용도	형상
종류	• 관리(계획 및 통제) • 해설(분석) • 보고	• 경과 그래프 • 내역 그래프 • 비교 그래프 • 분포 그래프 • 상관 그래프 • 계산 그래프 • 기타	• 선(절선) 그래프 • 막대 그래프 • 원 그래프 • 점 그래프 • 층별 그래프 • 레이더 차트 • 기타

㉠ 선(절선) 그래프

• 시간의 경과에 따라 수량에 의한 변화의 상황을 선(절선)의 기울기로 나타내는 그래프

• 시간적 추이를 표시하는데 적합

예 월별 매출액 추이 변화

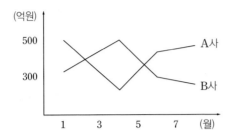

ⓛ 막대 그래프

   • 비교하고자 하는 수량을 막대 길이로 표시하고, 그 길이를 비교하여 각 수량간의 대소 관계를 나타내고자 할 때 가장 기본적으로 활용할 수 있는 그래프

   • 내역, 비교, 경과, 도수 등을 표시하는 용도로 활용

  예 영업소별 매출액

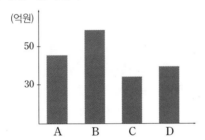

ⓒ 원 그래프

   • 내역이나 내용의 구성비를 원에 분할하여 작성하는 그래프

   • 전체에 대한 구성비를 표현할 때 다양하게 활용

  예 기업별 매출액 구성비 등

ⓔ 점 그래프

   • 지역분포를 비롯하여 도시, 지방, 기업, 상품 등의 평가나 위치, 성격을 표시하는데 활용할 수 있는 그래프

  예 각 지역별 광고비율과 이익률의 관계 등

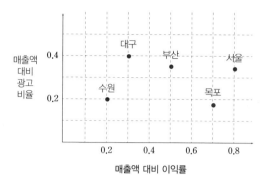

ⓜ 층별 그래프

- 선의 움직임보다는 선과 선 사이의 크기로써 데이터 변화를 나타내는 그래프
- 층별 그래프는 합계와 각 부분의 크기를 백분율로 나타내고 시간적 변화를 보고자 할 때 활용
- 합계와 각 부분의 크기를 실수로 나타내어 시간적 변화를 보고자 할 때 활용

㉖ 월별 · 상품별 매출액 추이 등

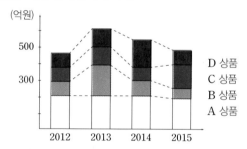

ⓗ 레이더 차트(거미줄 그래프)

- 비교하는 수량을 직경 또는 반경으로 나누어 원의 중심에서의 거리에 따라 각 수량의 관계를 나타내는 그래프
- 다양한 요소를 비교할 때, 경과를 나타낼 때 활용

㉖ 상품별 매출액의 월별변동 등

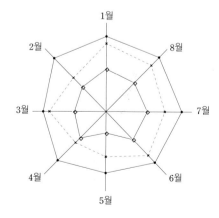

③ 도표 해석상 유의사항

    ⊙ 도표에 제시된 자료의 의미에 대한 정확한 숙지

        주어진 도표를 무심코 해석하다 보면 자료가 지니고 있는 진정한 의미를 확대하여 해석할 수 있으므로 유의해야 한다.

    ⊙ 도표로부터 알 수 있는 것과 알 수 없는 것의 구별

        주어진 도표로부터 알 수 있는 것과 알 수 없는 것을 완벽하게 구별할 필요가 있다. 도표를 토대로 자신의 주장을 충분히 추론할 수 있는 보편타당한 근거를 제시해주어야 한다.

    ⊙ 총량의 증가와 비율증가의 구분

        비율이 같다고 하더라도 총량에 있어서는 많은 차이가 있을 수 있다. 또한 비율에 차이가 있다고 하더라도 총량이 표시되어 있지 않은 경우 비율차이를 근거로 절대적 양의 크기를 평가할 수 없기 때문에 이에 대한 세심한 검토가 요구된다.

3. 언어추리

(1) 연역추론

이미 알고 있는 판단(전제)을 근거로 새로운 판단(결론)을 유도하는 추론.

① **직접 추론** : 한 개의 전제로부터 새로운 결론을 이끌어내는 추론이며, 대우 명제가 대표적인 예이다.

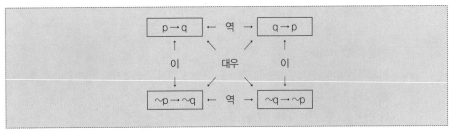

    ⊙ ~p는 p의 부정명제이다.

    ⊙ 명제가 참일 경우 대우 명제도 반드시 참이 된다.

    ⊙ 명제가 참일 경우 '역'과 '이'는 참일 수도 있고 거짓일 수도 있다.

        예 명제 : 볼펜은 학용품이다(참).

          역 : 학용품은 볼펜이다(거짓).

          대우 : 학용품이 아니면 볼펜이 아니다(참).

② **간접 추론**

    둘 이상의 전제로부터 새로운 결론을 이끌어내는 추론이다. 삼단논법이 가장 대표적인 예이다.

        예 인간은 죽는다. 소크라테스는 인간이다. 그러므로 소크라테스는 죽는다.

(2) 귀납추론

특수 사실로부터 일반적이고 보편적인 법칙을 찾아내는 추론방법이다.

예 오늘도 해가 졌다. 어제도 해가 졌다. 따라서 내일도 해가 진다.

(3) 유비추론

서로 다른 범주에 속하는 두 대상 간에 존재하는 유사성을 근거로 하여 구체적 속성도 일치할 것이라는 결론을 도출한다.

예 지구에는 생물이 있다. 화성에는 지구와 마찬가지로 공기, 육지, 물이 있다. 따라서 화성에도 생물이 살 것이다.

4. 단어유추

(1) 유의어 관계

유의어는 한 언어 안에서 공시적으로 비슷한 의미를 가지는 두 개 이상의 단어를 말한다. 유의 관계의 대부분은 개념적 의미의 동일성을 전제로 한다.

(2) 반의어 관계

반의어는 둘 이상의 단어에서 의미가 서로 짝을 이루어 대립되는 단어를 말하며 이러한 단어들을 반의 관계라고 한다. 두 단어가 반의어가 되려면, 두 어휘 사이에 공통적인 의미 요소가 내재되어 있으면서 동시에 하나의 의미 요소만 달라야 한다.

(3) 상하 관계

상하 관계는 단어의 의미적 계층 구조에서 한 쪽이 의미상 다른 쪽을 포함하거나 다른 쪽에 포섭되는 관계를 말한다. 상하 관계를 형성하는 단어들은 상위어일수록 일반적이고 포괄적인 의미를 지니며, 하위어일수록 개별적이고 한정적인 의미를 지닌다. 따라서 하위어는 상위어를 의미적으로 함의하게 된다. 즉, 상위어가 가지고 있는 의미 특성을 하위어가 자동적으로 가지게 된다.

(4) 부분 관계

부분 관계는 한 단어가 다른 단어의 부분이 되는 관계를 말하며, 전체 – 부분 관계라고도 한다. 부분 관계에서 부분을 가리키는 단어를 부분어, 전체를 가리키는 단어를 전체어라고 한다.

(5) 다의어와 동음이의어

다의어(多義語)는 뜻이 여러 개인 낱말을 뜻하고, 동음이의어(同音異議語)는 소리는 같으나 뜻이 다른 낱말을 뜻한다. 중심의미(본래의 의미)와 주변의미(변형된 의미)로 나누어지면 다의어이고, 중심의미와 주변의미로 나누어지지 않고 전혀 다른 의미를 지니면 동음이의어라 한다.

5. 수 · 문자추리

(1) 수추리

수추리는 +2, +4, +6, +8 혹은 +1, +2, +5, +7등의 규칙이 자주 나오기 때문에 문제를 풀면서 규칙을 암기해 두는 것이 좋다.

(2) 문자추리

알파벳을 숫자수열로 바꾼다. 26을 초과하는 수는 다시 A부터 순환하는 것으로 간주하고 표를 참고하여 문제를 해결한다.

1	2	3	4	5	6	7	8	9	10	11	12	13	14	15
A	B	C	D	E	F	G	H	I	J	K	L	M	N	O
16	17	18	19	20	21	22	23	24	25	26	27	28	29	30
P	Q	R	S	T	U	V	W	X	Y	Z	A	B	C	D

6. 과학추리

(1) 물리 관련 문제

가속도, 운동의 원리, 힘의 작용 등 물리 관련 문제를 학습한다.

① 관성에 의한 현상
- ㉠ 달리기를 하다가 돌부리에 걸리면 넘어짐
- ㉡ 정지한 버스가 갑자기 출발할 때 승객의 몸이 뒤로 밀림
- ㉢ 엘리베이터가 올라가려는 순간 사람의 몸무게가 무거워짐
- ㉣ 엘리베이터가 내려가려는 순간 사람의 몸무게가 가벼워짐

② 작용 반작용에 의한 현상
- ㉠ 노를 저으면 배가 앞으로 나아감
- ㉡ 로켓이 가스를 분출하며 위로 상승
- ㉢ 풍선이 바람을 빠져나오는 반대 방향으로 나아감

(2) 화학 관련 문제

상태변화, 화학반응, 용액 등 화학 관련 문제를 학습한다.

① 물질의 상태변화
- ㉠ 융해 : 고체가 액체로 변하는 현상
- ㉡ 응고 : 액체가 고체로 변하는 현상
- ㉢ 기화 : 액체가 기체로 변하는 현상
- ㉣ 액화 : 기체가 액체로 변하는 현상

ⓤ 승화 : 고체가 직접 기체로 또는 기체가 직접 고체로 변하는 현상

(3) 지구과학 관련 문제

지구와 달의 자전, 공전 등 지구과학 관련 문제를 학습한다.

① 대기권

　　㉠ 대류권(지표~약 10km) : 대류 현상과 구름, 비, 눈 등의 기상 현상이 일어나는 층으로 고도가 높아질수록 기온이 하강하는 층

　　㉡ 성층권(10~50km) : 대류 현상이 없으며 고도가 높아질수록 기온이 상승하는 층

　　㉢ 중간권(50~80km) : 수증기가 거의 존재하지 않아 기상 현상이 일어나지 않고, 높이 올라갈수록 기온이 하강하므로 대류 현상이 존재하는 층

　　㉣ 열권(80~1,000km) : 전리층과 오로라, 유성 등이 나타나는 층으로 공기 분자가 태양 복사 에너지를 다량 흡수하여 고도가 높아질수록 기온이 급격히 상승하는 층

(4) 생물 관련 문제

광합성, 생태계 등 생물 관련 문제를 학습한다.

① 광합성

　　㉠ 정의 : 녹색 식물의 엽록체에서 빛에너지를 이용하여 이산화탄소(CO_2)와 물(H_2O)을 재료로 포도당($C_2H_{12}O_6$)과 같은 유기물을 합성하는 과정

$$6CO_2 + 12H_2O \xrightarrow{\text{빛에너지}} C_6H_{12}O_6 + 6H_2O + 6O_2$$

　　㉡ 광합성의 의의

　　　• 태양의 빛에너지를 생물이 이용할 수 있는 화학 에너지로 전환

　　　• 무기물(CO_2와 H_2O)을 이용하여 에너지가 저장된 유기물 합성

　　　• 광합성 결과 생성되는 산소(O_2)는 생물의 호흡에 이용

　　　• 대기 중 이산화탄소(CO_2)를 흡수하여 지구 온난화 방지

② 생태계의 구성 요소

　　㉠ 생태계 : 일정 지역에 살고 있는 생물 군집과 그들의 영향을 주고받는 비생물적 환경이 복합된 시스템

　　　• 생물적 요인 : 생산자, 소비자, 분해자

　　　• 비생물적 요인 : 물, 빛, 온도, 공기, 토양 등

　　㉡ 개체군 : 일정한 지역에 같은 종의 개체가 지은 무리

　　㉢ 군집 : 여러 개체군이 같은 서식지에 지은 무리

7. 지각

(1) 단순지각

정확성에 기초를 두고 유형별로 많은 문제를 풀어봄으로써 속도를 내도록 한다. 빠른속도와 정확성이 매우 중요한 문제 유형이다.

(2) 블록세기

블록세기는 쌓여 있는 블록의 개수를 파악하는 문제유형으로, 보이는 블록 외에 보이지 않는 블록의 개수까지 짐작하여 총개수를 파악해야 하므로 침착한 마음으로 집중하는 것이 중요하다.

(3) 그림찾기

눈에 띄는 특징을 파악하여 그림을 비교하며 풀어나가는 것이 효과적이다.

(4) 그림조각 배열

양 끝에 위치할 조각을 우선적으로 파악한 후 문제를 풀어나가는 것이 중요하다.